AF261844

17 21

L 6 44
5 35

L'IMPÉRATRICE

JOSÉPHINE

L'IMPÉRATRICE
JOSÉPHINE

D'APRÈS LES TÉMOIGNAGES DES CONTEMPORAINS

PAR

JOSEPH TURQUAN

L'histoire et non la légende.

PARIS

A LA LIBRAIRIE ILLUSTRÉE

8, RUE SAINT-JOSEPH, 8

Après avoir montré dans un précédent volume[1] ce que fut la compagne du général Bonaparte depuis le jour où elle le connut jusqu'à la fin du gouvernement consulaire, j'ai voulu faire voir ce que fut Joséphine sous le diadème impérial et après que des raisons politiques eussent déterminé Napoléon à se démarier d'avec elle pour épouser une princesse capable de lui donner des héritiers.

Il ne faut pas voir dans ce travail un parti pris de rabaisser, pour le vain et médiocre plaisir de saper la réputation d'une femme, cette sainte de contrebande que l'on a, par esprit de dénigrement contre Napoléon, trop souvent présentée comme une victime de l'arbitraire et des caprices de son mari. Il n'y faut voir que le souci de la vérité historique.

L'impératrice Joséphine avait été, jusqu'ici, offerte à l'admiration des masses, comme le modèle achevé de toutes les vertus : je la montre telle qu'elle fut.

____

1. *La générale Bonaparte.*

Je n'ai pas la prétention de croire que ce modeste ouvrage contribue à faire changer les opinions généralement reçues. Le mot de Mme de Sévigné est toujours vrai : « On a tout rapsodé, mais ce qui est dit est dit, ce qui est pensé est pensé, ce qui est cru est cru. » Mais est-ce un motif pour ne pas essayer, toujours et quand même, de faire triompher la vérité?

J. T.

L'IMPÉRATRICE JOSÉPHINE

LIVRE PREMIER

LA SOUVERAINE

CHAPITRE PREMIER[1]

Proclamation de l'Empire. — Joséphine et les princesses impériales. — Rivalités de préséance. — La grâce de M. de Polignac. — Charmante scène d'intérieur. — Distribution des croix de la Légion d'honneur. — Joséphine accompagné l'empereur en Belgique et sur les bords du Rhin. — Incidents du voyage. — Retour à Paris. — Le Pape consent à venir sacrer Napoléon empereur. — Tiraillements de famille à propos du couronnement. — Propos inconsidérés de Joséphine sur Napoléon et sa sœur Pauline. — Colère de Napoléon. — Réconciliation. — Préparatifs du couronnement. — Question du costume et du cérémonial. — La cour va au devant du Pape à Fontainebleau. — Pie VII et Joséphine. — Le Pape à Paris. — Incidents. — Mariage religieux de Napoléon et de Joséphine.

L'Empire allait se faire. Le 18 mai 1804 (28 floréal an XII), les membres du Sénat, montant dans une longue file de voitures escortées par la cavalerie de la garde consulaire, se transportèrent à Saint-Cloud. Une foule immense couvrait les abords du palais. Tout disait qu'un grand événement était en train de se passer.

1. La première partie de cet ouvrage forme un volume à part ayant pour titre: *La générale Bonaparte.*

Le consul archichancelier Cambacérès, président du Sénat, traversant gravement l'effarement des gens du palais, s'avança vers Napoléon et, dans un discours dont les termes étaient convenus et arrêtés d'avance, proclama le Premier Consul Napoléon Bonaparte empereur des Français.

Napoléon reçut cette visite avec le calme et le naturel qu'il savait prendre dans les grandes circonstances. Le Sénat passa ensuite dans l'appartement de Joséphine, qui fut à son tour proclamée impératrice. Elle répondit avec sa bonne grâce habituelle, c'est-à-dire qu'un trouble charmant fut, en elle, la plus éloquente des réponses; toute la journée elle se montra satisfaite, heureuse et remuée parfois d'une gracieuse émotion. Son nouveau titre d'impératrice ne sembla pas l'étonner; elle parut, sur le trône, se trouver naturellement à sa place. Aussi bien y avait-il déjà quelque temps qu'elle faisait son apprentissage de souveraine.

C'était assez la mode à cette époque, comme autrefois, sous le Directoire, de tirer des présages des moindres événements. Des gens à l'esprit pusillanime et superstitieux rappelèrent que le dernier des Valois avait été assassiné à Saint-Cloud : le fait de proclamer la nouvelle dynastie à Saint-Cloud n'était-il point de mauvais augure? Un violent orage qui éclata dans la journée, confirma à leurs yeux ces sottes prévisions. Toute superstitieuse qu'elle fût, la nouvelle impératrice, qui n'était pas très forte sur l'histoire de Henri III, ne songea pas ce jour-là à se créer des inquiétudes imaginaires et personne ne lui parla des présages dont on s'était entretenu; du reste, elle nageait dans un bonheur trop parfait pour vouloir penser à des choses qui auraient pu l'attrister.

Napoléon, en instituant le nouvel ordre politique, avait dit à Joséphine que son intention était de donner un grand développement à la cour dont il avait formé le noyau sous le Consulat. Il lui fit part aussi des titres nouveaux par lesquels seraient désignés à l'avenir les membres de la famille impériale. Ce même jour 18 mai, où l'archichancelier Cambacérès avait salué le nouvel empereur et la nouvelle impératrice du nom de « Majestés », les personnes invitées à dîner au château de Saint-Cloud furent prévenues individuellement par le général Duroc, grand-maréchal du palais, qu'il fallait, en parlant à Joseph, à Louis et à leurs femmes, leur donner les titres de prince et princesse.

L'importance qu'attribuèrent à cette nouvelle disposition de l'étiquette Mme Baciocchi et Mme Murat est inconcevable, et cela parce que, leurs maris n'étant pas frères de l'empereur, elles n'avaient pas droit au titre de princesse. Mme Murat surtout ne se contenait pas. Chaque fois qu'elle entendit, pendant le cours du dîner, appeler Mme Joseph « princesse », Mme Louis « princesse », elle avalait un grand verre d'eau, mais elle ne pouvait avaler ni ses larmes, ni sa jalousie. Cette jalousie devint si violente que, malgré son habitude de se contraindre et de ne montrer que les sentiments qu'elle voulait bien laisser voir, elle ne put cette fois se rendre complètement maîtresse d'elle-même, et chacun put remarquer son dépit : aussi bien ses larmes se mirent-elles ouvertement de la partie. Les vilains sentiments qu'on lisait ainsi dans son cœur faisaient un fâcheux contraste avec la fraîcheur toute printanière de son visage au teint blanc et rose. Cette attitude jeta une pénible impression sur tous les convives. Mme Baciocchi n'était ni moins jalouse ni moins furieuse que sa sœur, mais, plus âgée, elle savait mieux dissimuler : on ne la vit pas pleurer ; elle se contenta de passer sa mauvaise humeur sur les dames de Joséphine en leur parlant d'un ton sec, autoritaire, avec une morgue de fort mauvais goût et de fort mauvais cœur.

L'impératrice, elle, était gracieuse, naturelle, prévenante et jouissait en secret de la jalouse déconvenue de ses belles-sœurs. Comme celles-ci n'avaient pour elle aucune tendresse et que, de son côté, elle le leur rendait bien, elle prit plaisir le lendemain à raconter à ses dames de compagnie comme quoi Mme Baciocchi et Mme Murat avaient fait, après le dîner, une scène à l'empereur, mais une telle scène que Caroline avait fini par tomber à terre évanouie. Leur frère s'était laissé attendrir et avait fait de ses sœurs, par affection pour elles et un peu aussi pour avoir la paix, des Altesses Impériales.

Les rivalités de préséance se firent jour dès ce moment. Les femmes ont toujours tenu plus que les hommes à ces importantes futilités de rang et de préjugés. N'en avait-il pas été ainsi dans l'ancienne Rome ? Les plébéiens étaient depuis longtemps déjà admis à la questure, au consulat, au ministère des autels, et les patriciennes refusaient l'entrée du temple de la « Pudicité patricienne » aux simples plébéiennes. Les temps ont beau changer, l'humanité a beau vieillir, le cœur de l'homme demeure toujours le même, avec ses petitesses si nombreuses et ses grandeurs si rares. L'empereur avait donné aux quatre dames du palais le pas sur les autres dames. Aussitôt, jalousie de la part de celles-ci, mais jalousie méchante, haineuse. Les femmes ne semblent pas se douter que leur principal charme consiste dans la douceur et dans la bonté : si elles le savaient, elles ne se rendraient pas si souvent déplaisantes par les défauts opposés à ces qualités, qu'elles aiment tant à se donner. Les mécontentes se rangèrent autour de Mme Murat dont l'animosité jalouse avait été assez ouvertement affichée pour servir de drapeau de ralliement. Mme de la Valette, qui devait plus tard s'immortaliser par son dévouement conjugal, fut de celles-là : elle, une Beauharnais, une nièce de Sa Majesté l'impératrice, supporter qu'une simple dame du palais, une Rémusat, une Lauriston, ait le pas sur elle! Oh! non, jamais!... Et les larmes de couler à verse... L'impératrice avait dû intervenir et lui donner des consolations.

Joséphine fut atteinte elle aussi d'une variété de cette folie des grandeurs. C'était épidémique. Les hommes de la vieille noblesse de France, en voyant s'élever un gouvernement monarchique, avaient senti se réveiller en eux leur vieux levain de courtisan. Il allait y avoir une cour, ils voulurent en être ; il y avait un maître aux Tuileries, ils voulurent le servir. Les gentilshommes, sous Louis XIV, ne se vantaient-ils pas d'être les domestiques d'un prince ou d'un seigneur? Les Montmorency, les Montesquiou, les Ségur, etc., peuplèrent bientôt les antichambres des palais impériaux. Devant ces grands noms, toute impératrice qu'elle était, Joséphine se surprenait à se trouver petite fille. Dans le nouvel ordre de choses, ce n'était pas la supériorité géante de son mari qui la flattait le plus, ce n'était ni son génie d'homme de guerre, ni son génie d'organisateur, d'administrateur, de jurisconsulte même; non, tout cela la touchait peu et ne méritait pas qu'elle s'en occupât : ce qui lui enlevait le cœur, c'était d'avoir une La Rochefoucauld comme dame d'honneur. Oh! petitesse des grandeurs!

Joséphine avait demandé à son mari, comme don de joyeux avènement, le pardon et le retour de Lucien : l'empereur ne crut pas pouvoir les lui accorder. Il n'en inaugura pas moins son règne par la clémence. On connaît les résultats du procès du général Moreau et de ses complices dans la conspiration royaliste. Moreau fut condamné à deux ans de prison et sa peine commuée en celle d'un bannissement en Amérique. Les autres conjurés furent pour la plupart condamnés à la peine de mort. Armand de Polignac était parmi ceux-là ; son frère Jules s'en était tiré avec deux ans de prison.

On savait que l'impératrice avait intercédé auprès de son mari pour obtenir la grâce du duc d'Enghien, et si la commission militaire n'avait pas agi avec une si déplorable précipitation, cette grâce aurait été probablement accordée. Aussi les parents et les amis des condamnés se mirent-ils en campagne pour approcher l'impératrice et la supplier d'intervenir en faveur de ces malheureux. Elle se prêta avec beaucoup de complaisance à ce qu'on lui demanda. Mme de Rémusat dit dans ses *Mémoires* que la duchesse de Polignac, femme d'Armand, condamné à mort, et sa tante, Mme d'Andlau, fille du célèbre Helvétius, s'adressèrent à elle pour les aider à parvenir jusqu'à l'empereur. Mme de Rémusat les engagea à revenir le lendemain matin à Saint-Cloud et leur donna l'assurance qu'elle ferait son possible pour les faire admettre auprès de l'impératrice.

Celle-ci ne dissimula pas à Mme de Rémusat les difficultés qu'il y avait à parler en ce moment à l'empereur. « Si Moreau, dit-elle, eût été condamné, je serais plus sûre de notre succès ; mais Bonaparte est dans

une si grande colère que je crains qu'il ne nous
repousse et qu'il nous sache mauvais gré de la démarche que vous allez me faire faire ». Mme de Rémusat donna des encouragements à l'impératrice, lui fît
voir les avantages de la clémence au commencement
d'un ordre nouveau de choses politiques et fit valoir
avec une éloquence attendrie toutes les raisons qui
militaient en faveur d'une mesure gracieuse. Tout à
coup l'empereur entra dans le salon de l'impératrice.
Mme de Rémusat, tout émue, prit la parole. L'impératrice, voyant le visage de son mari se rembrunir,
eut le courage de venir à l'aide de Mme de Rémusat et
de dire qu'elle avait autorisé Mme de Polignac à la
venir trouver.

L'empereur était nerveux, agité. Il ne voulait pas
voir Mme de Polignac. « Non, disait-il, je ne verrai pas
cette femme, je ne puis faire grâce. »

Mais il s'agissait de deux vies humaines à sauver.
On ne se rebuta pas. L'empereur se retira dans son
cabinet. Joséphine alla l'y relancer, mais sans succès.
Elle y retourna, mais sans obtenir autre chose que
d'impatienter davantage son mari.

Les deux femmes, navrées, étaient là, se regardant,
ne sachant plus que dire ni que faire, lorsque M. de
Talleyrand arrive et est introduit dans le cabinet de
l'empereur.

« Vite, dit Mme de Rémusat, une autre démarche :
l'empereur ne pourra plus refuser devant M. de Talleyrand dont l'éloquence et l'habileté seconderont
votre généreuse entreprise. »

M. de Talleyrand se souciait assez peu que les con
damnés fussent ou non graciés; mais il se souciait
infiniment davantage d'être agréable à Mme de Rému-

sat, son amie, et à l'impératrice, dont il pouvait avoir besoin.

C'est ce que Mme de Rémusat devina en une seconde.

Joséphine revint donc à la charge et, cette fois, arracha la promesse que Mme de Polignac serait reçue par l'empereur. C'était tout obtenir ; le reste irait de soi : l'empereur ne pouvait admettre cette pauvre femme devant lui pour lui refuser en face la grâce de son mari. Il l'accorda. Tout Paris, toute la France surent que c'était l'impératrice qui avait sauvé la vie de M. de Polignac, et sa bonté si connue fut plus que jamais vantée et portée aux nues. Quant à elle, qui aimait tant les jouissances, elle dut reconnaitre qu'il n'y en avait point de supérieures à celles que donne une bonne action.

L'impératrice n'avait pas été la seule à implorer l'empereur et à obtenir cet heureux résultat. Mme d'Abrantès dit même que ce n'est pas à elle que fut due la grâce de M. de Polignac, de M. d'Hozier, de M. de Rivière, mais bien à Mme de Montesson. Mme de Rémusat, qui était amie de Joséphine, lui prête peut-être en cette affaire une part d'influence plus grande qu'elle ne l'eut en réalité, bien qu'elle donne des détails, celui de l'intervention de M. de Talley-rand par exemple, qu'elle n'a pas inventés. D'un autre côté, il est certain que Mme de Montesson est allée elle-même solliciter l'empereur en faveur des condamnés. Il est donc probable que l'empereur céda devant cet ensemble de sollicitations, et que chacune des solliciteuses s'en attribua plus ou moins la réussite, ce qui n'enlève rien du reste au mérite de leurs démarches respectives. Mme d'Abrantès insiste et revient à plusieurs reprises sur l'exactitude de ses renseignements : « Cette scène, dit-elle, que je tiens en entier de M. de Valence et de Mme de Montesson, me fut confirmée depuis par l'impératrice Joséphine ; elle avait intérêt à laisser croire qu'elle avait obtenu la grâce à elle seule, mais comme je savais la vérité, elle n'osa pas l'altérer devant moi [1]. » Bourrienne, de son côté, citant les propres paroles de l'impératrice, confirme la démarche faite par Mme de Montesson : « Cette bonne Mme de Montesson, dit-il, est venue de Romainville à Saint-Cloud demander la grâce de M. de Rivière et celle de M. de Polignac ; nous sommes parvenues à faire approcher de lui Mme de Polignac. Mon Dieu ! qu'elle était belle ! Bonaparte a été touché en la voyant ; il lui a dit : « — Madame, c'est à ma vie qu'en voulait votre mari, je puis donc lui pardonner [2]. »

La grâce des condamnés fut signée par l'empereur le 4 messidor.

Le 14 juillet approchait. L'empereur avait décidé que ce jour, anniversaire de la prise de la Bastille et de la première fédération, serait fêté comme les autres années ; il décida en outre qu'il distribuerait ce jour-là les croix de la Légion d'honneur dont l'Ordre national avait été institué par une loi républicaine, sous le Consulat. Il voulut que Joséphine assistât officiellement, comme impératrice, à cette solennité pour laquelle il avait choisi l'église des Invalides.

« Joséphine, lui avait-il dit, je vais t'ordonner une chose qui ne te sera pas désagréable. Il va y avoir une grande fête aux Invalides ; je veux que tu y

---

1. Duchesse D'ABRANTÈS, *Histoire des salons de Paris*, t. III, p. 62.
2. BOURRIENNE, *Mémoires*, t. VI, p. 191.

assistes et que tu sois éblouissante de beauté ; tu t'arrangeras de façon à être habillée richement.

— Oui, répondit-elle en faisant une petite moue toute gracieuse, oui, pour qu'ensuite tu viennes crier et me faire des scènes épouvantables sous prétexte que je dépense trop d'argent ; pour que tu rayes mes *bons à payer* au bas des mémoires des fournisseurs, comme tu l'as fait encore l'autre jour pour une note de lingerie et une autre de parfumerie...

— Vous avez votre lingère, qui est Mlle l'Olive, dit gravement l'empereur ; pourquoi prendre dans un magasin inconnu ? Ayez cette nouvelle venue sur vos économies. »

Cet arrangement n'arrangeait sans doute pas Joséphine, car prendre une nouvelle lingère sur ses économies, c'était ne pas la prendre du tout. Aussi se mit-elle à bouder comme une petite fille et à faire des mines d'enfant gâté que l'on commence à contrarier. Elle savait que les hommes aiment assez ces enfantillages quand ils sont faits gentiment ; elle savait aussi qu'elle excellait à les faire et que son mari aimait la grâce avec laquelle elle s'en tirait. Aussi se mit-elle à faire la petite fille : elle le regarda d'une certaine façon toute mutine et, se dandinant avec sa molle et ondoyante souplesse de créole, elle fut à lui, gracieuse, attirante, irrésistible. Napoléon la prit dans ses bras, l'embrassa et l'assit sur ses genoux.

« Il faut bien, dit-il, que je raye quelquefois tes *bons à payer*, ma pauvre Joséphine ; je ne veux pas que tu te laisses voler. Je veux que tu dépenses, mais je ne veux pas que tu gaspilles, et ce n'est pas gaspiller que de faire des achats, quelque élevés qu'en puissent être les prix, quand ces achats sont nécessaires pour paraître dignement à une fête de l'armée.

Allons, embrasse-moi et pense à te faire belle pour le 14. »

Comme le 14 juillet tombait un samedi, l'empereur, qui ne voulait pas faire perdre au peuple un jour de travail, reporta la fête au lendemain dimanche.

Joséphine n'avait pas oublié les recommandations de l'empereur pour sa toilette. Elle était réellement resplendissante et il dut être content d'elle. Elle avait une robe de tulle rose semée d'étoiles d'argent, avec un corsage très décolleté comme la mode le voulait alors, bien que ce fût pour une solennité se passant dans la pleine lumière du jour. Des épis de diamants, par gerbes, couronnaient sa tête. Les rayons du soleil de midi se jouaient sur le semis d'étoiles de sa robe et de son corsage ; mille étincelles jaillissaient du fouillis de ses cheveux et de ses diamants, et elle apparaissait elle-même au milieu d'un scintillement fantastique de feux et d'éclairs, comme ces déesses de jadis qui daignaient quelquefois, au dire des poètes, descendre de l'Olympe sur des chars lumineux pour visiter la terre. Le bonheur resplendissait dans ses yeux non moins que le soleil sur ses bijoux et cette auréole de joie toute pailletée d'or et de diamants donnait à l'impératrice les apparences d'une jeunesse qu'elle n'avait déjà plus. L'effet qu'elle produisit fut immense. Le peuple généralement aime ses souverains sans trop savoir pourquoi ; mais quand une souveraine est belle et qu'il vient de l'admirer dans tout l'éclat d'un jour de fête, il l'aime pour sa beauté, il l'aime parce qu'il a joui d'un spectacle agréable en la voyant passer, parce qu'elle s'est montrée à lui comme l'idéal du beau, et que le peuple, tout terre à terre qu'il est, aime l'idéal ; il en a besoin pour supporter le fastidieux prosaïsme de sa vie. C'est de ce jour que date vraiment l'attachement des Parisiens pour Joséphine.

L'impératrice avait eu en cette journée, son cortège à elle, de même que l'empereur, qui l'avait précédée, avait eu le sien. Comme il était déjà loin le temps de l'humble déménagement du Premier Consul, quittant le Luxembourg pour les Tuileries ! Mme Bonaparte, en cette circonstance, était montée modestement en fiacre, sans suite, sans apparat, comme une simple bourgeoise, et le soir elle devait coucher aux Tuileries ! et il n'y avait pas quatre ans de cela ! Aujourd'hui, elle se montrait au peuple de Paris — à son peuple — dans sa nouvelle majesté impériale ; elle traversait en souveraine, suivie d'un cortège de toilettes et de vanités, toutes fraîches aussi et toutes brillantes, ce jardin des Tuileries jusque-là réservé au public, désormais le jardin de l'empereur ; c'est aussi en souveraine qu'elle était reçue au seuil de l'église des Invalides. Le comte de Ségur, grand-maître des cérémonies, le général Berruyer, gouverneur des Invalides, le cardinal du Belloy, archevêque de Paris, étaient là, à la tête d'un nombreux état-major en aiguillettes et en soutanes, et rendaient au maître de la France et à sa femme des honneurs que jamais rois n'avaient reçus si grands.

Il n'y avait que peu de temps que l'église des Invalides, changée pendant la Révolution en temple de Mars, avait été rendue par l'empereur au culte catholique.

L'impératrice fut conduite dans une tribune qui avait été préparée pour elle en face du trône impérial que Napoléon occupa seul à la droite de l'autel.

Le cardinal du Belloy célébra la messe. Une fois la cérémonie religieuse terminée, la cérémonie officielle

commença. M. de Lacépède, grand-chancelier de la
Légion d'honneur, prononça un sermon, un discours
veux-je dire, qui fut très écouté. Il fit ensuite l'appel
des grands-officiers de la Légion, suivi du serment
solennel ; puis vint l'appel des simples légionnaires.
La fête produisit une vive impression sur tous les
assistants et laissa aux élus des souvenirs qui ne
furent jamais oubliés. Le retour des souverains aux
Tuileries se fit avec le même cérémonial que s'était
fait leur départ.

Trois jours après cette solennité, l'empereur partit
pour le camp de Boulogne. L'impératrice demeura à
Saint-Cloud où elle s'occupa de faire préparer les
toilettes et parures qu'elle devait emporter dans le
voyage qu'elle allait faire très prochainement avec son
mari sur les bords du Rhin. L'empereur, en effet, lui
avait donné rendez-vous non pas au château de
Laeken, près de Bruxelles, comme le dit Bourrienne,
mais à Aix-la-Chapelle, où elle devait faire une saison
d'eaux.

Napoléon, qui n'aimait point que les choses se
fissent sans qu'il les eût réglées d'avance, avait eu
soin, avant de quitter Saint-Cloud, de régler minu-
tieusement tous les détails du voyage de l'impératrice. C'était son habitude. Chaptal nous apprend que,
lorsqu'il était ministre de l'Intérieur, Joséphine devant
aller prendre les eaux d'Aix-la-Chapelle, le Premier
Consul l'avait fait appeler et lui avait dit : « Joséphine
part pour les eaux. Cette femme est bonne et facile ;
il faut lui dicter sa marche et tracer sa conduite[1]. »
Et il lui avait dicté vingt et une pages de grand
papier. Cette fois, l'empereur eut la même intention

---

1. CHAPTAL, *Mes souvenirs sur Napoléon*, p. 353.

et donna des instructions écrites sur tout ce qui concernait le voyage. Les moindres détails étaient prévus : nombre des voitures, personnel, bagages, chevaux, itinéraire, arrêts, gîtes dans chaque ville, personnes que l'impératrice devait admettre à sa table, etc. ; tout était réglé avec la même précision que s'il se fût agi d'un corps d'armée à faire arriver un jour déterminé sur un champ de bataille. De plus, se défiant des réponses que pourrait faire Joséphine aux discours que devaient lui adresser les députations et les autorités des villes par lesquelles elle passerait, il les avait également dictées. On fit une copie de chacune de ces réponses et Joséphine, avant de se mettre en route, dut apprendre par cœur les improvisations dont il lui fallait émailler son voyage. Le métier de souveraine lui parut alors bien pénible à exercer. On la voyait dès le matin, une grande feuille manuscrite à la main, cherchant à faire entrer dans sa pauvre tête, rebelle à un pareil travail, des phrases et des mots qu'elle ne cherchait guère à comprendre ; elle les apprenait comme une écolière qui apprend sa leçon ; et, pendant que Duplan la coiffait, pendant qu'elle se promenait sous les ombrages du parc de Saint-Cloud, elle avait à la main ces maudits discours et s'essayait à les réciter sans trop de fautes. Ils n'étaient pourtant pas bien longs ces discours ; enfin, à force de les répéter, Joséphine vint à peu près à bout de les apprendre. Mais le difficile était de ne pas les confondre et de ne point faire, par exemple, au maire de la Ferté-sous-Jouarre la réponse destinée au préfet de Bruxelles. Ce fâcheux accident ne se produisit point ; mais comme l'empereur avait raison de dicter par avance à sa femme ce qu'elle avait à dire ! C'est pour en avoir dit un peu plus long que ses instructions officielles le lui prescrivaient, qu'elle s'attira un petit désagrément dont elle fut fort ennuyée. En recevant les adieux de la femme du maire de Reims, chez lequel elle avait logé en passant par cette ville, elle lui offrit en souvenir un superbe médaillon en malachite entouré de brillants et lui dit en l'embrassant : « *C'est la couleur de l'espérance.* » Ces mots, d'une banalité insignifiante, ne rimaient à rien et pouvaient même passer, puisqu'ils avaient une intention aimable; mais ils arrivèrent à l'oreille d'une personne mal intentionnée qui s'empressa de les faire reproduire dans le journal *le Publiciste*. Et en arrivant à Aix-la-Chapelle, Joséphine eut la désagréable surprise de voir que l'on avait fait à cette phrase insignifiante, prononcée pour dire quelque chose, l'honneur de l'insertion. Elle fut mortifiée, désolée. « Mais je n'ai pas dit cela! mais je n'ai jamais dit une sottise pareille! Oh! c'est trop fort!

— Il faut faire démentir cette phrase sur-le-champ, disait M. Deschamps, le secrétaire de ses commandements.

— Non, répondit Joséphine dont la mémoire redevint peut-être fidèle devant ce projet de M. Deschamps, non, cela donnerait à cet incident plus d'importance qu'il ne vaut. Je vais simplement en dire deux mots à l'empereur. »

Et un courrier partit pour Boulogne.

C'est de ce moment que l'empereur défendit aux journaux de jamais imprimer une réponse de lui ou de l'impératrice avant qu'elle n'ait d'abord paru au *Moniteur*.

La vie, à Aix-la-Chapelle, était assez monotone. La matinée était consacrée tout entière à la première toilette du matin. Ensuite l'impératrice allait prendre

son bain à l'établissement thermal. Une heure de
repos lui était ordonnée après son bain. Une fois
reposée, on procédait à sa toilette pour le déjeuner.
La journée se passait à des promenades en voiture
dans les environs. Dès que la souveraine était rentrée,
il fallait aussitôt changer de robe pour le dîner.
Après le dîner, l'on allait au théâtre — car le second
Théâtre-Français, dirigé par Picard, était venu, par
ordre de l'empereur, jouer à Aix-la-Chapelle — ou
bien l'on se couchait de bonne heure.

Un soir, après le dîner, comme on n'avait pas été
au théâtre, on causait un peu, avant de s'aller mettre
au lit. Quelqu'un parla d'un plan de Paris en relief
qui se trouvait à Aix-la-Chapelle, et l'on fit aussitôt
le projet d'aller le voir. La soirée était belle, on s'y
rendit à pied. Pendant que l'impératrice et sa suite
examinaient ce plan, le public eut connaissance de
leur expédition nocturne. Aussitôt les fenêtres de
s'illuminer sur le passage de la souveraine et la
foule de se porter au-devant d'elle. L'impératrice fut
très touchée de cette manifestation toute spontanée
de la sympathie populaire.

Un autre jour, le général Lorges, commandant à
Aix-la-Chapelle, ayant plusieurs croix de la Légion
d'honneur à distribuer aux troupes, pria l'impératrice
de vouloir bien les remettre elle-même aux nouveaux
légionnaires. Joséphine accepta gracieusement et la
distribution se fit à la cathédrale avec une grande
solennité. Un trône avait été préparé pour l'impératrice dans le chœur de l'église. La dame d'honneur
Mme de la Rochefoucauld, les dames du palais, parmi
lesquelles Mme de Rémusat, étaient autour d'elle. Le
général Lorges fit un discours. Plus habitué à manier
l'épée que les délicatesses de l'éloquence, il s'em-

brouilla quelque peu dans un compliment qu'il adressait à l'impératrice et dit qu'il se trouvait heureux de voir la vertu sur le trône et la beauté à côté. Naturellement, aucune de ces dames ne fut complètement satisfaite de n'avoir en partage que l'un des avantages dont avait parlé le général, et ce mot malheureux fut, toute la journée, l'objet de leurs commentaires. Quant à l'impératrice, elle n'oublia pas qu'il faut être indulgent pour les mots malheureux. Elle sut, comme toujours, dire une chose gracieuse à chacun en lui remettant la croix de la Légion d'honneur, et ce jour fut pour elle un des plus beaux qu'elle passa à Aix-la-Chapelle.

On fit beaucoup de mérite à Joséphine, quelques jours après cette cérémonie, de son indulgente bonté envers un vieil officier qui, chargé de lui porter une lettre, et plus au fait des choses de la guerre que des usages du monde et de la cour, s'était, sans façon, assis à côté d'elle, sur son canapé. Elle ne voulut point humilier ce vieux serviteur de la patrie; plus d'une femme, à sa place, n'eût point manqué de le faire. C'est dans ces sortes de circonstances que Joséphine était véritablement bonne, et son indulgence fut hautement célébrée ce jour-là.

Un jour l'impératrice fut invitée à aller voir les reliques que l'on conserve précieusement dans la cathédrale d'Aix-la-Chapelle. On les appelle les *grandes reliques* et, d'après la tradition, c'est l'impératrice même qui, jadis, les envoya à Charlemagne. Elles sont enfermées dans une armoire de fer encastrée dans un mur et murée elle-même par de la maçonnerie. Tous les sept ans, on démolit le mur, on ouvre l'armoire, on montre les reliques aux fidèles et l'armoire de fer est de nouveau murée pour sept ans. Joséphine, curieuse, se rendit donc à l'église. On démolit devant elle le mur qui cachait l'armoire de fer et on l'ouvrit.

On montra à l'impératrice, comme objet plus particulièrement digne de son attention, un petit coffre en vermeil; on lui dit que la tradition voulait que la personne qui réussirait à ouvrir ce coffret eût une vie faite de bonheur et de joie jusqu'à son dernier jour. Naturellement, Joséphine voulut essayer de l'ouvrir, et naturellement aussi, le bon coffret se laissa faire. C'était une flatterie qu'on lui avait ménagée, mais Joséphine, toute superstitieuse qu'elle était, n'attacha pas plus d'importance à cette flatterie qu'à toutes celles qu'on lui adressait et se borna à remercier par un gracieux sourire.

Napoléon était arrivé à Aix-la-Chapelle le 3 septembre. Il n'y demeura que quelques jours, mais il y tint une cour fort brillante et donna aux princes d'Allemagne qui s'empressaient de venir déposer à ses pieds leurs hommages, le spectacle d'une cour où la richesse et le bon goût étaient en rapport avec la puissance et la gloire de l'Empire français.

L'empereur et l'impératrice se rendirent ensuite à Cologne. Là, Joséphine fit une petite réforme dans le service de ses femmes. On lui avait nommé quelques femmes de chambre nouvelles qui devaient faire leur service par quartier de trois mois. A en croire une mauvaise langue, Joséphine, qui arrivait à cet âge où l'on a besoin de tout l'art, de tous les mystères de la toilette, était fort ennuyée d'avoir toutes ces spectatrices; elle avait prié qu'on lui laissât seulement ses anciennes femmes de chambre. On fit alors des dames d'annonces de toutes ces nouvelles venues; leurs fonctions n'étaient ni compliquées; ni diffi-

ciles : elles consistaient à annoncer l'empereur lorsqu'il se rendait chez l'impératrice.

De Cologne à Bonn, le trajet est charmant. On était
parti à cinq heures du matin. Joséphine avait dû
faire effort sur sa paresse naturelle pour être prête de
si bonne heure; mais elle n'eut pas à le regretter,
tant la route était belle et pittoresque. La maison où
elle descendit à Bonn avait un jardin s'étendant jusqu'aux bords du Rhin. Un bateau rempli de musi-
ciens était arrêté sur le fleuve et cet orchestre flottant
faisait entendre une musique délicieuse. Les impressions que Joséphine emporta de Bonn furent douces
et agréables et depuis elle en reparla plus d'une fois.
Mais, à quatre heures du matin, il fallut s'arracher à
cette charmante petite ville et continuer le voyage,
dont l'itinéraire, tracé d'avance, ne pouvait être
changé. Coblentz fut la station suivante. Ici, c'est le
préfet qui eut l'honneur de donner l'hospitalité à
Leurs Majestés Impériales. On y demeura quatre
jours. L'impératrice, s'embarquant sur un yacht qui
était gracieusement mis à sa disposition par le prince
de Nassau-Weilburg, remonta le Rhin jusqu'à Bingen.
Ce fut une journée d'enchantement : rien n'est plus
pittoresque que ces bords du Rhin; la plupart du
temps, le fleuve est encaissé entre des rochers
moussus émergeant du milieu des bois, et des col-
lines à pic souvent couronnées de quelque vieux
château gothique aux tours ébréchées. Chacun de
ces châteaux avait sa légende et Joséphine écoutait
de toutes ses oreilles les joyeuses histoires de
guerre et d'amour, de chevaliers enchantés et de
châtelaines enlevées, dont ses hôtes allemands ne
manquaient pas de la régaler. L'empereur n'avait pas
voulu faire le trajet par eau : sa voiture avait pris la

route qui longe le fleuve et il était arrivé à Bingen bien avant l'impératrice, qui n'y fut qu'à minuit. Le lendemain, on se remettait en route pour Mayence. Les bords du Rhin s'abaissent sensiblement après Bingen et le trajet offre moins de séductions. Mais, en arrivant à Mayence, un spectacle nouveau et on ne peut plus gracieux attendait l'impératrice. Des jeunes filles habillées de blanc, portant des corbeilles de fleurs, étaient rangées des deux côtés d'un petit pont de bois que l'on avait construit pour son débarquement. Les rues par lesquelles elle devait passer étaient jonchées de fleurs. L'enthousiasme de la population pour les souverains français fut immense. Beaucoup de princes allemands, ceux de la maison de Hesse, ceux de Bade, ceux de Bavière, vinrent joindre leurs hommages aux acclamations de la foule. L'impératrice vit avec beaucoup de curiosité la princesse Wilhelmine de Bade, qui venait d'épouser le prince héréditaire de Hesse-Darmstadt. M. de Talleyrand, on se le rappelle, avait conçu le projet de faire divorcer le Premier Consul peu de mois avant son avènement au trône impérial et de lui faire épouser cette jeune princesse. Sa vue rassura la bonne Joséphine, qui ne fut pas tentée de devenir jalouse.

Cependant, les distractions, les solennités se succédaient sans interruption. Chaque soir, le second Théâtre-Français, qui était venu d'Aix-la-Chapelle à Mayence, donnait une représentation et plus d'une fois des bals furent donnés après le spectacle. Un des grands divertissements de ces bals et de ces soirées de théâtre était, pour Joséphine, de voir des princesses allemandes porter ses vieilles robes. Voici comment cela se faisait. Des marchands juifs assiégeaient constamment le palais pour essayer de vendre leurs marchandises à l'impératrice et aux dames de sa suite. Celles-ci, à qui Joséphine donnait les robes qu'elle ne voulait plus mettre, vendirent à ces juifs ou leur échangèrent contre d'autres objets les robes qui étaient trop riches pour qu'elles pussent les porter. Les marchands couraient les offrir aux princesses allemandes qui, dès qu'elles apprenaient qu'elles avaient été faites pour l'impératrice Joséphine, se hâtaient de les acheter. C'est ainsi que l'impératrice put admirer à un bal toutes les danseuses d'un quadrille princier revêtues de sa défroque [1].

Le 2 octobre, Leurs Majestés quittèrent Mayence pour rentrer à Paris. Elle passèrent par Kreutznach, Frankenthal et Kaiserslautern. Là, l'empereur prit la route de Trèves tandis que l'impératrice, passant par Neustadt, Landau, Saverne et Nancy, rentrait seule à Paris et était reçue dans sa capitale au bruit des canons des Invalides.

Ce voyage laissa dans les populations des bords du Rhin une impression ineffaçable. Elles avaient vu dans la majesté des souverains français, un reflet féerique de la puissance de la France; elles virent aussi que cette majesté savait fort bien s'allier à la bonté, car l'empereur et l'impératrice marquèrent par mille bienfaits leur passage sur la terre allemande. Joséphine, avec la grâce qui lui était naturelle, avec l'élégance de ses manières et celle de ses toilettes, occupa longtemps les rêves des jeunes filles et des femmes de la blonde et mélancolique Allemagne.

Tout en voyageant, l'empereur ne perdait pas de

1. Mⁱˡˡᵉ AVRILLON, *Mémoires*, t. I, p. 105.

vue ses projets et travaillait à leur exécution. Le cardinal Fesch avait été envoyé par lui à Rome en ambassade extraordinaire. Il devait négocier auprès du saint-siège un voyage du pape à Paris. Il s'agissait de venir sacrer le nouveau César dans sa capitale. Si Sa Sainteté, daignait consentir à faire le voyage, le cardinal avait reçu tous pouvoirs pour régler avec lui le cérémonial du sacre et du couronnement.

Le pape se rendit, après bien des hésitations, aux désirs de l'empereur et fit savoir qu'il viendrait à Paris. Cet acte de condescendance inouïe de la part du Saint-Père combla de joie le nouveau souverain. Les conséquences politiques en étaient immenses : il lui conciliait désormais l'affection des populations catholiques de la France qui, pour employer un mot du comte Louis de Narbonne, prononcé dans une autre circonstance, n'en étaient encore qu'à l'admiration ; il le faisait reconnaître en même temps comme souverain légitime aux yeux des autres souverains de l'Europe ; il réduisait enfin à néant les revendications des Bourbons.

Cependant le voyage du pape à Paris était un événement si extraordinaire que l'on n'y crut que lorsqu'il se fit. Dans l'entourage même de l'empereur la nouvelle fut d'abord accueillie avec incrédulité, mais l'étonnement de la *Signora Letizia*, désormais appelée Madame Mère, avait quelque chose qui tenait de l'effarement : le pape, *il santissimo Padre*, se déranger pour venir sacrer Napoléon, son fils Napoléon, empereur ! L'excellente femme ne pouvait croire à une telle destinée. Quant à l'impératrice, personne n'avait suivi avec plus d'intérêt qu'elle les négociations engagées avec Rome. Si l'empereur était sacré par le pape, serait-elle, elle, sacrée impératrice ? C'était là une fort grave et fort importante question, et elle se la posait bien souvent sans oser la poser elle-même à l'empereur. Si le pape la sacrait impératrice des Français, c'était pour elle la sécurité définitive : adieu alors à jamais les perpétuelles craintes de divorce qui empoisonnaient son existence. L'empereur pourrait prendre, pour lui succéder au trône, qui bon lui semblerait, chez les Bonaparte ou chez les Beauharnais, cela lui serait bien indifférent ; l'important pour elle était d'être sacrée : une fois impératrice sacrée par le souverain pontife, quel pouvoir humain pourrait lui ravir sa situation ? Oh ! oui, tout, tout pour la réalisation de ce rêve !

De leur côté, les frères et les sœurs de l'empereur pensaient que l'occasion était bonne pour assouvir leur haine contre Joséphine et déterminer enfin Napoléon à un divorce qui, d'après eux, était plus nécessaire que jamais. Le prince Joseph, en sa qualité d'aîné, se fit le porte-parole de la famille. « Pourquoi, disait-il, sacrer Joséphine impératrice des Français, puisqu'il faudra toujours en venir à la répudier ? Les intérêts de la France n'exigent-ils pas que l'empereur ait des héritiers directs pour assurer son avenir ? Et ne vau-drait-il pas mieux pour le pays et pour l'empereur asseoir la dynastie des Napoléons sur le trône par sa propre descendance, que d'avoir recours à cette héré-dité factice établie par le sénatus-consulte du 28 floréal an XII ? Ce conseil était bien la preuve du désintéres-sement avec lequel il envisageait cette grave question puisque, si Napoléon avait des enfants, lui, Joseph, se trouvait à jamais écarté du trône. »

L'empereur ne méconnaissait pas la valeur des arguments que son frère faisait valoir auprès de lui ; le reste de la famille parlait dans le même sens que

Joseph, et Napoléon plus d'une fois sembla disposé à se rendre à leur désir. Quelques mots qu'il jeta au travers de la conversation avec Joséphine montrèrent à celle-ci que, si la partie lui était vivement disputée par la famille Bonaparte, elle était loin d'être perdue lorsque, par sa faute, elle fut tout près de l'être. Napoléon, en réalité, était toujours dans l'incertitude : « Il hésitait, a dit M. Thiers, entre sa tendresse pour sa femme et les secrets pressentiments de sa politique, lorsqu'une scène de famille faillit amener sur-le-champ la perte de l'infortunée Joséphine. Tout le monde s'agitait autour du nouveau monarque, frères, sœurs, alliés. Chacun voulait, dans cette solennité, qui semblait devoir les consacrer tous, un rôle conforme à ses prétentions actuelles et à ses espérances futures. A l'aspect de ces agitations et témoin des instances dont Napoléon était l'objet de la part de l'une de ses sœurs, Joséphine, troublée, dévorée de jalousie, laissa voir des soupçons outrageants pour cette sœur et pour Napoléon lui-même, soupçons conformes aux atroces calomnies des émigrés. Napoléon fut saisi tout à coup d'une véhémente colère, et, trouvant dans cette colère une force contre son affection, il dit à Joséphine qu'il allait se séparer d'elle ; que, d'ailleurs, il le faudrait plus tard, et que mieux valait s'y résigner sur-le-champ, avant d'avoir contracté des liens plus étroits. Il appela ses deux enfants adoptifs, leur fit part de sa résolution et les jeta, par cette nouvelle, dans la plus profonde douleur. Hortense et Eugène de Beauharnais déclarèrent, avec une résolution calme et triste, qu'ils suivraient leur mère dans la retraite à laquelle on voulait la condamner. Joséphine, bien conseillée, montra une douleur résignée et soumise. Le contraste de son chagrin avec la

atisfaction qui éclatait dans le reste de la famille
mpériale, déchira le cœur de Napoléon, et il ne put
e décider à voir exilée et malheureuse cette femme,
ompagne de sa jeunesse, exilés et malheureux avec
lle, ces enfants devenus l'objet de sa tendresse pater-
elle. Il saisit Joséphine dans ses bras, lui dit, dans
on effusion, qu'il n'aurait jamais la force de se séparer
d'elle, bien que sa politique le commandât peut-être ;
et puis il lui promit qu'elle serait couronnée avec lui
et recevrait à ses côtés, de la main du pape, la consé-
cration divine[1]. »

Depuis plusieurs années, Paris, longtemps sevré de
êtes après les saturnales de la guillotine et les folies
de la déesse Raison, en avait eu quelques unes ; les
dernières avaient été superbes. L'empereur voulut
que la fête de son sacre répondit à l'importance du
grand acte dont il allait donner au monde l'extraordinaire spectacle ; il voulut qu'il n'y en eût point de
plus magnifique pour les yeux, de même qu'il n'y en
avait jamais eu de plus grandiose par les personnages
qui figuraient sur la scène, de plus mémorable par les
conséquences qu'elle devait avoir. Aussi, longtemps
à l'avance, une multitude de peuple afflua-t-elle des
départements vers Paris. Chaque habitant voyait sa
maison indiscrètement envahie par tout ce qu'il
pouvait avoir de parents et d'amis de province ; les
hôtels étaient remplis jusqu'aux combles ; les rues
grouillaient de monde : on allait, on venait, oisif et

1. Thiers, *Consulat et Empire*, t. V, p. 249. — M. Thiers a
ajouté cette note : « Je rapporte ici le récit fidèle d'une personne respectable, témoin oculaire, attachée à la famille impériale, et qui a conservé ce souvenir dans ses Mémoires ma-
nuscrits. »

affairé en même temps, bavard, expansif, heureux ;
on allait à Notre-Dame visiter les préparatifs de la
fête auxquels travaillaient plus de mille ouvriers; on
courait de là chez Foncier, l'orfèvre à la mode, et l'on
s'écrasait pour voir à sa devanture la couronne du
nouveau César. On admirait aussi celle de l'impératrice, son collier, sa ceinture; c'étaient des cris
d'enthousiasme, des exclamations, des extases naïves,
et cela avec les accents si divers de toutes les provinces
de France. Ces couronnes étaient, il faut le dire, de
véritables merveilles d'art. Celle de l'impératrice
« était à huit branches qui se réunissaient sous un
globe d'or surmonté d'une croix. Les branches étaient
garnies de diamants, quatre en forme de feuilles de
palmier et quatre en feuilles de myrte. Autour de la
courbure régnait un cordon incrusté de huit émeraudes
énormes. Le bandeau qui reposait sur le front étin-
celait d'améthystes. Le diadème était composé de quatre
rangées de perles de la plus belle eau, entrelacées de
feuillages en diamants parfaitement sertis et montés
avec un art aussi admirable que la richesse de la
matière. Sur le front étaient plusieurs gros brillants
dont un seul pesait cent quarante-neuf grains. La
ceinture enfin était un ruban d'or enrichi de trente-
neuf pierres roses [1]. » Devant toutes ces merveilles
naissait le très naturel désir de voir comment les
souverains allaient les porter et chacun faisait et
faisait faire mille démarches pour obtenir des billets
d'entrée à Notre-Dame et assister à l'extraordinaire
solennité qui se préparait.

Pendant ce temps, la cour, chose curieuse, travaillait et sérieusement, à de grandes futilités, c'est

1. Constant, *Mémoires*, t. I, p. 388.

vrai, mais elle travaillait. Ne fallait-il pas s'occuper des mille apprêts de la cérémonie ? Isabey, David dessinaient des costumes : on les discutait, on les choisissait, on les commentait, on les essayait. Joséphine aussi travaillait, et avec entrain : cette fois, elle avait du cœur à l'ouvrage. Ce ne fut pas une petite affaire pour elle que de déterminer la forme du nouvel habit qu'elle voulait que portassent les dames de sa cour en cette solennité. On se décida, après de longues discussions, pour un long manteau et une collerette de blonde qu'on appelait *chérusque* et qui montait gracieusement, en l'encadrant, assez haut derrière la tête ; cela rappelait fort exactement le costume de Catherine de Médicis.

Une fois la question des costumes réglée, il fallut convenir du cérémonial à suivre. Chacun dut se bien pénétrer de son rôle et, pour qu'il n'y eût pas le moindre manquement à l'ordre prescrit, on fit à Notre-Dame même des répétitions de la cérémonie et on les recommença jusqu'à ce que tout marchât correctement. Le peintre David, l'ancien conventionnel, disposait et groupait les personnages. Il profita de ces répétitions pour faire l'esquisse du grand tableau du couronnement, actuellement au Louvre, qui lui était commandé par l'empereur[1].

Tout étant donc prévu, réglé, arrangé, l'impératrice fit accorder des allocations supplémentaires aux dames du palais pour les indemniser des grosses dépenses qu'il leur fallait faire, et elle donna elle-même à chacune d'elles de beaux diamants qui

1. Quelqu'un disant un jour à David que tout le monde trouvait avec raison qu'il avait ridiculement rajeuni l'impératrice Joséphine : « Allez le lui dire », répondit David. (Mme DE GENLIS, *Mémoires*, t. V, p. 184.

devaient leur rappeler pour la vie, avec la grâce et la bonté de celle qui les leur offrait, le souvenir mémorable de cette journée historique.

Mais tout cela ne se faisait pas sans une certaine agitation au palais : il y eut des passions excitées ; il s'éleva des rivalités entre toutes ces femmes de cour ; il y eut des discussions de préséance, de rang, des réclamations à n'en plus finir. Il fallut que l'empereur s'en mêlât pour faire taire toutes ces prétentions subalternes inséparables de la nature humaine dès que des hiérarchies s'établissent et que les vanités entrent en jeu, surtout dans un cercle d'hommes et de femmes appelés à vivre journellement ensemble.

Cependant le pape devait arriver à Fontainebleau le 4 frimaire an VIII, ou, si l'on préfère, le dimanche 25 novembre 1804. Dès la veille, toute la cour s'y était rendue pour recevoir dignement Sa Sainteté.

Elle était bien curieuse, cette cour, un peu de circonstance, installée en camp volant, pour deux ou trois jours, dans le palais de François Iᵉʳ. Militaires aux uniformes variés avec du dor sur toutes les coutures, chambellans en bas de soie, dames du palais en tenue d'ordonnance, fonctionnaires civils tout brodés d'argent, tout ce monde se croisait dans les salles du palais, se heurtant à un état-major de soutanes de toutes couleurs, des rouges, des noires, des violettes ; les frocs de bure des capucins aux têtes rasées frôlaient discrètement les robes tapageuses des femmes de cour ; les gros chapelets de ceinture s'accrochaient sans vergogne aux rubans et aux éventails et essayaient de fraterniser avec les dragonnes des sabres et des épées, tandis que la grave componction ecclésiastique fraternisait pour de bon avec les airs évaporés des dames du palais. Et tout ce monde se saluait avec cérémonie, échangeait des sourires de convention, des révérences de commande, des politesses de circonstance et, partant, quelque peu outrées.

Le duc de Rovigo a raconté dans ses *Mémoires* la façon dont Napoléon alla au-devant du Saint-Père sur la route et la manière dont les deux souverains, après s'être embrassés, remontèrent en voiture pour s'acheminer sur Fontainebleau. Il était midi lorsqu'on arriva au palais. Après avoir pris un peu de repos, le pape fit une visite à l'empereur et une autre à l'impératrice. Les plus grands honneurs lui étaient décernés selon un cérémonial que l'empereur lui-même avait fixé et Joséphine avait l'ordre de faire asseoir le souverain pontife à sa droite.

C'était une physionomie à part que celle du pape Pie VII. Il avait pour tout teint une extrême pâleur; la bonté et la vivacité éclataient cependant bien vivantes sur cette face de mort, et sa longue soutane blanche, retombant autour de lui comme la draperie d'une statue antique, achevait de lui donner un air d'apparition. Il plut de suite à tous ceux qui le virent. Il plut surtout à Joséphine parce qu'elle avait d'avance, dans sa pensée, disposé du Saint-Père pour assurer la réalisation de ses projets d'avenir. Son air de bonté lui était un gage de sa docilité. Si nous n'aimons pas toujours les gens après qu'ils nous ont fait du bien, n'aimons-nous pas d'avance ceux que nous voulons employer à nous en faire? Joséphine avait donc son projet, et le pape, dans ce projet, devait être son instrument et devenir son complice.

Le lundi, nouvelles visites entre les souverains. Cette fois, Joséphine crut que le moment était arrivé de commencer la mise à exécution de ses plans. Aussi, sans plus tarder, confia-t-elle au Saint-Père en baissant la voix et aussi les yeux, tandis qu'une modeste rougeur montait gracieusement à ses joues, qu'elle n'était point mariée aux yeux de Dieu, devant l'Eglise. « Ce n'était pas la mode à Paris en 96, » dit-elle. Pie VII, fort aimable pour une femme si à la mode, lui répondit par des compliments sur ses scrupules, sur la délicatesse de sa conscience et la remercia de l'avoir choisi pour confident de sa fausse position au point de vue religieux ; il daigna lui donner l'assurance qu'il emploierait ce qu'il pourrait avoir d'influence auprès de l'empereur pour le déterminer à faire cesser au plus tôt, par un mariage célébré au pied des autels que lui-même avait relevés en France, cet état de concubinage légal. « Demeurez en paix, ma fille, dit-il en se retirant, cela va s'arranger. »

Joséphine n'en demandait pas plus. Elle demeura sous le charme des paroles du Saint-Père, des compliments qu'il lui avait faits sur ce qu'elle employait la puissance du rang suprême à faire le bien, ainsi que de son indulgence et de sa bonté à l'appeler « ma fille ». Tout cela lui donna des distractions et l'empêcha sans doute de voir que son mari, tout en songeant à la faire couronner impératrice, avait de son côté des distractions d'une autre sorte et ne songeait nullement à lui garder une fidélité absolue ; ou, si elle le vit, elle crut devoir fermer les yeux.

Le lendemain, le pape fit son entrée dans Paris. On lui rendit les mêmes honneurs que l'on rendait à l'empereur et on le conduisit aux Tuileries, où le pavillon de Flore, préparé avec les soins les plus attentifs, fut mis à sa disposition.

L'arrivée du Saint-Père dans la capitale produisit un effet immense. Cet acte de condescendance du représentant de Dieu qui venait donner l'onction sainte au glorieux empereur, mit toutes les têtes sens dessus dessous : tout Paris était en l'air et pendant bien des jours encore il y eut dans la France entière un délire de joie, de fête et de bonheur. « Quand je me rappelle ce temps-là, a écrit une contemporaine, (Mme Cavaignac), ce qui existait alors et l'atmosphère où nous vivions, je ne sais plus si je rêve, si c'est songe ou réalité[1]. » Et Mme de Rémusat, de son côté, écrivait vingt ans plus tard : « Je crois encore rappeler un rêve, mais un rêve qui tient un peu des contes orientaux, quand je me retrace quel luxe fut étalé à cette époque[2]. »

La cérémonie du sacre ou du couronnement avait d'abord été fixée au 14 juillet, ensuite au 18 brumaire. Mais les lenteurs des négociations engagées à Rome et aussi le choix de ces dates historiques qui rappelaient des souvenirs peu en accord avec la solennité qui se préparait, firent que l'empereur se détermina pour la date du 2 décembre. Ce grand jour approchait et, conformément à la promesse qu'il en avait faite à Joséphine, le pape avait demandé à l'empereur qu'il fit précéder son couronnement de la cérémonie religieuse nécessaire à la validité de son mariage devant l'Eglise : pouvait-il, lui, successeur de Saint-Pierre sur le trône pontifical, donner l'onction sainte à celle qu'il ne pouvait considérer que comme la concubine de l'empereur ? Napoléon eût bien voulu se soustraire à cette obligation, mais devant la ferme volonté du Saint-Père, il dut s'exécuter[3]. Aussi bien le pape était-il mécontent de savoir — car on ne le lui avait pas dit à Rome — qu'il lui faudrait couronner aussi l'im-

1. *Mémoires d'une inconnue*, p. 178.
2. Mme DE RÉMUSAT, *Mémoires*, t. II, p. 58.
3. *Id.*, p. 36. — *Mémoires de Pasquier*, t. I, p. 367.

pératrice ; « il n'avait jamais été question du couronnement de l'impératrice Joséphine dans les longues
négociations qui eurent lieu pour vaincre la répugnance
de Sa Sainteté à faire ce voyage[1]. »

Le 1ᵉʳ décembre donc, devant un autel dressé dans
le cabinet de l'empereur, le cardinal Fesch procéda
sans cérémonial et sans témoins, au mariage religieux
de l'empereur et de l'impératrice. Joséphine, après
cette cérémonie, obtint du cardinal un certificat
attestant qu'elle était bien et dûment mariée devant
l'Eglise[2]. Elle le conserva avec soin, elle qui en avait
si peu, et ne s'en dessaisit jamais. Elle le considérait
comme un titre de propriété sur son mari.

Ce même jour, le Sénat conservateur présenta à
Napoléon le *décret* du peuple qui l'appelait à l'Empire.

Joséphine était fort émue de cette série incroya-
ble de bonheurs et de prospérités qui se succédaient pour elle sans relâche. Une félicité sans bornes
se lisait sur son visage, dans son ton de voix et jusque
dans ses moindres mouvements. Elle racontait à ses
dames de compagnie combien l'empereur était bon
pour elle : le matin, il lui avait essayé lui-même la
couronne qu'elle devait porter sur sa tête le lendemain devant la France entière. Et, en rappelant
cette bonté de son mari, elle s'attendrissait et de
douces larmes lui venaient aux yeux. Comme si elle
eût craint intérieurement que la mauvaise fortune ne
la guettât derrière cette accumulation de gloire et de
bonheurs, elle voulut la conjurer par une bonne
action. Elle demanda à Napoléon, — on l'a vu un peu

1. Metternich, *Mémoires*, t. I, p. 293.
2. Cela n'empêchera pas le cardinal Fesch, plus tard, de
marier religieusement l'empereur avec Marie-Louise.

plus haut — de rappeler son frère Lucien de l'exil, d'oublier ce qui s'était passé et de lui donner le rang qui lui appartenait comme frère de l'empereur. Sa démarche, on l'a vu aussi, n'eut point de résultat. « J'ai voulu, dit-elle à Mme Junot en la lui racontant, j'ai voulu invoquer une aussi grande journée, mais Bonaparte (elle fut encore quelque temps à le nommer ainsi) m'a répondu avec aigreur et j'ai été contrainte de me taire. Je voulais prouver à Lucien que je sais rendre le bien pour le mal. Si vous en trouvez l'occasion, faites-le lui savoir [1]. »

C'était fort bien pensé ; mais la bonne Joséphine oubliait — il est si naturel d'oublier ses torts ! — qu'elle avait porté contre ce même Lucien, son beau-frère, les plus odieuses accusations [2]. Voulait-elle plutôt réparer le mal qu'elle avait pu lui faire ? Lucien, de son côté, avait dit à Napoléon certaines choses, sur Joséphine, que celle-ci eût mieux aimé qu'il ne dît point. Mais, en les disant, Lucien ne les inventait pas et était poussé par le désir bien légitime de venger l'honneur de son frère ; tandis que Joséphine, en insinuant à son mari que Lucien voulait l'empoisonner, imaginait la plus infâme des méchancetés.

1. Duchesse d'Abrantès, *Mémoires*, t. V, p. 118.
2. Voir *La générale Bonaparte*, p. 210.

CHAPITRE II

Jour du couronnement. — Cortège des souverains. — Cérémonie à Notre-Dame. — Incident : Joséphine égare son anneau. — Autre incident : mauvais vouloir des princesses impériales. — Bonheur de Joséphine. — Retour aux Tuileries. — « A qui laisserai-je tout cela ? » — Distribution des aigles à l'armée. — Série de fêtes. — Singulière proposition de l'empereur à Joséphine. — Mme Duchâtel. — L'empereur amoureux. — Intrigues compliquées. — Perplexités de Joséphine. — Soirée chez le maréchal Berthier. — Indiscrète démarche de Joséphine, et ce qui s'ensuivit. — Colère de Napoléon. — Mme de Rémusat. — Napoléon demande à Joséphine de prendre l'initiative du divorce. — Tout s'arrange. — Bavardages de Joséphine. — Audience donnée à Mme de Rémusat. — Cancans et intrigues de cour. — Jalousie de Joséphine. — Fin de la liaison de Napoléon avec Mme Duchâtel.

Le grand jour était arrivé. La solennité du couronnement fut favorisée par le temps : un brouillard assez épais obscurcissait d'abord la matinée, mais les belles journées de l'hiver commencent toujours ainsi : le brouillard ne tarda pas à se lever et le soleil vint se mettre de la fête.

Ce fut une joie générale : le peuple raffole de ces spectacles. N'en était-il pas ainsi également dans l'ancienne Rome ? On sentait de plus qu'il se passait quelque chose de grand et qui devait marquer dans la vie de la nation. A Paris, dans la plupart des maisons, personne ne s'était couché afin que les robes et les chapeaux fussent prêts à l'heure. Il est des femmes qui eurent le courage de se faire coiffer dès deux heures du matin, tant les coiffeurs étaient des personnages recherchés en ce moment, et ces malheureuses eurent la constance de demeurer immobiles sur leur chaise jusqu'au moment de passer leur robe pour se rendre à Notre-Dame.

Pour voir passer l'empereur, l'affluence dans les rues était énorme depuis la pointe du jour; sur le parcours du cortège, toutes les fenêtres étaient garnies de plusieurs rangées de têtes avides de voir, et les croisées se louaient jusqu'à trois cents francs [1].

« Avant le départ pour Notre-Dame, a écrit une dame du palais, nous fûmes introduites dans l'appartement de l'impératrice. Nos toilettes étaient fort brillantes, mais leur éclat pâlissait devant celui de la famille impériale. L'impératrice surtout, resplendissante de diamants, coiffée de mille boucles comme au temps de Louis XIV, semblait n'avoir que vingt-cinq ans. (Elle avait quarante et un ans, étant née à la Martinique le 23 juin 1763). Elle était vêtue d'une robe et d'un manteau de cour de satin blanc, brodés en or et en argent mélangés. Elle avait un bandeau de diamants, un collier, des boucles d'oreilles et une ceinture du plus grand prix, et tout cela était porté avec sa grâce ordinaire. Ses belles-sœurs brillaient aussi d'un nombre infini de pierres précieuses, et l'empereur, nous examinant toutes les unes après

1. Duchesse D'ABRANTÈS, *Mémoires*, t. V, p. 95.

les autres, souriait à ce luxe qui était, comme tout le reste, une création subite de sa volonté [1] ».

L'empereur, pas plus que Louis XIV jadis, n'aimait à attendre : il eût dû penser que le pape ne devait pas aimer cela non plus et prendre ses dispositions pour lui éviter une longue heure d'attente à l'église. Sa Sainteté avait quitté les Tuileries à neuf heures du matin, dans une voiture ornée des attributs de la papauté et attelée de huit chevaux gris pommelés. Selon l'usage romain, son premier camérier précédait la voiture, monté sur une mule et portant une grande croix ; selon l'usage français, qui est de rire de toute chose que l'on n'a pas l'habitude de voir, le camérier et sa mule, s'avançant gravement l'un sur l'autre et hors de vue de tout cortège, avaient excité une hilarité générale.

L'empereur et l'impératrice s'étaient mis en route à onze heures. Des batteries de canons, rangées le long des quais, annoncèrent à toute gueule au peuple en délire le départ des souverains. Leur voiture mérite d'être décrite. Traînée par huit chevaux de robe isabelle et recouverts de harnais d'une richesse éclatante, elle était entièrement ornée de peintures allégoriques sur fond d'or : tous les panneaux étaient en glaces, de sorte que les souverains pouvaient être contemplés à l'aise de tous côtés par les milliers de personnes qui se pressaient pour les voir. Le haut de la voiture supportait quatre aigles d'or aux ailes éployées soutenant eux-mêmes une superbe couronne d'or. Quand Leurs Majestés montèrent en voiture, elles s'assirent par mégarde sur la banquette de devant, et Joséphine, s'en apercevant la première, on changea de côté en riant de bon cœur.

1. Mme DE RÉMUSAT, *Mémoires*, t. II, p. 72.

Un cortège magnifique, comme jamais roi n'en eut
de pareil, suivait la voiture impériale : c'était d'abord
une foule de voitures de gala aux riches livrées et aux
attelages superbes, attestant la prospérité du pays
pendant les quatre années du consulat; et puis c'étaient
les glorieux soldats à qui la France devait, après
celui qui les avait tant de fois conduits à la victoire,
un si grand état de prospérité; c'étaient dix mille
hommes de cavalerie aux uniformes aussi brillants
que variés, c'étaient des colbacks, des casques aux
plumets de toutes couleurs, des lances aux flammes
frémissantes, des cuirasses, des sabres lançant mille
éclairs... et tout cela défilait entre deux haies de soldats d'infanterie à la tenue sévère et martiale, depuis
les Tuileries jusqu'à Notre-Dame, au son des musiques
des régiments, au bruit joyeux des cloches et aux déto-
nations répétées de l'artillerie... Non, cet ensemble ne
peut se décrire et, comme le disaient les contem-
porains, ce temps semble tenir plutôt du rêve que de
la réalité.

Tous les mémoires de l'époque ont essayé de perpétuer le souvenir de la cérémonie du couronnement
à l'église Notre-Dame. Quelque chose dans l'air disait
que de grands événements s'accomplissaient et c'est
avec une véritable émotion que l'on entrait dans la vé-
nérable cathédrale. Les vitraux lumineux, grelottant
à chaque coup de canon dans leurs vieux châssis de
plomb, tamisaient un jour étrange sous les voûtes antiques. Des milliers de plumes, ombrageant les chapeaux des sénateurs, des tribuns, des conseillers
d'État, véritable moisson ondulante et multicolore
semblaient agitées par le souffle de l'enthousiasme
général; les officiers, avec leurs tenues resplendis-
santes et variées, les magistrats avec leur costume

plus sobre et plus sévère, attiraient aussi l'attention, mais moins encore que les femmes qui garnissaient les tribunes et les travées. Presque toutes jeunes, belles et épanouies, étincelantes de soie, de fleurs, de sourires et de diamants, elles étaient répandues, véritables guirlandes de fleurs vivantes, depuis l'entrée de l'église jusqu'au chœur, et c'est elles qui formaient la plus belle décoration de la fête. Mme de Rémusat, qui a écrit ses Mémoires sous la Restauration et ne cherche guère à embellir ce que faisait l'empereur, a dit elle-même que cette fête fut « très imposante et belle ». Elle ne raconte pas un petit incident qui faillit gâter tout le bonheur de l'impératrice. Au moment où elle s'apprêtait à quitter son trône pour s'avancer vers l'autel, elle ne retrouva point son anneau. Elle fut au désespoir. Que faire? Le moyen de se procurer un autre anneau en ce moment solennel? Son esprit superstitieux échafaudait déjà tout un avenir de malheurs, lorsqu'Eugène qu'elle avait appelé d'un signe de détresse, parvint jusqu'à elle. Elle le mit au fait de ce qui lui arrivait. Aidé d'Isabey, Eugèn déplaça les coussins du trône et retrouva l'anneau sous l'un d'eux. Il paraît que l'empereur n'a jamais connu ce petit incident, raconté par M. Edmond Taigny dans son ouvrage sur Isabey.

Les sœurs de Napoléon, qui n'avaient pas grande tendresse pour Joséphine, avaient déjà manifesté ouvertement leur jalousie, on s'en souvient, le jour de la proclamation de l'Empire, à Saint-Cloud. Cette vilaine passion, que l'on eût pu croire éteinte ou du moins satisfaite par le titre de princesses impériales, que l'empereur leur avait conféré, se réveilla plus forte que jamais. Les princesses Caroline et Elisa (Mme Murat et Mme Baciocchi), la princesse Pauline

Borghèse, la princesse Julie et la princesse Louis (Mme Joseph Bonaparte et Hortense, femme de Louis Bonaparte) avaient été désignées pour porter la queue du manteau de l'impératrice. Ce ne fut pas sans de vives protestations que Caroline, Elisa et Pauline acceptèrent cette fonction qui, à leurs yeux, était toute servile du moment qu'elles l'accomplissaient elles-mêmes, et les plaçait dans une situation inférieure vis-à-vis de leur belle-sœur. Ces princesses en firent même un gros incident, et il fallut toute l'autorité de l'empereur pour imposer silence à leurs bruyantes répugnances. Mais si les « petites pestes » avaient dû s'incliner devant la volonté fraternelle, elles avaient bien juré en elles-mêmes qu'elles en tireraient vengeance le plus tôt qu'elles pourraient. Et c'est en pleine cérémonie du couronnement qu'elles trouvèrent que l'heure de la vengeance avait sonné. Lorsque le moment fut venu pour l'impératrice de paraître sur cette scène grandiose et d'y jouer le rôle auquel l'appelait sa qualité de femme de l'empereur, elle se leva avec la grâce empreinte de majesté qui lui était moins personnelle qu'elle n'est particulière à toutes les créoles et s'avança vers l'autel au pied duquel l'empereur l'attendait. Toutes les dames du palais se levèrent en même temps, et les princesses qui formaient son *service d'honneur* se mirent en devoir de remplir leurs fonctions. Elles le firent avec grâce, quoique de très mauvaise grâce. Le manteau de l'impératrice, en velours rouge semé d'abeilles d'or et entièrement doublé d'hermine, lourd déjà par lui-même, était alourdi encore par la masse des broderies d'or dont il était surchargé dans sa bordure : le rôle du *service d'honneur* était donc loin d'être inutile. Elisa, Caroline et Pauline le sentirent si bien que, d'une commune inspiration ou plutôt d'une commune complicité, elles soulevèrent à peine la partie du manteau que leur mission était de soulever complètement, tandis que la princesse Julie et la princesse Louis s'acquittaient en conscience de leur tâche. A la maligne joie des trois « petites pestes », Joséphine, qui avait à traîner le poids énorme de son manteau du côté où il n'était pas soutenu, se trouvait fort gênée dans sa marche ; « on vit le moment où l'impératrice, emportée par le poids de ce manteau, ne pourrait plus avancer ;... elle eut un moment d'altercation avec ses belles-sœurs... l'empereur, qui s'en aperçut, adressa à ses sœurs quelques mots secs et fermes qui mirent tout le monde en mouvement [1] ». Tant il est vrai que les passions humaines, surtout les plus basses, quand elles sont violemment excitées, ne font jamais trêve et ne perdent pas une occasion de s'assouvir, fût-ce au prix des disgrâces qui pourraient s'en suivre.

Joséphine fut très admirée en ce jour, et elle était réellement en beauté. Le bonheur, qui seul suffit à donner de la beauté à une femme qui n'en aurait pas, éclatait sur sa figure, et l'harmonie de ses traits en était singulièrement augmentée. De plus, Isabey, qui était chargé, d'après ce que nous a appris Stanislas Girardin, de revoir et de corriger, avec son pinceau délicat, ce que les années, en passant, pouvaient avoir laissé de ravages sur le visage de la souveraine, s'était véritablement surpassé. La tête de Joséphine, dans le tableau de David, est une très bonne copie du travail d'Isabey et il est facile d'en juger en allant comparer au Louvre les portraits de Joséphine par Isabey, à son

1. Mme de RÉMUSAT, *Mémoires*, t. II, p. 57-72.

portrait du grand tableau du couronnement par David[1]. Encore une fois, Joséphine fut superbe en ce jour et joua son rôle avec la dignité et la majesté d'une souveraine de vieille race. « Une des beautés remarquables de l'impératrice Joséphine, a écrit un témoin oculaire du couronnement, c'est non seulement l'élégance de sa taille, mais le port de sa tête, la façon gracieuse et noble tout à la fois dont elle la tournait et dont elle marchait. J'ai eu l'honneur d'être présentée à beaucoup de *vraies princesses*, comme on le disait dans le faubourg Saint-Germain, et je dois dire, en toute vérité de conscience, que jamais je n'en ai vu qui m'imposassent davantage que Joséphine. C'était de l'élégance et de la majesté. Aussi, une fois qu'elle avait après elle son manteau de cour, il ne fallait plus chercher la femme du monde peu arrêtée dans ses vouloirs, elle était convenable de tous points et jamais reine ne sut mieux *trôner* sans l'avoir appris[2]. »

1. L'empereur tenait à un jugement favorable de la postérité pour lui et les siens. Il fit toujours son possible pour effacer les désastreux effets des fautes de ses frères et de l'inconduite de ses sœurs. Par son testament, il laissa quelque souvenir à chacun des membres de sa famille, même à Caroline et à Eugène, qui, tous deux, à des degrés divers, contribuèrent à sa chute. Il ne voulait pas que la postérité prît une mauvaise opinion de ceux qui lui tenaient de si près; peut-être aussi ne voulut-il pas qu'on l'accusât de s'être trompé sur leur compte. Il est curieux également de remarquer avec quel soin il veilla à la réputation de Joséphine, qui en eut pourtant si peu de souci elle-même. Quand il alla voir la grande toile du couronnement, dans l'atelier de David, il complimenta le maître et lui dit : « C'est bien, c'est très bien, David... Je vous sais gré d'avoir transmis aux siècles à venir la preuve d'affection que j'ai voulu donner à celle qui partage avec moi les peines du gouvernement. » Napoléon savait pourtant très bien que s'il y avait des peines dans le gouvernement, elles étaient pour lui; Joséphine n'en avait que les joies.

2. Duchesse d'Abrantès, *Mémoires*, t. V, p. 129.

Sans l'avoir appris n'est pas très exact. Depuis son mariage avec le général Bonaparte faisait-elle autre chose qu'un apprentissage de souveraine? En Italie, n'avait-elle pas été plus que reine? Le titre seul lui manquait, mais celui de femme du général Bonaparte eût dû lui paraître supérieur à celui de n'importe quelle souveraine. Et pendant le Consulat, ne l'avait-elle pas été aussi, et plus puissante, et plus adulée que la plus puissante et la plus belle des reines et impératrices? La cérémonie du couronnement ne faisait que changer son titre, mais la couronne n'ajoutait rien à sa puissance. Malheureusement aussi elle n'ajoutait rien non plus au peu d'étendue de ses qualités de souveraine qui, en elle, étaient toutes superficielles, tout en façade, et se bornaient à peu près à la seule représentation.

Arrivée devant l'autel, Joséphine s'agenouilla, joignit les mains et s'inclina avec grâce. L'empereur déposa alors délicatement sur sa tête la petite couronne fermée surmontée d'une croix : il prit même une sorte de plaisir d'amoureux à la bien arranger au milieu des cheveux de sa femme. La grâce élégante avec laquelle Joséphine avait incliné sa tête, la manière toute charmante dont l'empereur lui avait donné la couronne semblèrent promettre un avenir sans fin de paix et de bonheur au couple impérial et au grand pays qui faisait pour lui des vœux enthousiastes.

La cérémonie fut longue, d'une longueur fatigante. Joséphine n'en parut cependant ressentir aucune lassitude. Les femmes ont une force de résistance et de patience étonnante dans ces sortes de cérémonies qui fatiguent et impatientent les hommes : elles sont, plus que les hommes, faites pour la représentation. Une musique sublime, œuvre de Paësiello, de Lesueur, de Rose, jouée par un orchestre d'élite pendant toute la durée de la cérémonie, faisait cependant paraître le temps moins long; elle alternait avec des marches héroïques exécutées par toutes les musiques réunies des régiments de la garnison de Paris, et de ceux venus des départements pour cette grande solennité. L'effet fut saisissant : bien des gens étaient si émus qu'ils en devenaient tout pâles et semblaient prêts à défaillir, tant ces accords, que le génie emprunte à la divinité, réveillaient, intenses, les sentiments les plus intimes de l'âme !

Enfin la cérémonie est terminée. Tandis que les musiques jouent une marche triomphale, tandis que les sons cuivrés des clairons, des trompettes, des tambours rebondissent avec un bourdonnement saisissant sous les voûtes de cette nef immense et se répercutent dans tous les cœurs, l'artillerie, au dehors, tonne par salves répétées et bat dignement la mesure de cet orchestre grandiose. Le vieux temple tremble jusque dans ses fondements. Calmes, l'empereur et l'impératrice traversent à pas lents la vaste cathédrale. Leur cortège se reforme derrière eux avec toute la précision d'une manœuvre militaire en un jour de parade. Les souverains remontent dans leur voiture dorée et la nuit est venue avant qu'ils ne soient eux-mêmes arrivés aux Tuileries. Mais les illuminations ont déjà suppléé à l'éclat du jour et dix mille torches allumées, portées par dix mille hommes à cheval, répandent sur tout le parcours du cortège des clartés fantastiques : c'est un éblouissement sans fin !

Après tant de fatigues, on avait besoin de se refaire. L'empereur et l'impératrice se mirent à table. Ils dînèrent seuls. Jamais Napoléon n'avait paru de si charmante humeur. Il voulut que Joséphine gardât sa couronne pendant tout le temps du dîner. Il lui fit mille compliments, lui dit qu'il était impossible de porter le diadème avec plus de grâce et ajouta qu'elle était la plus charmante impératrice qu'on pût rêver... Joséphine était aux anges. « Jamais, a dit Mlle Avrillon, sa première femme de chambre, jamais je n'ai vu sur aucune physionomie une expression de joie, de contentement, de bonheur, comparable à celle qui animait la figure de l'impératrice ; elle était radieuse. La couronne apposée sur son front par les mains de son auguste époux venait de fixer son avenir et semblait devoir dissiper pour toujours ces bruits de divorce dont elle avait été tant de fois fatiguée... Le soir, l'impératrice était excédée, mais enfin elle était impératrice couronnée ! [1]. » La couronne lui assurait, du moins elle le croyait, une situation que seule la venue d'un enfant eût assurée à jamais. Il fallait bien s'en contenter.

Avant d'aller prendre du repos, l'empereur voulut recevoir pendant quelques moments les personnes de sa cour qui étaient encore au palais. Sa bonne humeur ne l'avait pas encore quitté ; il trouvait toutes les femmes jolies et le leur disait en riant. Joséphine, cette fois, ne fut point jalouse : elle avait eu, elle aussi, sa bonne part de compliments. Et puis, l'empereur pouvait bien faire à présent tout ce qu'il voudrait ; cela lui était indifférent, du moins elle le croyait : n'était-elle pas impératrice couronnée par l'empereur et sacrée par le pape ?

Enfin l'on s'alla coucher. Mais, tandis qu'on le désha-

---

1. Mlle Avrillon, *Mémoires*, t. I, p. 120. — Bourrienne est dans l'erreur quand il raconte que Joséphine lui a dit que ce jour fut un des plus tristes de sa vie ; si elle le lui a dit, elle n'a pas dit la vérité. Voir Bourrienne, *Mémoires*, t. VI, p. 236.

billait, l'empereur reprenait son air grave et l'impératrice eût été reprise de ses inquiétudes et de ses terreurs si elle l'avait pu entendre dire, quand il se mit au lit : « A qui laisserai-je tout cela ? »

Le lendemain fut aussi un jour de fête, mais de fête pour le peuple. Reprenant les antiques usages de la monarchie, l'empereur avait fait parcourir les rues et les places publiques par des hérauts d'armes qui jetaient à la foule par poignées des médailles frappées en mémoire de son couronnement. Des réjouissances de toutes sortes étaient organisées sur les places, sur les boulevards, partout, et la journée fut terminée par un feu d'artifice de la plus grande magnificence qu'on tira sur le pont de la Concorde.

On ne vivait plus qu'au milieu des fêtes. Chaque jour il y en avait une. La plus belle peut-être fut celle du surlendemain, 5 décembre. L'empereur, ce jour-là, distribua les aigles à l'armée, ces aigles qui bientôt allaient prendre leur vol glorieux et conduire nos régiments triomphants dans toutes les capitales de l'Europe. Cette grande solennité se fit au Champ-de-Mars. Malheureusement le temps était très mauvais. On avait élevé une longue galerie, composée d'une suite de tentes, devant la façade de l'Ecole militaire. Au milieu était dressée une tente plus grande et plus richement ornée, sur une estrade : l'empereur et l'impératrice, revêtus de leurs ornements du sacre, la famille impériale et les personnes de leur suite y avaient pris place. Mais le froid, la pluie, le vent qui la projetait jusque dans l'intérieur de la tente, firent bientôt partir l'impératrice Joséphine qui ne savait point supporter un petit désagrément lorsqu'elle pouvait s'en dispenser : le mauvais exemple une fois donné, ses belles-sœurs firent comme elle. Seule,

Mme Murat, pour protester peut-être contre leur départ, resta près de l'empereur. Quelques gouttes d'eau traversant la toile de la tente n'auraient pas dû mettre en fuite celle pour qui tant de braves se tenaient stoïquement immobiles sous une pluie glaciale depuis plusieurs heures, et qui, pour le maintien de son trône, étaient prêts à verser jusqu'à la dernière goutte de leur sang. Ce fut même une leçon que Mme Murat voulut donner à sa belle-sœur, car elle dit en riant lorqu'on la complimenta de son *stoïcisme*, « qu'il fallait bien s'accoutumer à supporter les contraintes inévitables du trône[1] ».

Le soir, il y eut un grand banquet dans la galerie de Diane. La table impériale était dressée au milieu de la galerie, sur une estrade, et était recouverte d'un dais éclatant. Le pape, l'empereur, l'impératrice et le prince archichancelier de l'empire germanique y prirent place. L'impératrice avait l'empereur à sa droite et le pape à sa gauche. Le service était fait par les pages. Le grand chambellan, le grand écuyer et le colonel-général de la garde se tenaient debout devant les souverains, ainsi que le grand-maréchal du palais, le préfet du palais et le grand-maître des cérémonies. A droite et à gauche de la table impériale étaient les tables des princesses, du corps diplomatique, des ministres, des grands-officiers, et enfin la table de la dame d'honneur de l'impératrice réunissant toutes les dames du palais.

Après le dîner, il y eut cercle, concert et bal.

Le Sénat tint à offrir une fête aux souverains et la donna, superbe, au palais du Luxembourg. Le Corps législatif ne voulut pas demeurer en reste et en offrit

---

1. Mme DE RÉMUSAT, *Mémoires*, t. II, p. 75.

une, qui ne le cédait en rien à celle du Sénat. Quelques jours après, le 16 décembre, la Ville de Paris donnait, en l'honneur du couple impérial, une fête digne d'elle, digne du nouveau César. La voiture du sacre conduisit les souverains à l'Hôtel-de-Ville. Dans l'appartement qui avait été mis à leur disposition pendant la fête, l'impératrice avait trouvé une toilette en or, merveille d'art, qui lui fut offerte au nom de la Ville. Rien ne pouvait, plus que ce superbe cadeau, plaire à Joséphine : elle le fit porter aux Tuileries et prit ensuite plaisir à le faire admirer pièce à pièce à ses dames.

Pendant le bal, l'empereur dansa gaiement la *monaco*; l'impératrice, qui avait pour plus d'un million de diamants sur elle, prit part avec les princesses, très richement parées également, au quadrille impérial : malgré les sentiments peu bienveillants des princesses pour Joséphine, il ne se produisit pas d'incidents. Le souper des souverains fut servi dans la salle des conférences, sous un dais éclatant de richesse, en soie cramoisie, et Joséphine rentra aux Tuileries avec l'empereur tandis que les danses, à l'Hôtel-de-Ville, se prolongeaient jusqu'au jour.

A peine une fête était-elle terminée que, sans presque avoir eu le temps d'en parler, ce qui est une nouvelle manière d'en jouir par le souvenir, il fallait se préparer à aller à une autre. Les maréchaux d'Empire voulurent, eux aussi, donner un bal au soldat couronné qui les effaçait tous en génie et en gloire. Ils rivalisèrent de luxe et de dépenses pour recevoir dignement l'empereur et l'impératrice. Cette fête se donna le 6 janvier, dans la salle de l'Opéra et coûta dix mille francs à chacun des maréchaux et des colonels-généraux.

En rentrant d'une de ces fêtes, l'empereur, qui avait déjà laissé échapper, le soir du couronnement, son regret de n'avoir pas d'héritiers, sentit la même pensée amère qui revenait sans cesse obséder son esprit. Le divorce, il n'y songeait plus : il n'avait pas mis sur la tête de sa femme la couronne d'impératrice pour se donner le ridicule de la lui enlever le lendemain et jeter plus d'éclat sur une séparation. Mais, poussé par son désir de plus en plus prononcé d'avoir un héritier, il demanda à Joséphine si elle voudrait bien consentir à feindre une grossesse, le jour où il serait sûr de sa paternité chez une autre femme qui lui donnerait ainsi un héritier de son sang. Joséphine, dont cette singulière combinaison n'entamait en rien la situation d'impératrice, n'en vit pas la répugnante immoralité et ne refusa nullement de se prêter à la supercherie : n'était-elle pas bonne avant tout ? Mais le docteur Corvisart, à qui l'empereur en fit part, après s'être assuré du consentement de la principale actrice de la comédie qu'il projetait, ne voulut y jouer aucun rôle : cela eut compromis et la dignité du corps médical et sa propre probité. Il refusa : l'empereur n'insista pas et dut abandonner un projet auquel s'étaient un moment rattachées ses espérances.

L'empereur et l'impératrice étaient encore à Saint-Cloud lorsqu'un jour Mme Duchâtel, femme d'un conseiller d'Etat déjà vieux et qui eût pu passer pour son père, vint, comme dame du palais, y prendre son service.

L'impératrice était pleine de bienveillance pour elle et lui montrait une préférence marquée. Cette faveur n'était pas désintéressée : elle savait — et ici elle avait le tort de se montrer trop complaisante, — que son fils Eugène l'avait distinguée et l'entourait de soins attentionnés et assidus. Elle vantait donc à chacun les mérites de Mme Duchâtel. La pauvre Joséphine avait même tant chanté à son mari les louanges de cette jeune femme, qu'il est possible qu'elle ait été elle-même la cause de ce qui arriva. Mme Duchâtel était, au reste, une femme faite pour plaire, tant par sa grâce naturelle que par celle qu'elle voulait avoir. Elle avait de plus un fort joli visage, de belles dents qu'elle savait faire valoir, un nez aquilin qui se faisait peut-être un peu trop valoir sans qu'elle s'en mêlât, et quoique assez maigre, une grande distinction dans la tournure. Il y avait surtout « un charme irrésistible dans le regard prolongé de son grand œil bleu foncé, à double paupière[1] », quand elle voulait prendre un air de bonté et de douceur, car « ses yeux avaient toutes les impressions qu'elle voulait leur donner, hors celle de la franchise, parce que les habitudes de son caractère la portaient à la dissimulation[2]. » Ces avantages personnels — car c'en étaient là de véritables, quoiqu'ils ne soient ni rares ni tous désirables — n'étaient pas sans avoir donné une légère ombre d'inquiétude à l'impératrice dont la jalousie toujours en éveil, malgré son assurance sur l'avenir, épiait jusqu'aux moindres paroles que l'empereur adressait aux femmes dans les cercles du soir, aux Tuileries ou ailleurs. L'impératrice, en outre, depuis le voyage fait à Fontainebleau pour recevoir le pape, se doutait que l'empereur devait avoir quelque intrigue amoureuse, mais elle ne parvenait pas à deviner avec qui, et son service d'espionnage, cette

1. Duchesse D'ABRANTÈS, *Histoire des salons de Paris*, t. III, p. 354; *Mémoires*, t. V, p. 107 et 170.
2. Mme DE RÉMUSAT, *Mémoires*, t. II, p. 101.

fois, était lui-même dérouté. Soupçonner Mme Duchâtel ? Certainement cette jeune femme était assez jolie pour attirer l'attention de Napoléon, mais n'était-elle pas occupée à répondre aux empressements d'Eugène ou à s'en défendre ? Et puis, ce grand étourdi de Murat ne s'était-il pas avisé lui aussi, de la trouver à son goût ? Car le fat, en effet, lui faisait depuis quelque temps une cour des plus colorées, et sa femme, qui s'était liée intimement avec elle, n'y voyait rien. C'était bien fait pour elle, aussi, pourquoi était-elle si méchante ?... Non, sûrement, ce n'était pas Mme Duchâtel à qui pensait l'empereur. Il fallait continuer à observer son mari et voir avec quelle femme il parlait le plus souvent. Joséphine observa et crut tout d'abord s'apercevoir qu'il était plus assidu auprès de la jeune maréchale Ney qu'auprès de toute autre. Plus de doute ; ce ne pouvait être que la maréchale. Aussitôt, elle lui battit froid et lui fit cruellement sentir la disgrâce dans laquelle elle la tenait, en ne lui adressant plus jamais la parole.

La pauvre maréchale, qui n'avait et n'eut jamais rien à se reprocher, ne pouvait s'expliquer une telle rigueur et en était très malheureuse. L'impératrice, de son côté, n'était pas plus heureuse. Elle alla pleurer auprès de sa fille. « Comment ! disait-elle, c'est ton amie, c'est cette petite Auguié pour qui tu as été si bonne à Saint-Germain chez Mme Campan, sa tante, et pour qui j'ai eu moi-même tant d'attentions, c'est cette petite Auguié qui me trahit de la sorte ! Ciel ! A qui se fier désormais ? » Et la pauvre femme pleurait tant qu'elle pouvait, et, en fait de larmes, on sait qu'elle pouvait beaucoup. Hortense consola sa mère comme une mère console son enfant ; elle questionna Mme Ney et fut tout de suite convaincue que les soupçons de l'impératrice avaient fait complètement fausse route.

Oui, sans doute, l'empereur avait paru s'occuper de la maréchale, mais il lui faisait peur : elle lui avait répondu timidement, gauchement, par des oui et par des non, voilà tout ; et cela avait suffi pourtant, en ce maudit pays de cour, pour qu'on la remarquât, puisque, outre les inquiétudes qu'elle avait inspirées bien involontairement à sa bonne maîtresse, elle avait reçu les compliments quelque peu ironiques de Mme Duchâtel sur la grande conquête qu'elle venait de faire.

Mme Duchâtel !... Ses compliments !... Ce fut un trait de lumière. Si c'était elle pourtant qui, pour détourner les soupçons... Oui, elle en était bien capable. Et puis, cette intimité avec Mme Murat...? Car il n'était pas possible que Caroline favorisât aussi sottement une amourette de son mari et se liât avec une rivale... Tout cela était bien louche, ou plutôt bien clair. Et quel rôle faisait-on donc jouer à Eugène au milieu de ce manège si compliqué? Décidément, c'est Mme Duchâtel qu'il fallait surveiller, c'est sur elle que Joséphine concentra son attention. Elle commença par remarquer la déférence respectueuse du grand-maréchal pour elle. Ceci était un indice grave et Joséphine en tira logiquement, d'après son instinct de femme jalouse, une grande probabilité sinon la certitude du bien-fondé de ses conjectures. Murat portait à la jeune femme les déclarations et les missives de l'empereur, Mme Murat prêtait son hôtel et ses bons offices aux rendez-vous des deux amoureux et tout le monde se jouait de cet innocent d'Eugène dont on se servait pour détourner l'attention. Voilà ce que crut voir Joséphine. Et pendant ce temps, l'empereur se montrait plus empressé que jamais auprès d'elle ; il l'accompagnait au théâtre en petite loge, il descendait plus souvent à son appartement, il était plus gai. Oh !

singulière inconséquence du cœur! C'est cette joie,
c'est cette recrudescence d'affection chez son mari
qui excédaient l'impératrice! Il est vrai qu'elle devinait maintenant ce que tout cela voulait dire. Elle
essaya de laisser percer sa mauvaise humeur: l'empereur s'en fâcha et lui dit qu'il n'y avait pas moyen
de vivre avec elle. C'étaient alors des scènes de larmes,
et Napoléon se retirait mécontent.

Le soir, au cercle de l'impératrice, l'empereur allait
habituellement s'asseoir à une table de jeu et nom-
mait pour faire sa partie Mme Murat, Mme de Rémusat
et Mme Duchâtel : cela ne variait presque jamais. Sans
regarder son jeu, mais regardant à la dérobée l'impératrice qui, de son côté, à l'autre bout du salon, faisait son possible pour ne pas le quitter de l'œil un
instant, il entamait une dissertation à perte de vue
sur l'amour, émettant les idées les plus inattendues,
les théories les plus étonnantes que son esprit ori-
ginal lui fournissait à jet continu et amusait au possible, tout en s'amusant beaucoup lui-même, son
auditoire féminin. De l'amour, il passait tout naturellement à la jalousie et ses jolies partenaires avaient
trop d'esprit pour ne pas faire de ses boutades l'application qu'il en faisait lui-même mentalement. La
pauvre Joséphine, là-bas, semblait deviner qu'il était
question d'elle et ses yeux, dont les paupières étaient
prêtes à laisser échapper des provisions de larmes,
jetaient à chaque éclat de rire venant de la petite
table un long regard navré sur les jeunes et impi-
toyables rieuses. L'impératrice était donc la proie
de mille soucis, lorsqu'un petit incident vint fixer ses
incertitudes.

Peu de temps avant le couronnement, le ministre
de la guerre avait donné une grande fête. Il y eut un

souper où les femmes étaient seules assises. L'impératrice était à la table d'honneur et autour d'elle avaient pris place les dames de sa cour. L'empereur, qui n'avait pas voulu s'asseoir, faisait le tour de la table, disant à chaque femme quelques paroles obligeantes : il était ce soir-là de la plus charmante humeur. Il avait causé avec l'impératrice et avait même poussé la prévenance jusqu'à la servir lui-même en prenant une assiette des mains d'un page pour la lui donner. Cet excès d'amabilité éveilla les soupçons de Joséphine. « Qu'a donc mon mari, pensa-t-elle, pour être si aimable? Sûrement, il veut me cacher quelque chose. » Et, comme la jalousie donne de l'intelligence même aux plus sottes, elle ne tarda pas à s'apercevoir, maintenant que sa défiance était excitée au plus haut point, que l'empereur, en faisant le tour de la table, s'était arrêté entre Mme Junot et Mme Duchâtel, assises l'une à côté de l'autre. Mme Duchâtel s'efforçait en ce moment d'atteindre un petit ravier d'olives qui était placé un peu trop loin d'elle pour qu'elle pût y parvenir. L'empereur s'avançant aussitôt entre les chaises de ces dames, avait saisi le ravier et l'avait offert à Mme Duchâtel en disant :

— Vous avez tort de manger des olives le soir, madame : cela vous fera mal.

L'impératrice, qui le surveillait de loin et n'avait pas l'habitude de le voir si galant auprès des femmes, fut, pour le coup, fort inquiète. Quant à l'empereur, qui sentait peser sur lui les regards soupçonneux de sa femme, il chercha à les détourner en disant aussi quelques mots à Mme Junot :

— Et vous, madame Junot, vous ne mangez pas d'olives? Vous faites bien... et doublement bien de ne pas imiter Mme Duchâtel, car en tout elle est inimitable.

Mme Duchâtel rougit, l'empereur s'éloigna ; mais, comme elle le suivait d'un long regard qui en disait beaucoup à des yeux jaloux, Joséphine comprit et fut fixée. Mais par suite de cette rage singulière qui nous pousse à vouloir connaître au plus tôt une chose qu'il nous sera pénible d'apprendre, l'impératrice voulut se faire confirmer dans sa croyance et invita Mme Junot à déjeuner pour le lendemain.

— Etait-ce de votre prochain départ pour l'Espagne que l'empereur vous parlait hier soir chez Berthier ? lui dit-elle [1].

— Oui, madame, il me parlait de ma toilette et de mes devoirs comme Française élégante ; c'est un sujet que l'empereur ne traite pas ordinairement.

— Et Mme Duchâtel, lui parlait-il aussi de sa toilette ? répliqua l'impératrice avec une sorte de sourire qui traduisait tout ce qu'elle avait d'aigreur dans l'âme.

— Non, madame, il lui a dit, autant que je puis me le rappeler, qu'il ne fallait pas manger d'olives le soir.

— Eh ! puisqu'il lui donnait des conseils, il devait lui dire aussi qu'il est ridicule de faire la Roxelane avec un aussi long nez [2].

Et elle se leva pour s'approcher de la cheminée. Elle y trouva les deux volumes que Mme de Genlis venait de publier sur Mlle de la Vallière [3]. Cet ouvrage, tout

---

1. Le général Junot venait d'être nommé ambassadeur à Lisbonne et était chargé par l'empereur d'une mission diplomatique auprès de la cour de Madrid. Sa femme devait l'accompagner dans ce voyage.

2. Duchesse D'ABRANTÈS, *Mémoires*, t. V, p. 175.

3. *La duchesse de la Vallière*, chez Maradan, libraire, rue

insipide qu'il est, comme, d'ailleurs, les autres écrits de Mme de Genlis, faisait alors fureur et il n'était pas une chambre à Saint-Cloud, à la Malmaison ou aux Tuileries, où on ne le trouvât sur la table de nuit. On y cherchait des allusions aux amours de l'empereur et de Mme Duchâtel.

— Voilà un livre, dit l'impératrice en le repoussant avec humeur, qui tourne les têtes de toutes les jeunes femmes qui ont les cheveux blonds et qui sont maigres. Elles se croient toutes des *favorites !* Mais on y mettra bon ordre. A propos de cela, savez-vous bien, madame Junot, qu'on a voulu vous brouiller avec moi, il y a quelques années, lors d'un voyage que je fis à Plombières... Mais je vous ai rendu justice, pauvre petite femme !

La vérité est qu'elle ne lui avait pas rendu justice du tout, car elle avait accueilli assez facilement les rapports erronés qui lui avaient été faits à son retour de Plombières sur ce qui s'était passé à la Malmaison pendant son absence : mais il semble qu'elle attacha encore moins d'importance à ces rapports qu'à ceux qu'on lui fit sur Mme de Rémusat et sur ses relations avec le Premier Consul au Pont-de-Briques. Elle avait cru certainement à la réalité de ce qui lui avait été rapporté ; mais, avec sa légèreté de créole, elle atta-chait si peu d'importance à ces peccadilles! Est-ce qu'elle s'en était privée, elle-même? Et pouvait-elle se montrer sévère pour les autres quand elle avait été si indulgente pour elle-même ? Mais alors pourquoi, cette fois, se formaliser si violemment contre Mme Du-châtel? Napoléon ne l'épouserait pas, puisqu'elle

des Grands-Augustins, n° 29, vis-à-vis de la rue du Pont-de-Lodi, an XIII (1804). — Ce livre eut un grand nombre d'édi-tions.

était nouvelle mariée, pas plus d'ailleurs qu'il n'eût épousé Mlle Georges [1]; elle n'avait donc pas à redouter le divorce tant que l'empereur aurait cette liaison. Encore une fois, pourquoi tant d'affaires, alors ? C'est que les temps ont changé et que maintenant l'impératrice commence à être jalouse, jalouse pour tout de bon, et que cette jalousie ne fera que croître, malgré des complaisances étonnantes, jusqu'au jour où, le divorce prononcé, une archiduchesse d'Autriche viendra partager la couche du nouveau César. Alors seulement la jalousie la quittera. Elle aura trois millions de revenu, un château, des maisons de campagne en France, en Suisse... Elle sera heureuse !

Tels sont les événements qui s'étaient passés sous les yeux de l'impératrice lorsque Mme Duchâtel vint s'installer à Saint-Cloud et prendre son service. Joséphine n'avait eu garde d'oublier les soupçons qu'elle avait conçus au bal du ministre de la guerre ; ils augmentaient au contraire chaque jour. Incapable de les garder pour elle, elle ne put s'empêcher de les conter à Mme de Rémusat. Celle-ci était de bon conseil : elle l'engagea à continuer de faire comme si elle ne voyait rien ; elle lui démontra combien il était important pour elle qu'elle ne contrariât point l'empereur, combien une scène de jalousie pourrait en ce moment — on préparait la cérémonie du couronnement — être grosse de conséquences. Oubliait-elle donc qu'il y avait des gens qui ne cherchaient qu'à la perdre, qu'à trouver un prétexte pour déterminer l'empereur au divorce ? Malgré la justesse de ces observations, malgré sa frayeur du divorce, l'impératrice s'était mis dans la tête de tirer la chose au clair et rien ne

______

1. Voir *La générale Bonaparte*, p. 301.

ne put la faire changer d'avis : c'était une idée fixe, elle voulait, comme précédemment pour Mlle Georges, surprendre les deux amoureux, quelque désagrément qui pût en résulter pour elle-même. Elle s'entêta : l'entêtement est un défaut des petits esprits ; ils le prennent pour du caractère, pour de la volonté, alors qu'il n'est que de la faiblesse.

L'occasion de surprendre l'empereur et Mme Duchâtel ne devait pas tarder à se présenter à une femme qui la cherchait.

L'appartement de l'empereur, à Saint-Cloud, était au rez-de-chaussée et donnait sur le jardin. Au premier étage et communiquant avec son appartement par un escalier particulier, se trouvaient quelques pièces que l'empereur avait fait meubler et ce petit appartement avait le don d'exciter l'attention toute défiante de l'impératrice. « Si l'empereur reçoit une femme au palais, pensait-elle, ce ne peut être que là. »

Un matin, l'impératrice était entourée d'un cercle assez nombreux, lorsqu'elle vit Mme Duchâtel, que son œil ne quittait guère, sortir du salon. Comme elle ne la voyait pas rentrer, que le temps se passait et que ses inquiétudes ne se passaient pas, elle prit à part Mme de Rémusat et lui dit: « Je vais éclaircir tout à l'heure mes soupçons ; demeurez dans ce salon avec tout mon cercle, et, si l'on cherche ce que je suis devenue, vous direz que l'empereur m'a demandée. » Mme de Rémusat fit son possible pour ramener l'impératrice à des idées raisonnables, à la dignité : elle sentit qu'elle se heurtait contre un parti pris, contre un mur. Joséphine ne voulut rien entendre et s'éloigna.

Au bout d'une demi-heure environ, elle rentrait subitement par une autre porte que celle par laquelle elle était sortie. Ses idées paraissaient tout à fait en dé-

route. Elle alla s'asseoir au métier à tapisserie où elle
faisait un point par-ci par-là, de temps en temps, et
demeura immobile, les mains sur les genoux, l'œil
fixe: son sein se soulevait avec force et tout indiquait
qu'elle était sous l'impression de la plus violente émotion. Mme de Rémusat, assise dans le coin opposé du
salon, la voyait sans avoir l'air de la regarder et ne
perdait aucun détail de cette partie de la scène dra-
matique qui se jouait en ce moment au palais.

L'impératrice n'était pas femme à garder pour elle
quelque impression que ce fût. Elle se leva tout à coup
et sortit en ordonnant à Mme de Rémusat de la suivre.
Elle alla dans sa chambre. « Tout est perdu ! s'écria-
t-elle en fermant la porte derrière sa confidente; ce
que j'avais prévu n'est que trop avéré. J'ai été chercher l'empereur dans son cabinet et il n'y était point;
alors je suis montée par l'escalier dérobé dans le petit
appartement ; j'en ai trouvé la porte fermée et, à travers la serrure, j'ai entendu la voix de Bonaparte et
de Mme ***. J'ai frappé fortement en me nommant.
Vous concevez le trouble que je leur ai causé ; ils ont
fort tardé à m'ouvrir, et, quand ils l'ont fait, l'état
dans lequel ils étaient tous deux, leur désordre ne m'a
pas laissé le moindre doute. Je sais bien que j'aurais
dû me contraindre ; mais il ne m'a pas été possible ;
j'ai éclaté en reproches. Mme *** s'est mise à pleurer.
Bonaparte est entré dans une colère si violente que
j'ai eu à peine le temps de m'enfuir pour échapper à
son ressentiment. En vérité, j'en suis encore tremblante et je m'attends à une terrible scène [1]. »

Elle ne se trompait pas dans son attente, mais
Mme de Rémusat augmenta sa frayeur en lui disant

---

1. Mme DE RÉMUSAT, *Mémoires*, t. II, p. 46.

qu'il fallait absolument qu'elle fût seule pour affronter le courroux de son mari, qu'il fallait en laisser la violence tomber d'elle-même, et qu'elle en viendrait à bout par la douceur et la sérénité ordinaires de son caractère. Cela dit, Mme de Rémusat décida Mme Bonaparte à retourner dans le salon et elle s'en alla elle-même dans le salon voisin, non pas, comme on pourrait le croire, pour écouter et voir ce qui allait se passer, mais pour que rien ne fût changé au train ordinaire de la vie au palais. Elle trouva dans ce salon Mme Duchâtel qui venait d'y arriver et ne pouvait dissimuler, malgré son empire sur elle-même, une émotion insolite ; d'autres personnes s'y trouvaient aussi, devinant qu'il y avait au palais un mystère dont elles n'osaient s'enquérir, et toutes se regardaient sans rien comprendre et aussi sans rien dire, car il y avait de l'orage dans l'air.

Il y en avait si bien qu'on entendit tout à coup retentir, comme le roulement sourd d'un tonnerre lointain, la voix de l'empereur. C'étaient des paroles précipitées, des éclats de voix, un bruit de meubles qu'on mettait en pièces... Tout cela s'entendait, mais sans qu'il fût possible de distinguer une seule parole. Chacun se regardait, muet et pâle, sans savoir de quoi il s'agissait, mais tremblant d'être atteint par quelque éclat de la tempête. Pâle et muette aussi, mais sachant parfaitement pourquoi, Mme Duchâtel n'eut pas le courage de rester plus longtemps au salon. Elle se leva, demanda ses chevaux et partit pour Paris. Les autres personnes se dispersèrent alors pour ne pas être soupçonnées plus tard, quand l'heure du raccommodement aurait sonné, d'avoir été le moins du monde témoins de cette scène conjugale.

Le soir, l'impératrice fit appeler Mme de Rémusat.

Elle lui raconta tout et, s'attendrissant au récit de sa propre infortune, elle se sentit gagnée par les larmes, qui ne l'abandonnèrent plus de toute la soirée. Elle conta comme quoi l'empereur s'était laissé aller à l'accès de fureur le plus violent qu'elle lui eût jamais vu ; il brisait les meubles qui lui tombaient sous la main tandis qu'il marchait à pas précipités dans le salon ; et il lui avait déclaré qu'il entendait qu'elle se préparât à quitter le palais sur-le-champ ; qu'il était fatigué de ses investigations jalouses, qu'il ne voulait plus de cette surveillance, de cet espionnage, qu'il en avait assez, bien assez, qu'il ferait prononcer le divorce et qu'il prendrait une autre femme qui lui donnât des enfants. Il venait, du reste, d'envoyer l'ordre à Eugène de venir à Saint-Cloud pour régler toutes ces affaires. N'était-elle pas perdue, cette fois, perdue pour tout de bon ?

La pauvre impératrice, que cette confidence ne parvenait ni à soulager ni à consoler, pria Mme de Rémusat d'aller avertir Hortense de ces graves événements : elle n'avait pas le cœur de les lui écrire ; et puis, comment le pourrait-elle faire ? Sa main tremblait encore d'émotion.

Mme de Rémusat obéit. Le lendemain, dès le matin, elle était chez Mme Louis Bonaparte. Son frère Eugène la quittait à l'instant : il venait de voir l'empereur, à Saint-Cloud, qui lui avait signifié sa volonté de divorcer. Eugène s'était incliné devant cette volonté et avait demandé pour toute faveur de suivre sa mère dans sa disgrâce, afin de ne pas la laisser seule dans un moment où elle aurait tant besoin de consolations.

Quant à Hortense, qui ne pouvait considérer comme un malheur de voir le divorce venir séparer deux époux — chacun, pour juger une chose, se reporte à son point de vue personnel, — quant à Hortense, elle n'eut pas une bien grande pitié pour sa mère et sembla faire entendre que les femmes les plus à plaindre sont celles qui ne peuvent espérer le divorce : « Est-ce là un malheur? disait-elle. Ah ! croyez-moi, il y a des femmes plus malheureuses. »

Mme de Rémusat comprit parfaitement le sens de ces paroles, car ce n'était un secret pour personne que le ménage Louis Bonaparte allait fort mal; mais, femme de sens et de tact, elle fit semblant de ne pas entendre.

« Au reste, dit Hortense, s'il y a une chance de raccommodement en cette affaire, cette chance se trouvera dans l'empire que la douceur et les larmes de ma mère exercent sur Bonaparte ; il faut les laisser à eux-mêmes et éviter de se trouver entre eux... »

Hortense, qui, fille de Joséphine, joua en cette affaire un rôle véritablement maternel, connaissait bien sa mère et l'empereur: ce qu'elle espérait arriva. Les larmes de Joséphine, sa grâce à les verser, son habileté à les faire valoir, de plus, une soumission parfaite, vainquirent l'empereur. Les deux époux se raccommodèrent et fort tendrement. Mais les inquiétudes de Joséphine pour l'avenir n'étaient pas apaisées. L'empereur lui avait mis sous les yeux les raisons pour lesquelles le divorce lui était indispensable ; il avait développé devant elle avec une logique impitoyable tout l'enchaînement des causes qui lui en faisaient une nécessité : « Je n'ai pas le courage, avait-il dit en terminant, d'en prendre la dernière résolution, et si tu me montres trop d'affliction, si tu ne fais que m'obéir, je sens que je ne serai jamais assez fort pour t'obliger à me quitter; mais j'avoue que je désire beaucoup que tu saches te résigner à l'intérêt de ma politique et que, toi-même, tu m'évites tous les embarras de cette pénible séparation[1]. »

C'était bien net, et Joséphine comprit. Toute autre femme l'eût compris aussi. Mais, ce que toute femme ayant conscience de sa dignité eût fait en pareil cas, Joséphine ne le fit pas. Elle ne répondit que par des larmes. Son devoir, devant cette sorte d'ultimatum, eût été de dire à l'empereur : « Je suis un obstacle à vos projets dynastiques, au bonheur de la France : eh bien, Sire, je me sacrifie, je sacrifie mon bonheur, mes affections, mon existence, tout, à votre désir et au bien de la patrie. C'est moi qui vous prie de me faire accorder le divorce. » Voilà le langage que la dignité lui commandait de tenir. Mais il faut avoir l'âme bien haute pour comprendre les jouissances du sacrifice. Celle de Joséphine ne pouvait atteindre ces sphères élevées. La pauvre femme n'était guère capable, bien qu'on ait souvent dit le contraire, de concevoir une idée généreuse, ni même de l'adopter, quand on la lui soufflait. Sa bonté était banale et s'exerçait à tort et à travers, au hasard des rencontres, sans aucune idée générale la guidant dans la répartition du bien qu'elle était en situation de faire et qu'elle faisait ; certes, elle aimait à rendre service, même aux gens qui étaient dans le besoin ; et malgré tout cela, la bonne Joséphine était profondément égoïste et étroitement jouisseuse. Si l'empereur, s'abaissant à de vils détails de questions pécuniaires, lui avait dit : « Tu ne dépenses que deux millions par an, divorçons : je te donnerai des châteaux, tu conserveras ton titre

<hr>

1. Mme DE RÉMUSAT, *Mémoires*, t. II.

d'impératrice, je payerai toutes tes dettes et tu auras en outre, trois millions de revenu par an... » Peut-être eût-elle consenti, car ce qui la terrorisait dans le divorce, ce n'était pas de ne plus être la femme de « l'homme des siècles », de « l'homme aux mille coudées », de Napoléon, enfin ; pour elle, un homme ou un autre... ; elle lui avait bien préféré M. Charles[1] ! Non, ce qui la terrorisait, c'était, avec la perte du rang suprême, le retour à la vie gênée, aux ennuis de dettes qu'elle n'aurait plus personne pour payer, car elle ne voulait point modifier sa manière de vivre et elle ne la modifia jamais, le retour à cette écœurante vie d'expédients dont l'avait tirée son mariage avec le jeune homme qui, plus expérimenté des choses de la guerre que du manège des coquettes, avait été la dupe de l'amour qu'elle avait su lui donner et qu'elle n'avait pas su partager. Et pour rien au monde elle n'eût voulu retomber dans cette triste existence. La mort plutôt.

Mais la pauvre femme n'avait pas non plus envie de mourir. Les décisions extrêmes lui étaient antipathiques. Elle se résolut à tout subir et à opposer à tout une douceur et une sérénité inaltérables. La force d'inertie n'est-elle pas la plus puissante ? N'use-t-elle pas toutes les autres forces ? Le scepticisme n'est-il pas plus fort que la foi ? L'indifférence plus forte que l'amour ? L'empereur ne trouvant que soumission, chez Joséphine, pour tout ce qu'il disait, était dans un état d'agitation d'autant plus grand qu'il se heurtait à une bonne volonté passive qui l'impatientait, l'exaspérait. Son indécision ne faisait qu'augmenter

1. Voir *La générale Bonaparte*, p. 93 et suivantes, 152 et suivantes.

devant cet « état d'âme ». Une telle situation ne pouvait durer, car Napoléon aimait les positions nettes. Ses incertitudes allaient bientôt se trouver fixées.

Chose curieuse ! Ce sont les intrigues dont ses frères et ses sœurs l'entouraient pour lui faire adopter leurs idées, comme une araignée aux pattes multiples entoure du réseau de ses soies traîtresses la mouche arrêtée dans sa toile, qui lui firent prendre une décision. Le parti Bonaparte, qui n'avait pas ignoré cette dernière brouille de ménage, commençait à triompher du parti Beauharnais ; il crut que l'heure de la réalisation de ses vœux haineux était enfin sonnée. Il eut l'imprudence de triompher trop tôt et surtout trop ouvertement. Ces airs de satisfaction blessèrent l'empereur, et, sur des dépêches qu'il reçut de Rome, (ces événements se passaient avant le couronnement) il dit subitement à l'impératrice : « Joséphine, le Pape vient à Paris pour me couronner empereur et te couronner impératrice. Prépare-toi dès maintenant à cette importante solennité. » Ah ! comme la pauvre femme respira !... Il y avait longtemps qu'elle n'était restée sous le coup d'une inquiétude aussi prolongée. Mais maintenant tout était oublié, ses larmes étaient séchées et un sourire de bonheur venait illuminer son visage qui, décidément, n'était plus assez jeune pour que les larmes et le chagrin lui donnassent du charme.

Mais si la paix s'était faite entre les deux époux, elle ne se faisait pas pour cela entre les Bonaparte et les Beauharnais. Napoléon, en se réconciliant avec sa femme, lui avait répété, selon son habitude, tous les méchants propos que ses frères et sœurs avaient tenus contre elle pendant cette crise conjugale ; il ne lui laissa pas ignorer non plus la campagne passionnée qu'ils avaient menée près de lui pour l'empêcher de la faire couronner et sacrer impératrice; Joséphine, en son for intérieur, leur en sut tout le gré qu'il fallait. Les Bonaparte, de leur côté, se voyant encore une fois battus, dressèrent leurs batteries pour une lutte nouvelle, jurant bien qu'ils ne désarmeraient qu'après la victoire.

L'impératrice était couronnée. Elle croyait que, sacrée par le Pape, couronnée par l'empereur, rien ne manquerait plus à son bonheur. Mais telle est la nature humaine que, lorsqu'on a enfin l'objet de ses vœux, on oublie tout ce que cet objet nous a coûté de désirs, pour ne plus voir que ce qui nous manque encore. Joséphine s'était imaginé que les infidélités que pourrait lui faire à l'avenir son mari la laisseraient dans l'indifférence, tandis qu'au contraire — on l'a vu — elles lui étaient plus insupportables que jamais. En considérant l'empereur, le soir, à ses cercles, faisant son invariable partie avec Mme Duchâtel, Mme de Rémusat et la princesse Caroline, sa sœur, elle se doutait bien que des allusions pouvaient être faites à sa situation de femme délaissée et de femme jalouse. Elle savait bien qu'elle n'avait pour la défendre dans ces conciliabules hostiles que Mme de Rémusat. Mais, femme sans consistance, sans volonté propre, trahie par Mme Duchâtel, détestée par Mme Murat, sa défiance pouvait-elle lui être reprochée? Elle en vint même à se défier de Mme de Rémusat et crut que cette charmante jeune femme, qu'elle appelait son amie, voulait avant tout plaire ou, du moins, ne pas déplaire à l'Empereur. Aussi se mit-elle l'esprit à la torture pour découvrir de nouvelles preuves d'une infidélité dont elle n'était que trop certaine, puisqu'elle en avait été témoin ; cela l'occupait, désagréablement à coup sûr, mais l'occupait. Elle fit épier Mme Duchâtel dans le petit hôtel de l'allée des Veuves, où elle savait que l'empereur allait la rejoindre. Elle n'était satisfaite que lorsqu'on lui avait appris que l'empereur y était allé la veille au soir : c'était alors un débordement de larmes qui la soulageaient jusqu'à une crise nouvelle. Dans le désordre mental où la jetait cette situation, il lui arrivait d'imaginer des vengeances enfantines et ridicules de petitesse d'esprit : elle dictait à Mme de Rémusat des lettres anonymes pleines de reproches et d'acrimonie. Celle-ci consentait à les écrire pour que l'impératrice ne s'adressât pas à une autre personne plus complaisante, mais elle avait grand soin de déchirer ces lettres une fois écrites et d'en éparpiller les mille morceaux, tout en déclarant qu'elle allait les expédier. Et quand l'impératrice lui demandait si la lettre était partie, Mme de Rémusat n'hésitait pas à lui répondre : « Oui, madame, elle est partie. »

Son affolement en devint plus que ridicule. La malheureuse femme mettait au courant de son infortune tous ceux qui l'approchaient, domestiques, femmes de chambre, marchands et marchandes qui venaient lui proposer des achats à faire, employés de ces marchands... Le secret sur des confidences si piquantes n'était pas gardé et le bruit de ces indiscrétions vint aux oreilles de Mme Murat, qui dit : « C'est Mme de Rémusat qui bavarde. » Mme Duchâtel, dès lors, battit froid à Mme de Rémusat. La mauvaise humeur gagna de proche en proche. Eugène était doublement mortifié, pour sa mère et pour lui, de ce qui se passait, et son visage ne dissimulait pas assez ses impressions. L'empereur, qui n'aimait pas autour de lui les mines allongées, lui témoigna de l'humeur de son chagrin. Joséphine était triste et colère, Hortense était loin d'être le gai pinson de l'heureux temps du Consulat. Depuis que l'amour était venu se nicher aux Tuileries, la joie en était partie. Enfin, tout annonçait qu'un orage se préparait. Il éclata, mais pas si violent qu'on eût pu le croire. Un jour que Joséphine, plus nerveuse qu'à l'ordinaire, avait déclaré à l'empereur, qu'elle fermerait à l'avenir sa porte à Mme Duchâtel, elle ne put s'empêcher de faire une scène avec accompagnement de cris et de larmes. L'empereur se retira on ne peut plus mécontent. Il fit appeler M. de Rémusat, lui dit que sa femme devait employer l'influence qu'elle exerçait sur l'impératrice à modérer ses accès de jalousie et qu'il voulait lui parler.

Mme de Rémusat envoya aussitôt à l'empereur, selon les règles de l'étiquette, une demande d'audience. L'audience fut accordée pour le lendemain matin. Au moment où la jeune femme se présentait chez l'empereur, Napoléon allait monter en voiture pour rejoindre l'impératrice, le corps diplomatique et toute la cour, qui étaient allés à une chasse au bois de Boulogne. Il rentra aussitôt dans son cabinet et cet incident fut très commenté toute la journée.

L'empereur « commença par se plaindre amèrement du trouble de son intérieur ; il se déchaîna contre les femmes en général et contre la sienne surtout. » Puis il reprocha à Mme de Rémusat de se prêter à l'espionnage de Joséphine, il lui reprocha de se mêler de choses qui ne la regardaient pas, etc.

Mme de Rémusat, étonnée, reconnut dans les paroles de l'Empereur la langue de Mme Murat ; elle y reconnut aussi, avec plus de chagrin que de surprise, celle de Joséphine qui, pour appuyer ses plaintes, n'avait pas hésité à mettre sous le nom de sa dame e compagnie ce qu'elle-même disait ou inventait. Les larmes vinrent aux yeux de la pauvre jeune femme. Elle protesta de son innocence, avec cet accent de la vérité auquel on ne peut se tromper : elle n'était mêlée en rien aux choses que l'empereur lui reprochait, elle n'avait soufflé mot à personne de ce que sa place de dame du palais pouvait lui permettre de voir ou d'entendre sur la situation intime du ménage impérial, et s'étonnait avec beaucoup de douleur que l'impératrice l'y eût mêlée.

— Alors, lui dit l'empereur, si vous n'approuvez pas l'inquisition qu'exerce contre moi l'impératrice, comment n'avez-vous pas assez de crédit sur elle pour la retenir? Elle nous humilie tous deux par l'espionnage dont elle m'environne... Puisque vous êtes dans sa confidence, il faut que vous m'en répondiez, et je m'en prendrai à vous de toutes ses fautes.

L'empereur ne put s'empêcher de sourire en prononçant ces derniers mots et Mme de Rémusat profita de ces bonnes dispositions pour lui dire combien elle était attachée à l'impératrice, mais aussi combien nulle était son influence sur elle quand elle s'était mis en tête une chose dont elle croyait que ses affections, que son bonheur pouvaient dépendre. « Je vais, ajouta-t-elle, me retirer de la cour pendant quelque temps et Votre Majesté verra si les choses se passeront autrement pendant mon absence. Ce sera ma justification. » L'empereur déclara qu'il ne le voulait pas ; « il parla un peu légèrement de la conduite passée de sa femme, ajoutant qu'elle n'avait pas le droit de se montrer sévère », et, au demeurant, il avait raison, bien que l'inconduite de la femme ne justifie point celle du mari et réciproquement.

Mais cette étrange conférence avait pris du temps. L'impératrice, qui était déjà au Bois de Boulogne, impatientée de ne pas voir venir son mari, avait dépêché un piqueur aux Tuileries pour s'informer de la cause de ce retard. Quand il lui fut rapporté que l'empereur était enfermé dans son cabinet avec Mme de Rémusat, elle quitta la chasse et accourut inquiète aux Tuileries. « Comment ! elle aussi ?... pensait-elle ; elle aussi, comme Mme Duchâtel... » Mais, quand elle arriva, l'entretien était terminé et elle ne trouva personne. Mme de Talhouët, grande amie de Joséphine, parce qu'elle était créole comme elle et qu'elle avait été nommée dame du palais sur sa recommandation, alla, par son ordre, chez Mme de Rémusat pour rapporter la clef de ce mystère. Mme de Rémusat répondit, comme c'était convenu avec l'empereur, qu'il ne s'était agi que de M. de Rémusat, son mari, et des demandes qu'il avait adressées à Sa Majesté.

Le soir, l'empereur et l'impératrice furent à un bal donné par le général Savary. Napoléon y trouva Mme de Rémusat et lui adressa quelques paroles gracieuses qui émurent plus que de raison la défiante Joséphine. Le lendemain, l'impératrice fit une foule de questions à sa dame de compagnie, et, comme les réponses ne la satisfaisaient pas, elle se blessa, dit qu'elle aussi était une fausse amie, qu'elle se mettait du côté du plus puissant, etc... De ce moment elle la bouda et « quand elle était fâchée, il n'était pas facile de la faire revenir[1]. » Hortense et Eugène firent comme leur mère. Mme Duchâtel, qui s'imagina ou à qui l'on fit croire que Mme de Rémusat voulait la sup-

1. Mlle AVRILLON, *Mémoires*, t. I, p. 76.

planter dans son rôle de favorite, fit aussi comme eux. Et de nouveau les cancans de se faire, les « pétoffes » de marcher, les langues de courir à perte d'haleine.

Tout cela naturellement fut rapporté à l'empereur. Lui aussi prit de l'humeur contre Mme de Rémusat et cette défaveur du Maître lui rendit les bonnes grâces de la maîtresse. Joséphine, au reste, commençait à se calmer : si son mari n'était pas encore devenu raisonnable, elle commençait, elle, à le devenir. D'ailleurs, l'empereur lui avait avoué qu'en effet il était amoureux, mais qu'il entendait qu'elle le laissât tranquille, « ajoutant, pour la rassurer, que ce serait une fantaisie passagère qu'on irriterait en la tourmentant et qui durerait d'autant moins qu'on la laisserait aller [1]. » L'impératrice se résigna donc et attendit. Que pouvait-elle faire de mieux ? Elle se borna à ne plus adresser la parole à Mme Duchâtel, comme elle l'avait fait, par erreur, à cette bonne et innocente maréchale Ney, mais cette fois elle ne risquait pas de se tromper.

La vie reprenait à peu près son train ordinaire à la cour, lorsque tout à coup Eugène reçoit l'ordre de partir avec son régiment pour l'Italie. C'était une disgrâce. Nouveaux cancans, nouvel émoi dans le camp des femmes, et aussi dans celui des hommes. Eugène était militaire, il n'avait qu'à obéir. C'est ce qu'il fit. Sa mère voulait réclamer. « C'est cette vilaine Mme Duchâtel qui est cause de tout cela, disait-elle à son fils ; elle aura dit à l'empereur que tu lui as fait un doigt de cour, et l'empereur, par jalousie, t'envoie en Italie. » Eugène eut beaucoup de peine à obtenir

____

1. Mme DE RÉMUSAT, *Mémoires*, t. II, p. 101.

de sa mère qu'elle se tiendrait tranquille, et partit.

Tandis qu'Eugène, colonel des guides, pataugeait dans la boue et dans la neige, à la tête de son régiment, sur la route de Lyon, l'empereur se rendit subitement à la Malmaison, avec Joséphine et la cour, bien que ce ne fût pas la saison d'aller à la campagne. On n'avait eu le temps de rien préparer, les appartements n'avaient pas été chauffés d'avance, de sorte qu'on y gela le premier jour. On y resta deux semaines. Toute résignée qu'elle était, Joséphine n'en essayait pas moins de surprendre encore une fois son mari en flagrant délit d'infidélité : il paraît que cela soulage. Elle allait, rôdant à travers les corridors, regardant par le trou des serrures, lorsqu'un soir elle eut l'amère satisfaction de voir nettement son infortune à travers les carreaux d'une porte vitrée, qu'un rideau placé sur le côté opposé de la porte ne masquait pas complètement.

L'empereur et sa favorite ne se quittaient guère. Du reste, nulle contrainte. Tous les deux, insensibles apparemment au froid comme à l'attention de la cour, se promenaient longuement dans le parc ; Mme Savary, cousine de Joséphine pourtant, avec une complaisance digne de celle de son mari, leur tenait compagnie, tandis que l'impératrice, debout derrière les carreaux de sa chambre, les regardait mélancoliquement jusqu'à ce qu'ils fussent hors de vue et passait le reste du temps à s'éponger les yeux. Elle était si découragée, la pauvre, qu'elle ne faisait plus de scènes à son mari. Pourtant, le séjour à la Malmaison eût dû lui rappeler que ces mêmes lieux avaient été témoins d'autres infidélités conjugales, du temps que le général Bonaparte était en Egypte et eût dû, par conséquent, la disposer à l'indulgence[1] ; mais a-t-on jamais pardonné à autrui ce qu'on se pardonne si facilement à soi-même ?...

Broyant du noir toute la journée, Joséphine voyait de nouveau se dresser devant elle le spectre du divorce, lorsque tout à coup la scène change. « Ne pleure donc pas, Joséphine, lui dit un jour l'empereur, tout cela n'était rien. Est-ce que je t'ai fait de la peine? Eh bien, pardonne-moi et je te dirai tout. » Ravie et curieuse, Joséphine oublie son chagrin et se fait tout conter. Napoléon n'omet rien et entre dans les détails les plus intimes, du moins c'est Joséphine qui le dit le lendemain à Mme de Rémusat. Il termine en déclarant qu'il veut rompre sa liaison et qu'il compte sur sa femme pour l'aider dans cette corvée. S'il y avait corvée pour quelqu'un, ce n'était assurément pas pour Joséphine : elle eut cependant le bon goût de ne triompher que de la façon la plus discrète. Elle fit appeler celle qui avait été sa rivale et lui représenta en termes quasi maternels qu'elle avait failli se compromettre, que sa conduite, peut-être un peu inconsidérée, avait fait jaser et qu'il n'en fallait pas davantage à la cour, où l'on est si prompt à interpréter en mal même les choses faites dans les meilleures intentions, pour entacher une réputation ; elle termina en engageant sa dame du palais à être prudente à l'avenir et à éviter de se donner la moindre apparence de légèreté.

Joséphine était toute contente de son sermon. Mme Duchâtel le fut moins. Elle prit un air étonné de s'entendre adresser des remontrances sur un tel sujet : jamais sa conduite n'avait pu prêter le flanc

1. Voir *La générale Bonaparte*, p. 153 et 151.

à la critique, et il était en vérité bien pénible pour elle d'être ainsi victime de la méchanceté de quelque vieille femme, jalouse sans doute de sa jeunesse et de quelques compliments que l'empereur avait daigné lui adresser en passant.

Tout se remit, à la cour, dans son train accoutumé et Joséphine apprit, quelques jours après, avec la plus vive satisfaction, que l'empereur venait de nommer Eugène prince archichancelier d'Etat. Le divorce fut chassé encore une fois de son horizon.

CHAPITRE III

Voyage en Italie. — Napoléon est couronné roi d'Italie à Milan.
— Joséphine n'est pas couronnée reine. — Son chagrin. —
Nouveau caprice de l'empereur et nouvelle jalousie de Joséphine. — Distractions enfantines de l'impératrice. — Voyage
de Joséphine à Plombières. — Guerre contre l'Autriche :
Joséphine à Strasbourg. — Elle se rend à Munich. — Mariage
de son fils Eugène. — Joséphine calomniatrice de l'empereur.
— Inconscience de Joséphine. — Mariage de la princesse
Stéphanie de Beauharnais. — Guerre de Prusse : Joséphine
à Mayence. — Son désœuvrement. — Lettres de l'empereur
à l'impératrice. — Inquiétudes de Joséphine : elle veut rejoindre l'empereur en Pologne. — Le dessous des cartes. —
Mort du petit-fils de Joséphine.

Les rois, autrefois, ne se bougeaient que bien difficilement. Napoléon, lui, ne balançait jamais à se
mettre en route dès qu'il y voyait un intérêt pour le
pays. De son côté, Joséphine n'hésitait pas à le suivre
quand elle y voyait un intérêt pour elle. L'empereur
partit le 2 avril 1805 pour l'Italie. Il allait à Milan pour
exécuter le statut constitutionnel qui le déclarait roi
d'Italie et recevoir la couronne royale. L'empereur
n'aurait pas voulu emmener Joséphine; mais elle
avait tant et tant insisté, qu'il avait dû se rendre à ses

instances. L'impératrice était donc du voyage. Mme de la Rochefoucauld, sa dame d'honneur, Mmes d'Arberg, de Serrant et Savary, dames du palais, l'accompagnèrent, ainsi qu'un certain nombre de chambellans et de grands-officiers. Cette fraction de cour formait en somme une cour assez nombreuse. Tout ce monde, cependant, ne s'était pas mis en route de fort bonne grâce. « On ne peut se faire une idée, dit Mme de Rémusat, du trouble des arrangements de ce voyage. Tout est encombré et embarrassé ; personne ne sait à qui demander des ordres et cependant mille personnes en donnent ; c'est à qui ne partira pas. Caulaincourt crie au milieu de cette bagarre et ordonne qu'on saisisse de force les femmes de chambre et les domestiques pour les faire partir... [1] ». On s'arrêta quelques jours à Lyon. Cette ville aimait l'empereur de tout cœur, d'amour, pourrait-on dire ; elle lui était reconnaissante de tout ce qu'il faisait pour sa prospérité. Aussi l'accueil des Lyonnais fut-il des plus enthousiastes. Joséphine, que sa réputation de bonté avait devancée, eut sa large part des acclamations et il eût fallu qu'elle le fît exprès pour ne pas plaire à une population qui l'aimait sur le bien qu'on lui en avait dit ou simplement peut-être parce qu'elle était la femme de Napoléon Bonaparte.

A Turin, les souverains s'arrêtèrent aussi quelques jours et furent également l'objet des ovations les plus chaleureuses. De là, ils allèrent à Alexandrie et c'est d'Alexandrie qu'ils se rendirent à Marengo. L'empereur voulait revoir le champ de bataille de Marengo. On avait élevé un pavillon sous lequel avait été dressé un trône pour l'impératrice. Elle assista de là à toutes

_____

1. *Lettres de Mme de Rémusat*, t. I, p. 65.

les belles manœuvres que commanda l'empereur en personne, ainsi qu'à la distribution des croix de la Légion d'honneur faite par le souverain à la fin de la journée.

Le couronnement de Napoléon, comme roi d'Italie, eut lieu à la cathédrale de Milan avec une grande pompe. L'impératrice ne reçut point la couronne de reine et demeura simple spectatrice de la cérémonie dans une tribune, à droite de l'autel. Elle savait, avant de quitter Paris, qu'elle ne serait pas couronnée reine d'Italie, puisqu'elle n'avait été admise à ce voyage qu'à force de supplications; mais elle espérait bien que sa présence à Milan amènerait l'empereur à changer d'avis, et qu'elle rapporterait de ce voyage une seconde couronne. C'est pour cela qu'elle avait tant insisté pour accompagner l'empereur en Italie. Elle ne put s'empêcher de ressentir quelque contrariété de n'avoir pas mieux réussi. Cette déception et la pensée que sa jeunesse commençait à l'abandonner sérieusement, firent qu'elle se remit à avoir des appréhensions pour l'avenir. Cet « état d'âme » se traduisait par une indifférence assez mal dissimulée pour tout ce qui n'était pas elle, et M. de Rémusat écrivait de Milan à sa femme : « Quant à l'impératrice, elle ne me parle jamais que d'elle et de ce qui l'intéresse personnellement. Il est impossible d'être plus complètement personnelle qu'elle est devenue[1] ». Que fallait-il donc à son bonheur? Les fêtes, qu'elle aimait tant, ne lui manquaient pas: on lui en donnait tous les jours. Elle y recevait les hommages les plus empressés et les plus flatteurs; elle y montrait ses plus belles toilettes et se parait de ses plus riches bijoux.

---

1. Mᵐᵉ DE RÉMUSAT, *Mémoires*, t. II, p. 167.

Mais elle venait d'avoir un gros chagrin. Eugène avait
été nommé vice-roi d'Italie; il allait falloir se séparer
de lui et, de plus, cette nomination avait entraîné une
petite scène qui avait ravivé ses alarmes.

« Tu pleures, Joséphine, lui avait dit l'empereur;
cela n'a pas le sens commun ; tu pleures parce que tu
vas être séparée de ton fils ? Si l'absence de tes enfants te cause tant de chagrin, juge donc de ce que
je dois éprouver, moi! L'attachement que tu témoi-
gnes pour eux me fait sentir bien cruellement le
malheur de n'en pas avoir[1]. » Ces paroles ne furent
pas une consolation pour Joséphine. Napoléon, qui
n'avait nullement eu la pensée de l'affliger, se retira,
et, comme il y avait longtemps que la pauvre femme
n'avait pleuré, elle ouvrit les écluses de ses larmes
toutes grandes. C'est que les paroles de l'empereur
lui avaient fait entrevoir de nouveau le divorce à l'horizon !

Enfin elle se calma; les averses de larmes ne du-
raient guère plus chez elle que ne dure une pluie
d'orage. Elle avait même oublié les paroles de l'empereur et avait repris l'éternel sourire à lèvres closes
qui était son visage ordinaire, lorsque son attention
inquiète et jalouse fut attirée par un nouveau caprice
de son mari. Il était écrit que l'empereur ne pourrait
mettre une couronne sur sa tête sans se coiffer en
même temps d'une femme. La nouvelle favorite,
était Mᵐᵉ Lacoste. Ses fonctions consistaient, comme
celles d'un certain nombre de jeunes personnes, appelées lectrices, à ne jamais ouvrir un livre, car, a écrit
la première femme de chambre de Joséphine, « je ne
sache pas que personne à la cour ait jamais lu une

1. Mᵐᵉ Avrillon, *Mémoires*, t. I, p. 203.

seule page en présence de l'impératrice [1] », mais bien à meubler de leur jeunesse et de leurs gentils minois les antichambres des Tuileries. Mlle Lacoste avait été remarquée de l'empereur à Stupinigi. En voyage, les romans marchent rapidement à leur dénouement ; de plus, Napoléon avait l'habitude de tout enlever au pas de charge et de brusquer la victoire. Aussi la petite Lacoste capitula-t-elle vite, n'ayant résisté que pour la forme, et tout allait au mieux pour les deux amants, lorsque Joséphine, toujours bien renseignée sur ce qu'elle eût mieux fait de vouloir ignorer, fit une scène terrible. L'empereur lui accorda le départ de la jeune lectrice. On écrivit à sa famille et sa tante se mit en route pour la venir chercher. Tout paraissait calmé, lorsque Napoléon crut devoir donner quelque dédommagement à la jeune fille ainsi renvoyée. Outre une indemnité pécuniaire pour ce qu'il lui avait fait perdre, il s'avisa de penser qu'il lui devait une réparation pour le dommage moral que sa disgrâce ne pouvait manquer de lui causer. Aussi exigea-t-il que la petite Lacoste, avant de quitter la cour, parut au cercle de l'impératrice. Joséphine qui voulut ne voir dans cette décision qu'une question d'étiquette, jeta les hauts cris : « Comment ! une simple lectrice paraître à mon cercle ! Et l'étiquette ? Une lectrice ne doit jamais quitter l'intérieur des appartements : cela ne se fait pas. — Eh bien, cela se fera, dit l'empereur, voilà tout. » Et cela se fit. Comme la jeune personne partait sous peu de jours, Joséphine se résigna assez facilement.

Pendant que l'empereur visitait Crémone, Vérone, Mantoue, Bologne, Parme, Plaisance, l'impératrice

---

1. Mme Avrillon, *Mémoires*, t. I, p. 380.

était demeurée à Milan. On s'évertuait à lui offrir des distractions ; on organisait des excursions au lac Majeur, au lac de Côme. Lorsque l'empereur était absent, l'étiquette s'en allait avec lui, ainsi qu'une certaine contrainte que sa présence causait toujours à son entourage. Aussi, depuis son départ, une gaieté d'écoliers en vacances régnait-elle chez l'impératrice et parmi sa petite cour de voyage. C'était chaque jour une folie nouvelle. Ils n'étaient pas toujours d'une délicatesse de goût bien recherchée, les amusements de l'impératrice, et il est douteux qu'une femme d'un esprit même ordinaire eût trouvé le moindre plaisir aux distractions enfantines et aux passe-temps de femme de chambre qui la divertissaient si fort. Mais, en cela, comme en plusieurs autres choses, Joséphine avait dix ans, et s'amusait comme une enfant.

Voici un échantillon de ces spirituelles distractions : il y avait un M. de Beaumont, chambellan de Sa Majesté, qui servait de plastron aux plaisanteries des dames de l'impératrice. C'était un bon garçon et, comme de plus il n'était pas sot, il riait tout le premier de ces plaisanteries. On sait combien les mystifications étaient de mode à cette époque. Ces dames, pour amuser leur maîtresse autant peut-être que pour s'amuser elles-mêmes, voulurent mystifier M. de Beaumont. On lui dit qu'une jeune femme, très jolie, naturellement, était venue le demander en son absence, avait insisté pour le voir et s'en était allée mystérieusement, sans avoir rien voulu dire sinon qu'elle reviendrait. Évidemment c'était une conquête, une passion que M. de Beaumont avait fait sans le savoir. Pour continuer la mystification, il fallait se procurer une jeune personne qui voulût bien s'y prêter, car on voulait pousser la plaisanterie jusqu'au bout. Au mi-

lieu de rires sans fin, on décida que cette femme serait un homme et que M. de Brassac, le plus petit de
la joyeuse bande, en jouerait le personnage. On l'ha-
billa tant bien que mal en dame : une femme de chambre prêta son peignoir, on l'affubla d'un chapeau, et,
travesti, enrubanné, pomponné au mieux, M. de
Brassac fut introduit par l'impératrice elle-même dans
la chambre de M. de Beaumont. Celui-ci se prêta de
bonne grâce à la plaisanterie et, en bon courtisan, il
eut l'esprit de ne pas s'apercevoir de la mystification
avant que l'impératrice en eût tiré tout le plaisir
qu'elle s'en promettait. Ces amusements de petites
filles ou de concierges provoquaient les éclats de rires
interminables de ces dames, et celui-ci particulièrement défraya toute la soirée leurs conversations.

L'empereur avait reçu partout un accueil dans lequel la population italienne avait montré l'enthousiasme délirant qu'elle a toujours pour ses maîtres,
et, comme les démonstrations en étaient fort bruyantes, il fut plus d'une fois réellement ému. Enfin, il fallut reprendre le chemin de Paris, après avoir reçu à
Gênes l'accueil le plus splendide. Napoléon voulait
partir seul, en avant, parce qu'il aimait à voyager vite
et ne voulait pas fatiguer l'impératrice par la rapidité de sa course. Joséphine aurait suivi à petites jour
nées. Mais elle ne l'entendait pas ainsi et insista beaucoup pour l'accompagner. « Alors tu n'auras pas ta
migraine ? dit Napoléon. Si tu me le promets, je t'em-
mène. » Joséphine promit qu'elle n'aurait pas sa migraine et les deux souverains partirent. On s'arrêtait
seulement pour les relais et l'on ne descendit de voiture qu'à Fontainebleau. Joséphine avait fort bien sup-

porté la fatigue du voyage de ces quelques jours de cahots à grande vitesse.

Dès le commencement du mois d'août, l'empereur se mit en route pour le camp de Boulogne, d'où il devait bientôt partir, avec l'armée, pour l'immortelle campagne d'Austerlitz. Quelques jours auparavant, l'impératrice était allée à Plombières, pour y prendre encore une fois les eaux.

Les dames qui faisaient une cure en cette ville lui donnèrent une fête. Mᵐᵉ Hainguerlot avait écrit une petite pièce où son cœur et son esprit rivalisaient de bonne volonté pour célébrer, avec tous les arrangements nécessaires, un acte de bienfaisance de Joséphine, lors de son précédent voyage à Plombières. On voulut jouer cette pièce. Mᵐᵉ Hainguerlot avait gardé pour elle un des principaux rôles; Mᵐᵉ Davilliers et quelques jeunes femmes s'étaient partagé les autres et la pièce fut jouée avec entrain devant Sa Majesté. On ne lui en avait rien dit à l'avance et ce spectacle lui fit la plus agréable des surprises. Comme *clou* de la représentation, la famille qui avait été l'objet du bienfait de l'impératrice était dans une loge de premier rang et sa présence à la soirée fut, quoique le bien que l'on fait doive rester discret, un spectacle réconfortant pour le cœur.

Peu de jours après cette petite fête, une occasion de faire des heureux se présenta de nouveau à l'impératrice. Elle avait été si heureuse du bienfait dont on lui avait si gracieusement rappelé le souvenir, qu'elle ne voulut pas laisser échapper cette occasion de faire encore un peu de bien. Une pauvre femme était venue la supplier d'employer son influence à faire exempter son fils du service militaire. L'empereur n'accordait à personne au monde une dispense semblable : le jeune homme avait tiré un mauvais numéro à la conscription, il lui fallait partir ou se faire remplacer. L'impératrice le dit à la mère désolée, mais elle lui dit aussi qu'elle allait lui faire donner l'argent nécessaire pour acheter un remplaçant à son fils. La somme fut comptée le jour même à la bonne femme. Plus tard, il y avait bien des années que l'impératrice était enterrée, — et la mère du conscrit, qui depuis avait eu un dérangement cérébral et qu'on n'appelait plus à Plombières que Thérèse-la-folle, parlait encore de « la bonne impératrice de Plombières » et demandait de ses nouvelles à tous les passants [1].

Le séjour de Joséphine à Plombières se termina par une fête brillante qu'elle offrit à toutes les dames de la ville ; il y eut concert, bal et enfin souper magnifiquement servi.

La guerre paraissait inévitable avec l'Autriche lorsque l'impératrice rentra à Paris. Dans le courant de septembre l'empereur fit préparer à Strasbourg le logement impérial et Joséphine voulut y accompagner son époux. Napoléon eut beau lui objecter que l'appartement qu'il allait avoir serait fort incommode : elle insista et finit par obtenir d'aller à Strasbourg avec lui. Une cour assez nombreuse suivit les deux souverains.

Ils quittèrent Paris le 24 septembre.

Joséphine, habituée à ne recevoir jamais que des nouvelles de victoires, n'avait pas l'ombre d'une inquiétude sur le résultat de la campagne. Tout heu-

1. Duc de Vicence, *Mémoires*, t. I, p. 107.

reuse d'être loin de la surveillance de ses beaux-frères
et de ses belles-sœurs, d'être un peu sevrée de la vie
officielle de la capitale, elle lisait avec plaisir les nouvelles que l'empereur lui envoyait de l'armée. Dès le
milieu d'octobre, il lui écrivait : « Je te promets la campagne la plus courte et la plus brillante. » Pendant que
l'empereur, à la tête de ses régiments fanatisés par sa
présence, prenait Ulm avec l'armée autrichienne qui
s'y était enfermée et marchait sur Vienne, Joséphine,
à Strasbourg, recevait les hommages de quelques
princes allemands qui étaient venus grossir sa cour.
Elle ne pouvait s'empêcher de leur montrer les lettres
dans lesquelles Napoléon lui annonçait ses succès et
lui en faisait espérer prochainement de plus décisifs
encore.

Après la victoire d'Austerlitz, Napoléon, étant re-
tourné à Vienne, écrivit à Joséphine de se rendre à
Munich avec toute sa cour et de l'y attendre. Elle y
alla, et, sur toute la route, les plus grands honneurs
lui furent rendus : princes et électeurs rivalisaient
d'enthousiasme avec leurs sujets pour faire honneur
à celle dont le mari découpait l'Europe avec son épée
et pour tâcher d'obtenir un petit morceau ou même
quelques miettes du gâteau. L'électeur de Bavière se
fit surtout remarquer par la magnifique hospitalité
qu'il offrit à la souveraine des Français et c'est dans
son palais que Joséphine attendit le retour du vain-
queur d'Austerlitz.

Napoléon arriva à Munich le 30 décembre. Il apportait à l'électeur de Bavière une couronne de roi et à
Joséphine une couronne de gloire plus belle que la
couronne impériale qu'il lui avait mise sur la tête un
an auparavant. Mais ce qui fit le plus de plaisir à
Joséphine, c'est que son fils allait épouser une prin-

cesse, la fille de l'électeur ou plutôt du roi de Bavière, qu'il allait entrer dans une des premières maisons princières de l'Europe et que l'empereur lui assurait, à défaut d'héritiers directs et légitimes, la possession de la couronne d'Italie, pour lui et ses descendants. Une négociation entamée à ce sujet dès le mois d'octobre, négociation que M. de Talleyrand dirigeait avec zèle par l'intermédiaire de M. de Thiard chargé d'affaires auprès de l'électeur de Bavière, réussit grâce aux victoires d'Ulm et d'Austerlitz. Mais il y avait une difficulté : la princesse Auguste-Amélie de Bavière était fiancée au prince héréditaire de Bade. Qu'importait? On fiança son fiancé à Mlle Stéphanie de Beauharnais, nièce de Joséphine, ce qui fit encore un très sensible plaisir à l'impératrice, et la politique impériale, en faisant décider de plus le mariage de Jérôme, frère de l'empereur, avec la princesse Catherine, fille de l'électeur de Würtemberg, qui venait, lui aussi, de voir ériger son électorat en royaume, triompha sur toute la ligne.

Tandis que les fêtes se succédaient à la cour de Munich, que l'on ne parlait que mariages et amour, l'empereur se distrayait de ses travaux et se reposait de ses fatigues en faisant la cour à la reine de Bavière, mais pas sérieusement, puisqu'il ne réussit pas. C'était la seconde femme du roi, et « sans être très belle, elle avait une taille élégante et des manières agréables qui conservaient de la dignité. » Elles n'en conservaient que trop, au gré de son admirateur de passage, qui ne trouva plus ses manières si agréables en reconnaissant qu'il existait des femmes moins faciles que certaines dames de son palais et de sa famille.

Si Napoléon ne trouva pas la reine de Bavière assez

coquette, l'impératrice la trouvait un peu plus coquette qu'elle n'eût voulu et, comme son instinct lui faisait flairer encore quelque manigance d'amour, son bonheur se trouva gâté par les inquiètes suppositions qu'elle faisait. Il fut gâté un peu aussi par le fait de son fils. Le vice-roi était arrivé à Munich le 10 janvier pour faire la connaissance de la princesse Auguste-Amélie, sa fiancée, qu'il devait épouser le surlendemain. Au lieu de se faire conduire chez sa mère, Eugène, qui se montra bon courtisan plutôt que fils empressé, s'était rendu d'abord chez l'empereur. Elle l'apprit, en fut blessée et se mit à pleurer. Elle pleurait encore lorsque l'empereur entra dans sa chambre, poussant Eugène devant lui et disant : « Tenez, madame, voilà votre grand benêt de fils que je vous amène [1]. » Joséphine cessa aussitôt ses larmes de chagrin et n'en versa plus que de joie de toute la journée.

L'hiver de 1806, à Paris, fut on ne peut plus brillant. Tous les ministres donnaient des bals et des fêtes superbes. L'impératrice y prenait toujours part et y montrait constamment un visage souriant. Elle eut pourtant plus d'une fois des contrariétés avec son mari, et elle se donnait le tort, outre ceux qu'elle pouvait avoir, d'aller raconter à tout le monde les choses vraies ou fausses qu'il lui plaisait dans sa colère d'imaginer. Elle ne se gênait nullement même pour inventer les plus odieuses calomnies ; elle déclarait qu'elle venait de voir ou d'entendre les choses qu'elle disait ou répétait et ajoutait, à la façon des gens qui veulent qu'on croie à leurs mensonges,

---

1. Mlle AVRILLON, *Mémoires*, t. I, p. 316.

qu'elle était prête à le jurer. Voici ce que raconte M. Louis Favre, dans son intéressante *Histoire du palais du Luxembourg*, et ce récit, quoique peu connu, a contribué, concurremment avec les calomnies inventées par les émigrés, à donner quelque consistance aux bruits qui avaient couru sur de prétendus incestes de Napoléon avec ses sœurs [1] : « Un peu en froid avec Napoléon, Volney resta fidèle à Joséphine qui avait du goût pour son esprit et à laquelle il avait voué une sincère amitié. Pour le voir plus souvent, elle lui avait donné un petit appartement au pavillon Marsan, et c'est dans cet appartement que se passa l'incident que je vais dire et qui m'a été conté par un témoin oculaire [2].

« Pendant l'hiver de 1806, un dimanche, la date importe peu, Volney causait tranquillement, les pieds sur les chenets, avec l'ami dont je parle, et qui était son visiteur familier, très assidu. L'entretien roulait sur l'Amérique, sur les Etats-Unis, dont Volney parlait toujours avec amertume, regrettant peut-être qu'on l'eût presque obligé à quitter ce pays. Tout à coup un violent coup de sonnette se fait entendre; on entend un bruit de voix dans l'antichambre. Volney se lève pour aller s'informer du motif de l'algarade;

---

1. Mme de Rémusat a dit dans ses *Mémoires*, t. I, p. 197 : « Bonaparte n'avait aucun principe de morale... N'avait-il pas séduit ses sœurs les unes après les autres ?... » Mme de Rémusat, en écrivant ces mots, n'a fait que répéter ce que Joséphine répétait elle-même après les royalistes. Elle aurait dû, plus que personne, se rappeler qu'il ne fallait accepter les dires de Joséphine que sous bénéfice d'inventaire. — La duchesse d'Abrantès a dit dans ses *Mémoires* que « Joséphine mentait comme elle voulait. »

2. M. Hochet, qui fut secrétaire général du Conseil d'Etat et président du Conseil des forges de Fourchambault, un fin lettré. Il mourut à près de quatre-vingts ans, vers 1860.

son visiteur en fait autant pour sortir, dans la crainte d'être importun. « Restez, lui dit Volney, quelque « marchand sans doute ! » Mais avant qu'il eût pu achever sa phrase, la porte s'ouvre brusquement et l'impératrice Joséphine pénètre dans le cabinet du savant, va au-devant de lui et, prenant ses deux mains : « Ah ! mon ami, dit-elle, mon cher Volney, je « suis bien malheureuse. » Et elle éclata en sanglots.

« L'embarras du visiteur était extrême. Il était debout dans un angle de la cheminée ; il aurait voulu gagner la porte, se soustraire à cette scène presque de famille. Mais Joséphine empêchait sa fuite, elle parcourait la chambre, agitait ses bras avec colère.

« — Calmez-vous, madame, disait Volney, habitué, il le confia plus tard, aux explosions de jalousie de Joséphine et qui croyait à quelque infidélité de l'empereur ; calmez-vous, l'empereur vous aime, vous le savez. Vous vous êtes trompée.

« Et comme les larmes de Joséphine redoublaient :

« — Eh bien, dit-il, je vous crois ; mais, je vous l'assure, c'est une fantaisie qui durera une heure, un jour. »

« A ces mots l'impératrice se redressa. « — Taisez-« vous dit-elle ; l'empereur est un misérable ! » Puis elle ajouta en soulignant chaque parole d'une accentuation de mépris : « — Si vous saviez ce que je viens « de voir !.. J'ai surpris l'empereur ! l'empereur, enten-« dez-vous ? dans les bras de Pauline ! »

« Puis, soulagée par cette confidence, elle sortit comme une trombe et disparut [1]. »

1. Louis FAVRE, *Histoire du palais du Luxembourg*, p. 215. — M. Louis Favre, qui a été le dernier secrétaire du chancelier Pasquier et a écrit un livre des plus intéressants sur le dernier chancelier de France, est actuellement archiviste du Sénat. C'est un homme qui mérite la plus entière confiance.

Les paroles calomnieuses de Joséphine portèrent loin puisqu'elles furent répétées, imprimées et que, de cette abominable invention il reste toujours quelque chose [1]. Mais Joséphine était coutumière de ces odieux procédés. N'en avait-elle pas imaginé d'aussi détestables sur son beau-frère Lucien, parce qu'elle ne l'aimait pas et qu'il n'avait pas non plus une grande tendresse pour elle ? N'avait-elle pas fait une scène pareille, quelques jours avant le sacre [2] ?

Cependant, le prince héréditaire de Bade était arrivé à Paris. Le traité de Presbourg, qui lui avait enlevé sa fiancée pour la donner à Eugène de Beauharnais, avait également disposé de lui pour en faire le mari d'une nièce de l'impératrice, et le jeune

1. Les royalistes, qui se rappelaient le mot de Beaumarchais : « Calomniez, calomniez, il en restera toujours quelque chose », avaient, les premiers, inventé ces odieuses calomnies sur Napoléon : elles étaient bien certainement venues jusqu'aux oreilles de Joséphine qui, lorsqu'elle était fâchée contre son mari, avait l'inconcevable faiblesse de les répéter comme si elle venait d'être elle-même témoin des choses qu'elle racontait, et celle, plus concevable peut-être, de s'en imposer à elle-même et de les croire après les avoir dites. La princesse Pauline, qui, en fait d'inconséquences, ne le cédait à personne, pas même à sa belle-sœur, sembla confirmer un jour ces abominables bruits par un mot aussi léger qu'imprudent qui ne tarda pas à être interprété à mal, et qui prouve cependant qu'il n'y avait rien eu de coupable dans sa conduite avec son frère : si cela eût été, jamais elle n'aurait dit ce mot. Mme de Mattis, dame du palais de la princesse Pauline, qui était fort belle, fut à un moment très aimée de l'empereur et résista longtemps, ce que la princesse s'avisa de trouver étrange. « Savez-vous bien, madame, lui dit-elle, que l'on ne doit jamais dire *non* à une volonté exprimée par l'empereur ? et que MOI, qui suis sa sœur, s'il me disait : JE VEUX, je lui répondrais : Sire, je suis aux ordres de Votre Majesté. » Elle lui dit cela, ajoute la duchesse d'Abrantès, qui raconte cette anecdote, avec le ton solennel d'une aïeule qui prêcherait la morale à sa petite-fille. (*Histoire des salons de Paris,* t. IV, p. 392).

2. Voir plus haut, p. 24.

prince venait docilement à Paris prendre livraison
de la femme qui lui était attribuée. Cette jeune fille,
la princesse Stéphanie, fille du comte Claude de
Beauharnais, qui était lui-même fils de Mme Fanny de
Beauharnais, était fort séduisante. « J'ai rencontré
peu de femmes, a dit la duchesse d'Abrantès, qui
m'aient paru aussi agréables que Mlle Stéphanie de
Beauharnais l'était à cette époque. Tout ce qui
peut plaire comme bonne grâce, comme bonnes manières, charmant visage, tournure élégante, elle réunissait tous les avantages qu'une femme peut
souhaiter au milieu du monde, et, dans une fête,
elle était sûre d'y plaire généralement, car elle était
bien jolie et bien avenante, ce qui la faisait admirer
des hommes ; et cependant les femmes le lui pardon-
naient parce qu'elle était bonne et prévenante pour
toutes [1]. » Son fiancé, tout prince qu'il était, était-il
digne de cette petite perfection? Pas tout à fait, à en
croire encore Mme d'Abrantès. « Il était, dit-elle, le
plus désagréable personnage que j'aie jamais vu.
L'air boudeur d'un enfant mis en pénitence, pas beau
du tout ensuite. Enfin un très désagréable prince et
surtout un désagréable futur. [2] »

C'était sans aucun doute l'avis de la gentille Stéphanie, qui était bien contente d'épouser un prince,
mais bien désolée aussi de le trouver si laid. Enfin
le mariage la fit passer par-dessus le mari. Quant au
prince, il parut s'accommoder assez de son changement de fiancée et s'évertua consciencieusement à
plaire à la charmante princesse qui lui était échue
pour femme.

1. Duchesse d'Abrantès, *Mémoires*, t. V, p. 542.
2. *Ibid.*, t. VI, p. 26.

La cérémonie des fiançailles eut lieu le 7 avril au soir, dans la galerie de Diane. Elle se fit avec le plus magnifique éclat. L'empereur montra une bienveillance excessive pour sa nièce Stéphanie, et comme l'on savait qu'en déployant un grand luxe en cette circonstance on ne pouvait que lui plaire, les princesses et toutes les dames de la cour rivalisèrent de magnificence. L'empereur eût marié sa propre fille, s'il en avait eu une, qu'on n'eût pas pu faire plus. L'impératrice fut d'abord très satisfaite de tout cela, mais comme le bruit courut que Napoléon était amoureux de sa nièce (la vérité est qu'il eut un caprice pour elle), et que ce bruit parvint jusqu'à ses oreilles, les sentiments de jalousie, qui depuis deux ans environ avaient pris naissance dans son cœur et ne disparaîtront que le jour de son divorce, trouvèrent encore cette fois des occasions de s'exercer. C'était à propos des riches cadeaux que Napoléon faisait à la gracieuse Stéphanie, c'était à propos de questions de préséance que l'empereur tranchait en sa faveur, c'était à propos des fêtes splendides qu'il lui donnait, c'était à propos de tout et à propos de rien.

Aussi vit-elle arriver avec plaisir le jour du mariage qui, du reste, ne fut pas long à venir, puisque la cérémonie eut lieu le lendemain même des fiançailles, et, comme celles-ci, à huit heures du soir. Elle se consola de sa jalousie par la belle robe entièrement brodée d'or vert et d'or rouge qu'elle porta à la chapelle du château, et en mettant sur sa tête une parure de perles dont le prix dépassait un million. Le lendemain elle partait avec la cour pour la Malmaison et elle oubliait ses petits ennuis, qui faillirent renaître quelques jours après quand on quitta la Malmaison pour Saint-Cloud. Enfin le jeune ménage se mit en route pour Bade et Joséphine put avoir un peu de tranquillité.

Hortense, dont le mari venait d'être *nommé* roi de Hollande par son puissant frère, ne tarda pas à partir avec lui pour son royaume. La cour tomba donc dans un calme plat au moment où la belle saison commençait. On alla alors à la Malmaison. L'empereur, tout entier aux questions de la politique, se préparait à faire face aux nouveaux orages dont le cabinet anglais allait bientôt menacer la paix européenne. Joséphine s'amusait à faire exécuter des embellissements dans son parc et dans ses serres et trouvait ainsi la plus agréable des occupations : elle se partageait entre la Malmaison et Saint-Cloud, lorsque tout à coup l'empereur lui annonce qu'il part le soir même pour l'Allemagne. C'était le 25 septembre. Joséphine le supplie de lui permettre de l'accompagner : il refuse. Elle supplie de nouveau : il n'ose pas la contrarier davantage, il cède. Elle monte en voiture avec lui et on part aussitôt. Il est minuit : une seule femme de chambre l'accompagne. Sa maison la rejoindra plus tard.

Pourquoi ce départ si subit? C'est qu'une nouvelle guerre allait commencer. La Prusse et la Russie, poussées par l'Angleterre, venaient de se coaliser contre la France, et l'empereur voulait, par la rapidité de sa marche, frapper des coups décisifs sur la Prusse avant que son alliée n'ait eu le temps d'entrer en ligne. Il décida que Joséphine demeurerait à Mayence avec la fraction de sa cour qui devait venir la rejoindre pendant qu'il irait prendre le commandement de l'armée. Le moment de faire ses adieux à Joséphine était venu. Tandis que les voitures attelées l'attendaient à la porte, il embrassa sa femme, qui était tout en larmes ; il la pressa sur son cœur plus tendrement que d'ordinaire et ne semblait pouvoir s'en séparer.

M. de Talleyrand était présent à cette scène. Napoléon, tenant d'un bras sa femme qui appuyait sa tête sur son épaule, s'approcha de lui et, l'entourant de son autre bras, il s'écria : « Il est bien pénible de quitter les deux personnes qu'on aime le mieux! » Les pleurs de Joséphine à ces mots redoublèrent et l'empereur fut saisi d'un tel attendrissement nerveux que les larmes le gagnèrent; il eut quelques convulsions qui arrêtèrent sa digestion et amenèrent un vomissement. Enfin il surmonta cette faiblesse, embrassa une dernière fois Joséphine et partit.

La reine de Hollande vint rejoindre sa mère à Mayence. La jeune princesse de Bade, Stéphanie, vint également voir sa tante. Les deux cousines étaient ravies de passer quelque temps loin de leurs maris pour qui elles n'avaient ni l'une ni l'autre un attachement excessif. Joséphine était bien faite pour comprendre ces sentiments : n'avait-elle pas été ainsi, elle-même, il y avait dix ans ? Elle fut fort contente, au milieu de son désœuvrement habituel, d'avoir auprès d'elle sa fille et sa nièce, qui lui devaient ce qu'on appelle communément leur bonheur. Elle eut aussi d'autres visites. Le prince-primat vint lui faire sa cour et quelques princes de la Confédération s'y rendirent également pour distraire son ennui et peut-être aussi le leur. « Elle eût préféré à tout, dit Mᵐᵉ de Rémusat, de suivre partout l'empereur, qu'elle aimait à surveiller [1]. » Mais l'empereur n'entendait pas

1. Mᵐᵉ DE RÉMUSAT, *Mémoires*, t. III, p. 71.

s'embarrasser d'elle et de sa suite en campagne. Comme les rôles étaient changés depuis 1796 ! Le général Bonaparte la priait alors, la suppliait de venir le rejoindre en Italie et l'on se rappelle les larmes amères qu'elle versa quand, après avoir ajourné cette corvée autant qu'elle l'avait pu, il avait fallu enfin se résoudre à suivre les aides de camp chargés de la ramener à son mari et monter en voiture [1]. A présent c'est elle qui voulait accompagner Napoléon à la guerre. Pour l'aimer, l'entourer de soins et être près de lui en cas d'accident ? Oui, un peu, mais surtout pour le surveiller et peut-être aussi pour une autre cause qu'on verra plus loin. Aussi lui écrivait-elle sans cesse pour obtenir de quitter Mayence, mais Napoléon répondait : « Je ne puis t'appeler près de moi, je suis l'esclave de la nature des choses et de la force des circonstances; attendons ce qu'elles décideront. » Et la pauvre Joséphine retombait dans les bavardages des dames de son entourage qui, comme toute domesticité, n'étaient pas toujours animées pour leurs maîtres de sentiments très bienveillants. Ces dames, entendant la politique à leur façon, et conservant des préjugés et peut-être des espérances qu'elles auraient mieux fait d'oublier en entrant au service de l'empereur, se permettaient de critiquer la guerre qui venait de commencer. « La reine de Prusse était si belle ! ». Pour un peu elles eussent critiqué la manière dont l'empereur dirigeait les opérations militaires ! Et que de larmes, dans cette cour de France, lorsque la nouvelle parvint de la mort du prince Louis de Prusse, tué dans une des premières rencontres, à Saalfeld ! En vérité, ces dames n'eussent pas montré plus de douleur si,

---

1. Voir *La générale Bonaparte*, p. 63 et 64.

au lieu du prince prussien, l'empereur eût été tué !
Il se forma donc une véritable *opposition* dans la petite
cour de Mayence, et Mme de la Rochefoucauld, dame
d'honneur de l'impératrice, était à la tête des jolies
frondeuses.

L'impératrice n'était pas sans entendre ces bavardages ; connaissant ses goûts pour le *faubourg Saint-
Germain*, on ne se gênait guère devant elle, et elle
avait la faiblesse de tolérer tout cela. Ennuyée, désœu-
vrée, bâillant une partie de la journée en compagnie
d'Hortense qui, pour passer le temps, jouait à des jeux
enfantins comme une petite fille, la grande occupation de l'impératrice était les quatre ou cinq toilettes
qu'elle faisait par jour, la promenade de l'après-midi
et le dîner. C'était pitié de voir ces pauvres femmes
s'ennuyer ainsi. Et les circonstances pourtant étaient
assez graves pour que les préoccupations qu'elles
devaient donner ne laissassent aucun moment à
l'ennui : l'armée française allait se mesurer avec l'armée
prussienne et celle-ci, encore tout imbue des traditions du grand Frédéric, fière encore de ses succès
passés, s'imaginait marcher à de nouvelles victoires.
Quelque confiance qu'il eût dans les soldats de Rivoli,
de Marengo et d'Austerlitz, l'empereur lui-même
n'était pas sans quelque appréhension. Mais la double
victoire d'Iéna et d'Auerstaedt démontra de la façon
la plus éclatante la supériorité de l'armée française
sur l'armée prussienne, et celle de ses chefs sur les
élèves de Frédéric. L'empereur n'eut plus d'appréhension et Joséphine recommença ses instances pour
l'aller rejoindre à Berlin.

C'est ici que se place l'épisode si connu de la clémence de Napoléon envers M. de Hatzfeld. Il se trouve
dans tous les Mémoires du temps et tout le monde le

sait par cœur. Voici comment l'empereur, écrivant à Joséphine, le lui raconta :

Berlin, 6 novembre 1806, 9 heures du soir.

« J'ai reçu ta lettre où tu parais fâchée du mal que je dis des femmes. Il est vrai que je hais les femmes intrigantes au delà de tout. Je suis accoutumé à des femmes bonnes, douces, conciliantes ; ce sont celles que j'aime. Si elles m'ont gâté, ce n'est pas ma faute, mais la tienne. Au reste, tu verras que j'ai été fort bon pour une qui a été sensible et bonne, Mme de Hatzfeld. Lorsque je lui ai montré la lettre de son mari, elle me dit en sanglotant, avec une profonde sensibilité, et naïvement : « Ah ! c'est bien là son écriture ! » Lorsqu'elle lisait, son accent allait à l'âme. Elle me fit peine, je lui dis : « Eh bien, madame, jetez cette lettre au feu ; je ne serai plus assez puissant pour faire punir votre mari. » Elle brûla la lettre et me parut bien heureuse. Son mari est depuis fort tranquille. Deux heures plus tard, il était perdu. Tu vois donc que j'aime les femmes bonnes, naïves et douces ; mais c'est que celles-là seules te ressemblent [1]. »

---

1. D'après M. de Barante, ce n'est pas tout à fait ainsi que se serait passé cet épisode. « Les bulletins, dit-il, et, après eux les historiens ont relaté le péril qui avait menacé M. de Hatzfeld et la clémence de l'empereur d'une manière infidèle. La princesse fut, en effet, admise auprès de Napoléon, comme on peut croire, fort tremblante et très émue. Il lui montra la lettre de son mari, adressée au prince de Hohenlohe et interceptée. La princesse le supplia de regarder la date. Cette lettre, écrite deux jours avant l'entrée des Français, ne pouvait être aucunement coupable. L'empereur la jeta au feu. On ne fusilla pas le prince, il eut même la liberté de rester à Berlin. Vraisemblablement Napoléon n'avait pas le projet de le faire exécuter et, s'il consentit à recevoir la princesse, c'est qu'il comptait lui accorder la grâce de son mari. Pour se faire honneur de son intention, il raconta cet incident. « La clémence de Napoléon »

Napoléon était sur le point de céder aux instances de Joséphine et de la laisser venir à Berlin, lorsque la nécessité d'aller au-devant des Russes le fit renoncer à cette idée. Dès lors, les transes jalouses de Joséphine ne cessèrent plus. « Les Polonaises sont de si jolies femmes, pensait la pauvre impératrice, et mon mari est si léger ! » Elle ne se trompait pas sur la séduction que pouvaient exercer les Polonaises, et les lettres de l'empereur témoignent assez de la jalousie inquiète que laissaient voir celles de Joséphine. L'impératrice n'aspirait à rien moins, en ce moment, qu'à suivre son mari en Pologne. Quant à l'empereur, il se souciait moins que jamais d'avoir sa femme près de lui. « Toutes ces Polonaises sont Françaises, lui répondait-il ; mais il n'y a qu'une femme pour moi. La connaitrais-tu ? Je te ferais bien son portrait, mais il faudrait trop le flatter pour que tu te reconnusses... Ces nuits-ci sont longues tout seul[1]. »

Le lendemain, autre lettre répondant encore à des craintes jalouses :

«... Je te sais mauvais gré d'une si mauvaise opinion. Tu me dis que ce pourrait être par quelque rêve de la nuit et tu ajoutes que tu n'es pas jalouse. Je me suis aperçu depuis longtemps que les gens colères soutiennent toujours qu'ils ne sont pas colères ; que

devint un fait historique ; on en fit même un tableau qui parut à l'Exposition. » (Baron DE BARANTE, *Souvenirs*, t. I, p. 187.) Mais le témoignage de Napoléon lui-même, celui du général Rapp, qui introduisit Mme de Hatzfeld auprès de l'empereur (Général RAPP, *Mémoires*, p. 111-115, édition Garnier), détruisent l'allégation de M. de Barante. Les *Mémoires* de Rapp reproduisent même une lettre que le prince de Hatzfeld lui écrivit en lui témoignant sa reconnaissance pour son intervention en cette affaire.

1. *Lettres de Napoléon à Joséphine*, t. I, pièce LXXII. Posen, 2 décembre 1806.

ceux qui ont peur disent toujours qu'ils n'ont pas peur ; tu es donc convaincue de jalousie, j'en suis enchanté !... Du reste, tu as tort, je ne pense à rien moins, et dans les déserts de la Pologne l'on songe peu aux belles... J'ai eu hier un bal de la noblesse de province : d'assez belles femmes, assez riches, quoique à la mode de Paris [1] ».

Les inquiétudes de Joséphine ne se calmaient pas. L'empereur lui disait bien qu'il était dans des déserts, mais il parlait aussi des bals qu'on donnait dans ces déserts, et cela n'était pas fait pour la tranquilliser, car on ne donne pas de bals sans femmes. Et comme son mari ne lui permettait pas de venir dans ces « déserts de la Pologne », elle lui rappelait son affection et lui faisait voir qu'elle pensait à lui en lui envoyant des petits cadeaux. « Un officier m'apporte un tapis de ta part, lui écrit Napoléon le 10 décembre ; il est un peu court et étroit, je ne t'en remercie pas moins [2] ».

L'Empereur était à Varsovie et jamais la correspondance avec sa femme n'avait été plus active. De part et d'autre c'était une lutte d'amabilités et des protestations de tendresse inusitées. Chacun était sincère, il le faut croire ; mais l'intérêt affectueux que chacun des deux époux mettait dans ses lettres s'adressait-il bien réellement au destinataire ? De cela, il est permis d'en douter. C'est, en effet, en ce moment que l'empereur entamait avec Mᵐᵉ Walewska une liaison où il mettait un peu plus de sentiment qu'il ne l'avait fait jusqu'alors dans les quelques fredaines extraconju-

1. *Lettres de Napoléon à* é hine, t. I, pièce LXXIII, 3 décembre 1806.
2. *Id.*, t. I, pièce LX   10 décem   e, 5 heures du soir.

gales qu'on lui connaît. D'un autre côté, l'on prétendait que dans la tristesse de l'impératrice « il y avait un peu de la préoccupation d'un sentiment tendre qu'elle éprouvait depuis un an pour un jeune écuyer de l'empereur, alors absent comme lui [1]. » Ce « sentiment tendre pour le jeune écuyer » entrait-il pour quelque chose dans les instances répétées de Joséphine pour aller à Varsovie? C'est possible, et peut-être aussi, avec le désir de contenter son « sentiment tendre » avait-elle la volonté de s'opposer aux caprices amoureux que l'empereur pourrait avoir. N'est-ce pas féminin et bien dans le caractère de Joséphine?

Moins que jamais maintenant l'empereur lui permettra de venir le déranger en Pologne. « Il faut bien, lui écrit-il, se soumettre aux événements. Il y a trop de pays à traverser depuis Mayence jusqu'à Varsovie.. Je serais assez d'opinion que tu retournasses à Paris [2] ».

Quelques jours après il répond à de nouvelles instances : « Mon amie, je suis touché de tout ce que tu me dis; mais la saison est froide, les chemins très mauvais, peu sûrs, je ne puis donc t'exposer à tant de fatigues et de dangers. Rentre à Paris pour y passer l'hiver... Peut-être ne tarderai-je pas à t'y rejoindre; mais il est indispensable que tu renonces à faire trois cents lieues dans cette saison, à travers des pays ennemis [3] ».

Le lendemain, nouvelle lettre. « La saison est trop mauvaise, les chemins peu sûrs et détestables, les espaces trop considérables pour que je permette que tu viennes jusqu'ici où mes affaires me retiennent. Il

1. Mme DE RÉMUSAT, *Mémoires*, t. III, p. 113.
2. *Lettres de Napoléon à Joséphine*, t. I, pièce LXXXII, Varsovie, 3 janvier 1807.
3. *Id.*, pièce LXXXIII, Varsovie, 7 janvier 1807.

te faudrait au moins un mois pour y arrive
arriverais malade; il faudrait peut-être repartir a. .s:
ce serait donc folie [1].»

Est-ce que le bruit que Mme de Rémusat a rapporté
serait exact? On serait fondé à le croire, car l'insistance de Joséphine a quelque chose de trop pressant
pour qu'elle n'ait pas un intérêt tout à fait personnel
à venir en Pologne. N'est-elle pas du reste la plus personnelle des femmes? L'empereur qui, de son côté, a
un intérêt, personnel aussi, à ce que sa femme ne
vienne pas à Varsovie, ne se lasse pas de lui répéter
les mêmes choses. Il lui écrit le 11 janvier : « L'éloi·
gnement est trop considérable pour que je permette
que, dans cette saison, tu viennes si loin [2].» Et encore
le 23 janvier : « Il est impossible que je permette à
des femmes un voyage comme celui-ci, mauvais chemins, chemins peu sûrs et fangeux... [3]. » Et enfin :
« Je partage tes peines et ne me plains pas. Mais je
ne saurais vouloir te perdre en t'exposant à des fatigues et des dangers qui ne sont ni de ton rang ni de
ton sexe [4] »

Il était désormais inutile d'insister davantage. Joséphine le comprit et comme l'empereur insistait de
son côté pour qu'elle retournât à Paris, qu'il avait
même pour cela des raisons sérieuses, — car on lui
avait écrit que Paris semblait devenu une ville morte,
que le commerce languissait sous la double influence
de la guerre et de l'éloignement de l'impératrice, —
Joséphine se décida et revint à Paris. « Je désire que

1. *Lettres de Napoléon à Joséphine*, t. I, pièce LXXXIV,
Varsovie, 8 janvier 1807.
   2. *Id.*, pièce LXXXV, Varsovie, le 11 janvier 1807.
   3. *Id.*, pièce LXXXIX, le 23 janvier 1807.
   4. *Id.*, pièce XC, le 25 janvier 1807.

tu sois gaie, lui avait écrit Napoléon, et que tu donnes un peu de vie à la capitale. » Et Joséphine avait repris son train et son existence accoutumés.

Les lettres de l'empereur n'arrivaient pas à calmer les appréhensions jalouses de l'impératrice. « Je la voyais inquiète, a écrit Mme de Rémusat, de ce qu'elle avait appris, par quelques Polonaises alors à Paris, de la liaison de l'empereur avec une jeune femme de leur pays. L'attachement qu'elle portait à son mari se compliquait toujours beaucoup de la crainte du divorce, et, de tous ses sentiments, celui-là était, je crois, chez elle, celui qui lui parlait le plus haut. Quelquefois elle essayait dans ses lettres de glisser deux ou trois mots à ce sujet...[1] » Et l'empereur lui répondait : « J'ai bien ri en recevant tes dernières lettres. Tu te fais des belles de la grande Pologne une idée qu'elles ne méritent pas... J'ai reçu ta lettre dans une mauvaise grange, ayant de la boue, du vent et de la paille pour tout lit. »

Un autre intérêt encore dominait l'impératrice. Elle s'imaginait que si l'empereur rétablissait le trône de Pologne, comme le bruit en courait à Paris, ce serait au bénéfice de son fils Eugène[2]. Aussi, dans son impatience d'avoir les lettres de l'empereur, elle faisait des *réussites* pour savoir si elle en recevrait bientôt. Elle ne se doutait pas que, trois ans plus tard, les cartes, qu'elle aimait tant à consulter, seraient la cause déterminante de sa chute, de son divorce. « Elle avait, comme on le sait, a dit la duchesse d'Abrantès, un goût très vif pour faire des patiences, tirer les cartes et même se les faire tirer. Tous les

1. Mme DE RÉMUSAT, *Mémoires*, t. III, p. 118.
2. *Id.*, p. 102.

soirs elle avait sur une table deux jeux de cartes com-plets et les patiences allaient leur train de manière à exercer celle des auditeurs... Un soir, nous étions chez elle. Après avoir épuisé, *la grande, la petite patience, le moulin à vent, la patience de quinze* et mille autres que je ne me rappelle plus maintenant, l'impératrice voulut savoir s'il arriverait un courrier ce même soir. Il était neuf heures. — Cependant, dit l'impératrice, je ne puis me décider à m'aller coucher sans savoir si j'aurai des nouvelles ce soir.

« Elle recommença une *grande patience*. Elle n'était pas à moitié qu'elle était certaine qu'elle réussirait. Elle réussit. A peine la dernière carte fut-elle posée sur le dernier paquet, que l'archichancelier entra d'un pas grave, comme à son ordinaire, et apporta à l'impératrice une lettre de l'empereur[1]. »

En voyant que l'armée prenait ses cantonnements en Pologne, l'impératrice Joséphine s'était mise à faire, comme tout le monde, des combinaisons poli-tiques. Le bruit courait assez généralement que l'em-pereur allait relever le trône de Pologne. Mais pour qui? « Pour mon fils Eugène, » pensa Joséphine. « Pour mon mari, » pensait de son côté une ennemie de José-phine, Caroline Murat, grande-duchesse de Berg.

Chose curieuse! Cette préoccupation du trône de Pologne chez ces deux femmes les conduisit en même temps, par une association d'idées singulières, à prévoir une éventualité que les hasards de la guerre pouvaient amener un jour. C'est la nouvelle de la sanglante ba-taille d'Eylau et des dangers qu'y avait courus l'empe-reur, qui leur fit concevoir à toutes deux la même

---

1. Duchesse D'ABRANTÈS, *Mémoires*, t. VI, p. 277.

pensée. Si celui qui peut donner à qui bon lui semble le trône de Pologne vient à être enlevé par un boulet, à qui ira le trône de France, bien autrement digne d'être recherché que celui de Pologne ? « A mon fils Eugène », répondait en elle-même Joséphine. « A mon mari », répondait de son côté Mme Murat. Ces deux femmes, si elles avaient un certain sens pratique, étaient bien dénuées de sens moral.

Joséphine, craignant que son projet ne fût éventé, était devenue défiante, ombrageuse et semblait toujours craindre, dès qu'elle voyait plusieurs personnes s'entretenir ensemble, qu'elles ne conspirassent contre elle.

La grande-duchesse de Berg, elle, qui était, par nature, inaccessible à toute crainte, ne songeait qu'à s'assurer la complicité docile du général Junot, gouverneur de Paris. Son projet était, en cas de mort de l'empereur, que son mari, le maréchal Murat, grand-duc de Berg et de Clèves, fût imposé et proclamé empereur par l'armée, où sa réputation était grande, en remplacement de Napoléon. C'eût été faire revivre en France les temps les plus détestables de l'empire romain. Caroline ne négligeait rien pour mettre Junot dans ses intérêts : elle ne craignit point de devenir sa maîtresse, affecta de se compromettre ouvertement et d'afficher sa liaison avec lui pour que, le cas échéant, il n'ait rien à refuser, comme gouverneur de Paris, à celle qui n'avait rien su lui refuser elle-même.

C'était là de bien vilains calculs et de bien vilaines occupations. L'impératrice, au courant de la liaison intime de Mme Murat avec le général Junot, se méfiait de quelque machination contre elle. De plus, une autre intimité où l'amour cette fois n'avait rien à voir et ne fut même pas employé comme moyen, s'établit entre la grande-duchesse de Berg et Fouché, l'ancien ami dévoué de Joséphine. Cela n'était pas fait pour diminuer les inquiétudes de la pauvre Joséphine qui ne parvenait encore à démêler aucun fil de la trame qui se tissait à l'Élysée, mais qui voyait bien qu'il se tramait quelque chose. Et comme on ne lui parlait de rien, n'était-ce pas contre elle que se faisait la conspiration ?

Enfin elle fut distraite de tous ces tracas par la nouvelle que sa belle-fille, la vice-reine, venait de la rendre grand'mère. Le plaisir d'avoir pour petite-fille une princesse parente de tout ce qu'il y avait en Europe de têtes couronnées, lui fit oublier les ennuis dont elle composait maintenant sa vie. Et puis le jour de sa fête, le 19 mars, approchait : ce jour lui fournit d'autres sujets de distraction et d'observation.

La princesse Borghèse et la grande-duchesse de Berg, qui ne s'entendaient guère entre elles, s'entendirent cependant pour offrir ce jour-là une fête à leur belle-sœur, avec laquelle elles ne s'entendaient pas du tout. On joua une comédie qui ne parvint pas à distraire l'attention de celle qui se jouait en secret. Dans cette comédie étaient célébrées la gloire de l'empereur ainsi que la bonté et la grâce de sa compagne. Les deux princesses avaient chacune un rôle dans la pièce; le général Junot, Mme de Rémusat, sa sœur la générale de Nansouty, se partageaient les autres rôles. La pièce fut mal jouée. Les deux princesses manquaient d'entrain et de conviction : l'ensemble dès lors s'en ressentit et il ne pouvait s'en dégager cette sorte de courant électrique, cette étincelle de sympathie, ce je ne sais quoi, qui, se communiquant des acteurs au public et de celui-ci aux acteurs, fait le succès d'une pièce même médiocre.

Les relations de famille que l'empereur tenait à maintenir, en dépit des antipathies réciproques, étaient conservées, on le voit, malgré son éloignement de Paris. Du fond de la Pologne, il y veillait, comme à tout le reste. C'est ainsi qu'il écrivait de Finkenstein à sa mère, le 18 avril : « ... de ne, j'approuve fort que vous alliez à votre campa... nais tant que vous serez à Paris, il est convenable que vous diniez tous les dimanches chez l'impératrice, où est le diner de famille. Ma famille est une famille politique. Moi absent, l'impératrice en est toujours le chef... » Et en exécution de cet ordre, Madame Mère dinait tous les dimanches aux Tuileries; la princesse Borghèse, la grande-duchesse de Berg y venaient également et tout se passait comme si l'empereur était toujours aux Tuileries.

On était en plein printemps; le mois de mai était commencé, lorsqu'une triste nouvelle parvient un jour à l'impératrice : le fils aîné de la reine Hortense, son petit-fils Napoléon-Charles, vient de mourir du croup à la Haye ! Ce fut une bien cruelle douleur. Mme Murat se mit aussitôt en route pour la Hollande, afin de porter des consolations à son frère; l'impératrice la suivit quelques jours après, accompagnée de son premier chambellan, pour en porter à sa fille. Mais Hortense était inconsolable. Sa douleur faisait pitié : c'était de la désespérance, de l'anéantissement. Son mari, qui dès les premiers temps du mariage, soit par sa faute, soit par celle de sa femme, n'avait pas vécu en bonne intelligence avec elle, en fut profondément touché : le commun chagrin de ces deux époux fit ce que n'avait pu faire la prospérité, et le bonheur amer d'une douleur partagée amena un rapprochement entre eux. Louis conduisit sa femme et le fils qui lui

restait au-devant de Mme Murat et de l'impératrice.
Tous se rencontrèrent à Bruxelles et, tandis que le
roi de Hollande retournait à la Haye, la reine partait
pour la Malmaison avec sa mère, sa belle-sœur et le
petit prince de Hollande.

Un courrier avait été dépêché à l'empereur pour
lui apprendre cette cruelle mort. Il en fut attristé,
car il avait de l'affection pour cet enfant. Il écrivit à
Joséphine : « Je conçois tout le chagrin que doit te
causer la mort de ce pauvre Napoléon ; tu peux
comprendre la peine que j'éprouve. Je voudrais être
près de toi pour que tu fusses modérée et sage dans
ta douleur. Tu as eu le bonheur de ne jamais perdre
d'enfant, mais c'est une des conditions et des peines
attachées à notre misère humaine. Que j'apprenne
que tu as été raisonnable et que tu te portes bien !
Voudrais-tu accroître ma peine? Adieu, mon amie[1] ».

1. *Lettre de Napoléon à Joséphine*, t. I, pièce CXXIV,
Finkenstein, 12 mai 1807. — Cette lettre, pleine de cœur, donne
un démenti à l'accusation de dureté et d'insensibilité que l'on a
adressée à Napoléon d'après le passage suivant des *Mémoires*
de Mme de Rémusat (t. I, p. 186), à propos de la mort du fils
de Louis et d'Hortense : « Bonaparte, dit Mme de Rémusat,
paraissait aimer cet enfant, il avait placé de l'avenir sur sa
tête. Peut-être n'était-ce que pour cela qu'il le distinguait ; car
M. de Talleyrand m'a raconté que, lorsque la nouvelle de sa
mort arriva à Berlin, Bonaparte se montra si peu ému que,
prêt à paraître en public, M. de Talleyrand s'empressa de lui
dire : « Vous oubliez qu'il est arrivé un malheur dans votre
famille et que vous devez avoir l'air un peu triste. — Je ne
m'amuse pas, lui répondit Bonaparte, à penser aux morts. »
Mme de Rémusat oublie parfois qu'il ne faut pas accepter sans
contrôle les propos de son ami M. de Talleyrand, mais les
paroles que ce diplomate prête en cette occasion à l'empereur
sont trop « corses », pour qu'on puisse douter qu'il les ait pro-
noncées. Notre opinion est donc qu'il les a dites, mais peut-être
pas en cette circonstance ; d'ailleurs M. de Talleyrand ne se fût
point permis de parler à l'empereur comme le rapporte Mme de
Rémusat. On ne peut douter de la douleur réelle que Napoléon

C'est à la suite de la mort de son filleul que l'empereur conçut sérieusement l'idée du divorce. Cette mort rompait un des liens du sang qui l'attachaient à Joséphine. D'un autre côté, la naissance d'un fils qu'il eut de sa liaison avec Mlle Eléonore Denuelle de la Plaigne, lectrice de la princesse Caroline, le rassurant sur des craintes d'impuissance qu'il avait quelque temps conservées et que Joséphine n'avait pas cherché à combattre[1], cette idée du divorce une fois conçue n'allait pas tarder à faire son chemin. L'impératrice le devina, bien qu'elle n'ait pas eu connaissance de la venue au monde d'un fils de son mari ; de ce moment, la terrible appréhension du divorce s'incrusta de nouveau dans son cerveau, mais d'une façon telle qu'elle ne la quitta plus.

La bataille de Friedland termina glorieusement la campagne. L'entrevue de Tilsitt fit une paire d'amis des deux empereurs jusque-là ennemis, et Napoléon put se laisser aller à l'espoir, qui le flattait singulièrement, de s'unir à une sœur du puissant empereur Alexandre. Il écrivait plusieurs fois par semaine à Joséphine. La jalousie de l'impératrice semble avoir encore fait le fond de ses lettres, à en juger par cette réponse de Napoléon :

« Tilsitt, 8 juillet 1807.

« La reine de Prusse a été réellement charmante ; elle est pleine de coquetterie pour moi ; mais n'en sois point jalouse ; je suis une toile cirée sur laquelle

ressentit de la mort de son neveu, et, s'il a dit le mot que lui prête M. de Talleyrand, ce ne fut qu'une boutade dont on aurait tort de tirer la moindre conséquence pour ses qualités affectives.

1. Voir *La générale Bonaparte*, p. 322.

tout cela ne fait que glisser. Il m'en coûterait trop
cher pour faire le galant. »

Il lui écrivit de Dresde :

« Mon amie, je suis arrivé hier à cinq heures du soir
à Dresde, fort bien portant, quoique je sois resté
cent heures en voiture sans sortir. Je suis ici chez
le roi de Saxe, dont je suis fort content. Je suis donc
rapproché de toi de plus de moitié du chemin. —
Il se peut qu'une de ces belles nuits je tombe à
Saint-Cloud comme un jaloux ; je t'en préviens[1]. »

1. *Lettres de Napoléon à Joséphine*, t. I, pièce CXL, Dresde,
18 juillet 1807.

CHAPITRE IV

Retour de l'empereur à Paris. — Joséphine n'accueille pas ce retour avec plaisir. — Sourdes menées de Murat et de Caroline. — Hortense et Caroline. — Idées de divorce. — Joséphine refuse encore une fois de se prêter aux projets de Napoléon. — Joséphine parle trop. — Départ de Leurs Majestés pour Fontainebleau. — La cour à Fontainebleau. — Distractions amoureuses de Napoléon. — Résignation de Joséphine. — Démarche de Fouché auprès de Joséphine pour la déterminer à demander le divorce. — Joséphine refuse et se plaint à l'empereur. Feinte colère de Napoléon contre Fouché. — Mort de Mme de la Pagerie, mère de l'impératrice. — Cette mort passe inaperçue. — L'empereur part pour l'Italie. — Légèretés de Joséphine à Paris et colère de l'empereur. — Scènes de larmes. — Voyage à Bayonne. — Histoire d'une lectrice. — — Retour d'Espagne. — Napoléon à Erfürt et intrigues de M. de Talleyrand.

L'empereur revint en France au milieu de l'allégresse générale. Jamais peuple, jamais homme ne s'étaient couverts de tant de gloire. La paix, conquise au prix de bien du sang, paraissait maintenant assurée pour de longues années, et cette perspective semblait encore plus belle à la France que la gloire immortelle qui décorait les aigles impériales.

Joséphine n'avait pas accueilli le retour de l'empereur avec toute la joie qu'il eût semblé naturel qu'elle montrât. C'est que des défiances inquiètes, des incertitudes sur l'avenir mettaient une sourdine à son enthousiasme. Les réflexions que l'empereur avait faites entre la Vistule et le Niémen sur les conséquences que pourrait avoir sur son avenir la mort du fils de Louis et d'Hortense, on a vu qu'elle les avait faites, elle aussi, à Paris. Sa position ne se trouvait-elle pas ébranlée par cette mort? Louis avait bien un autre garçon, mais l'empereur reporterait-il sur lui l'affection qu'il avait pour l'aîné, qui était son filleul? Aurait-il pour lui les mêmes vues d'avenir? C'était bien douteux. La pauvre impératrice, livrée à toutes ces incertitudes, se voyait vieillir. Le sentiment de son reste de beauté qui s'en allait la tourmentait au point de la rendre malade et ne contribuait pas peu à amener plus vite ce qu'elle redoutait tant de voir arriver. Sa placide amabilité ordinaire s'en ressentit et Napoléon, ne retrouvant plus son habitude douce, ne put s'empêcher d'observer que sa Joséphine était quelque peu changée. Les idées dans lesquelles il était lui-même le prédisposaient à le remarquer davantage. Aussi en prit-il de l'humeur, lui qui n'aimait pas les figures boudeuses dans son entourage. Dès lors les idées de divorce, encore assez nuageuses dans son esprit, commencèrent à prendre des contours un peu plus déterminés. Le germe en avait été déposé à Tilsitt : la période d'incubation commença à Paris. L'attitude inquiète de Joséphine, son air contraint, activaient l'éclosion de ce qu'elle craignait.

Cependant Murat et sa femme lisaient avec la perspicacité que donnent la convoitise et la haine ce qui se passait dans l'esprit de l'empereur ; Maret et Fouché, qui n'y lisaient pas moins bien, s'entendaient avec eux pour mener une sourde campagne dont la chute de Joséphine était le but. Pour cela, il fallait détruire, chaque fois que l'occasion s'en présentait, le reste d'attachement que Napoléon pouvait encore avoir pour l'impératrice. Les efforts de ces quatre personnages allaient désormais tendre à ce résultat. Une fois ce but atteint, une fois le divorce prononcé, il ne serait pas difficile d'amener l'empereur à contracter une illustre alliance en Europe. Tel devait être l'intérêt de la France, puisque tel était l'intérêt de ces personnages.

C'est Mme Murat qui marchait à l'avant-garde, dans cette guerre d'escarmouches souterraines. Elle avait à lutter principalement avec Hortense, qui voyait clair dans cet état d'hostilités sourdes et défendait les Beauharnais en préparant les contre-attaques et faisant jouer les contre-mines.

Car Hortense, maintenant, était à Paris. Après la mort de son fils, elle était venue à la Malmaison. Elle y avait pris quelques jours de repos et s'était ensuite mise en route pour les Pyrénées : l'air pur et calmant des montagnes devait, elle l'espérait du moins, remettre plus promptement sa santé délabrée. A Cauterets elle rencontra M. Decazes, secrétaire des commandements de Madame Mère, qui venait de perdre sa femme. La sympathie naît souvent d'un commun état de douleur. M. Decazes et la reine, dont « l'état d'âme » était alors identique, se fréquentèrent assidûment et de méchants propos tenus, à tort ou à raison, sur cette intimité, arrivèrent jusqu'à Paris. Mme Murat s'en empara. Pendant ce temps, le roi Louis était allé rejoindre sa femme aux Pyrénées. L'accord semblait revenu dans ce malheureux ménage lorsque, retournant en Hollande, les deux époux firent une halte à Paris. Caroline ne craignit point de se faire auprès de son frère l'écho des bruits fâcheux qui étaient venus à son oreille. Elle sembla insinuer que la grossesse d'Hortense, résultat du nouvel essai d'entente de ce triste ménage, pouvait bien être plutôt le fruit de l'intimité de la reine avec M. Decazes. Cela suffit pour briser à jamais le bon accord si péniblement rétabli et le malheur vint de nouveau régner en maître au foyer désolé de ce couple royal.

Effrayée de l'état de maigreur et de dépérissement de sa fille, Joséphine demanda à l'empereur d'obtenir de son frère qu'Hortense demeurât à Paris et y attendît le moment de ses couches. Des médecins furent consultés : tous déclarèrent que le climat de la Hollande ne pouvait être que pernicieux à une santé déjà si fortement éprouvée. L'empereur décida donc que la reine Hortense demeurerait à Paris et Louis, mécontent, retourna seul en Hollande.

Voilà comment il se fait qu'Hortense était à Paris et luttait, de concert avec sa mère, mais plus énergiquement, plus adroitement qu'elle, et aussi plus efficacement, car elle avait quelque influence sur Napoléon, contre la cabale dirigée par Caroline. Cependant tout semblait indiquer que la victoire ne serait pas du côté des Beauharnais. L'éloignement d'Eugène, la mauvaise santé d'Hortense, la nullité de l'impératrice promettaient le succès à Mᵐᵉ Murat. Ambitieuse au delà de toute mesure, peu embarrassée de scrupules, aussi tenace dans sa volonté que dans ses rancunes, sachant plaire quand elle le voulait et séduisant adroitement les hommes qui étaient en situation de la servir, elle tenait, ce qui décuple les forces quand on sait le tenir habilement, un état de maison magnifique. Elle avait une véritable cour au palais de l'Élysée, qui était sa demeure. Sœur de l'empereur, c'est à elle qu'allaient de préférence les ambitieux, les courtisans de la fortune, et peu à peu la pauvre impératrice voyait diminuer au profit de la petite cour de l'Élysée, le nombre des gens qui, hier encore, étaient si empressés à lui porter leurs hommages, soit à ses cercles des Tuileries, soit à Saint-Cloud. Ces symptômes n'étaient-ils pas significatifs? Sa situation était-elle encore plus compromise qu'elle ne le pensait? Il était permis de le croire, car un jour l'empereur, lui parlant de la mort du jeune Napoléon, de la frêle santé du second fils de Louis, de l'incertitude de l'avenir et du besoin qu'avait la France de compter sur un héritier légitime du trône, se laissa aller, dans une conversation plus longue et plus expansive que d'ordinaire, à dire qu'il lui faudrait bien en arriver à divorcer et à épouser ensuite une femme qui lui donnât des enfants. Il ne put aborder cette question sans éprouver une vive émotion qui montrait ce que la délicatesse de son cœur souffrirait à immoler ses sentiments, ses habitudes, à la raison d'État. « Si pareille chose arrivait, dit-il, alors ce serait à toi, Joséphine, de m'aider à un tel sacrifice. Je compterais sur ton amitié pour me sauver de tout l'odieux de cette rupture forcée. Tu prendrais l'initiative, n'est-ce pas? Et, entrant dans ma position, tu aurais le courage de décider toi-même de ta retraite[1]. »

Ces paroles sont singulières et remarquables. Elles montrent combien l'empereur avait toujours d'affection pour cette femme qui ne lui avait pourtant donné que des sujets de mécontentement depuis qu'il l'avait épousée, et qui, depuis quelque temps, le régalait, pour toute marque de tendresse, de scènes de jalousie

---

1. Mme DE RÉMUSAT, *Mémoires*, t. III, p. 281.

qui troublaient son repos. Elles montrent aussi que Napoléon n'avait pas le courage d'aborder de front et nettement cette question du divorce, ouverte par les inconséquences de Joséphine presque au lendemain de son mariage et qui rongeait sourdement et sans relâche le repos de ce ménage, comme certaines plaies qui ne se ferment jamais et qui nécessitent un jour l'amputation du membre malade : cette situation exigeait une décision radicale et énergique. Mais cette énergie, l'empereur ne l'avait pas. Devant Joséphine, son amour du temps de l'Italie, si intimement lié à sa gloire, toute sa jeunesse et toutes les illusions qui avaient formé cet amour se dressaient devant lui avec toute la force de vieux amis que l'on est sur le point d'abandonner, à qui l'on va dire adieu pour toujours, et il sentait alors mollir en lui toute volonté. De la volonté? Est-ce qu'il avait pu en avoir, en Italie, pour répudier cette femme qui le trompait d'une façon aussi sotte qu'effrontée? Est-ce qu'il avait pu en avoir, à son retour d'Égypte, pour la châtier de ses infidélités nouvelles? Est-ce que les amoureux en ont jamais eu devant la femme qu'ils aiment ou dont ils ont l'habitude? Comment en aurait-il maintenant qu'il n'avait, depuis longtemps, rien de bien grave à lui reprocher, tandis que de son côté n'avait-il pas, lui, quelques peccadilles sur la conscience? Dans son attendrissement à la pensée de se séparer pour jamais de sa femme, il lui prêtait des sentiments de générosité et de grandeur qu'elle ne pouvait même pas comprendre; il s'illusionnait au point de penser qu'elle prendrait elle-même l'initiative de cette pénible négociation pour lui éviter le chagrin de le faire lui-même. C'était oublier le passé et mal connaître Joséphine, c'était ignorer sa sécheresse de cœur qui avait la partie trop belle pour ne pas se donner maintenant l'apparence de la noblesse des sentiments. Joséphine, à cette proposition de l'empereur, prit son grand air de dignité offensée qui lui en imposait toujours un peu, et déclara que, épouse soumise, elle obéirait à son mari, mais ne serait dans aucun cas la première à lui conseiller une action que son cœur, que sa conscience condamnaient. « Sire, dit-elle, vous êtes le maître et vous déciderez de mon sort. Quand vous m'ordonnerez de quitter les Tuileries, j'obéirai à l'instant; mais c'est bien le moins que vous l'ordonniez d'une manière positive. Je suis votre femme; j'ai été couronnée par vous en présence du pape; de tels honneurs valent bien qu'on ne les quitte pas volontairement. Si vous divorcez, la France entière saura que c'est vous qui me chassez, et elle n'ignorera ni mon obéissance, ni ma profonde douleur. » Ce langage, avec son apparence de dignité et de grandeur qui dissimulait mal un réel manque de dignité et une véritable petitesse, impressionnait cependant l'empereur. Chaque fois qu'il essayait de revenir sur ce sujet, Joséphine, qui avait trouvé le moyen de le réduire au silence, ne manquait pas de débiter sa grande tirade. Napoléon en était on ne peut plus malheureux et cette situation lui pesait tellement qu'elle lui arrachait des larmes amères.

Si l'impératrice montrait de la ténacité pour défendre sa situation, quelque peu enviable qu'elle fût devenue puisqu'elle la faisait vivre dans des transes perpétuelles, une détente inévitable se produisait dans ses nerfs dès qu'elle n'était plus en présence de l'empereur. Elle pleurait alors tout ce qu'elle avait de larmes; sa douleur, pour être grande, n'en était pas muette, loin de là, et elle racontait à ses femmes, dames du palais, dames d'honneur ou simples femmes de chambre, tout ce qu'elle pouvait avoir à reprocher à son mari. C'était son ingratitude à vouloir l'abandonner, maintenant qu'il s'était servi d'elle et de son influence dans le monde pour devenir ce qu'il était devenu; c'était son amour qu'il méconnaissait, l'indulgence qu'elle avait pour ses infidélités, dont il ne lui savait aucun gré. Et, s'excitant elle-même, elle en arrivait dans le feu de son indignation, à lui prêter d'odieuses inspirations. « Je ne lui céderai jamais, disait-elle; je me conduirai certainement comme sa victime; mais si j'arrive à le trop gêner, qui sait ce dont il est capable, et s'il résisterait au besoin de se défaire de moi[1]? » Ces propos arrivaient jusqu'à l'empereur et l'affligeaient tout en lui causant une sourde irritation, mais leur résultat était de le confirmer dans sa détermination de divorcer.

« Joséphine est décidément vieille, dit-il à son frère Louis dans l'entrevue qu'il eut avec lui, à Mantoue, environ un mois après son retour de Fontainebleau, et, comme elle ne peut plus avoir d'enfants, elle en est fort triste et fort ennuyeuse. Elle craint le divorce ou même pire. Figurez-vous que cette femme-là pleure toutes les fois qu'elle a une mauvaise digestion, parce qu'elle dit qu'elle se croit empoisonnée par ceux qui veulent que je me marie avec quelqu'un autre. C'est détestable[2]. »

Les choses en étaient là, l'empereur fort ennuyé de ne savoir comment il amènerait sa femme à ses désirs, et Joséphine s'entêtant à vouloir conserver une position dans laquelle elle était fort malheureuse, lorsque

<hr>

1. Mme DE RÉMUSAT, *Mémoires*, t. III, p. 283.
2. Th. JUNG, *Lucien Bonaparte et ses Mémoires*, t. III, p. 105.

Napoléon donna l'ordre à la cour de se préparer à l'accompagner à Fontainebleau.

Le 21 septembre, il partit avec l'impératrice. Toute la cour suivit. Jamais elle n'avait été plus brillante ni plus nombreuse. A peine les souverains furent-ils installés au château, qu'on vit arriver la reine de Hollande, la reine de Naples, le roi et la reine de Westphalie mariés depuis un mois, le grand-duc et la grande-duchesse de Berg, la princesse Borghèse, le grand-duc et la grande-duchesse (Stéphanie) de Bade, le prince-primat, le grand-duc de Wurtzbourg, les princes de Mecklembourg et de Saxe-Cobourg, les ministres, les grands-officiers, quelques maréchaux, etc. Joignez les chambellans, les dames d'honneur, les dames d'atours, les maisons des princesses, les dames du palais... Tout cela faisait un monde énorme.

Pour qu'il y eut de l'ordre au milieu d'une foule pareille, l'empereur avait fait une sorte de règlement auquel rien ne pouvait être changé. Il avait été assigné à chacune des princesses et à quelques-uns des personnages les plus considérables, un jour par semaine où ils devaient recevoir ; l'empereur se réservait de réunir aussi une fois par semaine tous ses hôtes. Le programme des divertissements, musique, jeu, danse, dîners, théâtre, tout était réglé d'avance, comme les étapes des différents corps d'une armée en campagne. Le matin, quand le temps était beau — et l'automne fut superbe cette année — on chassait dans la forêt, on y déjeunait. Pour que ces réunions et ces chevauchées sous la feuillée fussent plus brillantes, l'empereur voulut que les femmes eussent un costume de chasse, un *uniforme*. Cette nouveauté plut à l'impératrice, à qui un rien suffisait pour changer les idées, et éloigna pour un temps ses pensées moroses.

Elle se fit faire un costume en velours amaranto brodé d'or avec une toque également garnie d'or et surmontée de plumes blanches ; la princesse Borghèse et la grande-duchesse de Berg choisirent aussi leurs couleurs. La couleur des dames du palais fut d'abord celle de l'impératrice, mais elles la changèrent bientôt et leur *tenue* fut en casimir chamois avec le collet et les parements de l'amazone en drap vert brodé d'argent ; le chapeau était de velours noir avec un grand panache de plumes blanches.

Ces frivoles questions de toilettes agitèrent quelques jours la cour la plus sérieuse du monde. Lorsque tout fut réglé, que les costumes furent faits, rien n'était plus gracieux que de voir passer au grand trot, à travers les futaies, toute la suite des voitures impériales garnies de femmes en uniforme de chasse. Les plumes blanches, les éclats de rire, les crinières, tout cela volait au vent sous les voûtes déjà jaunissantes des arbres. La forêt, encore assoupie dans le brouillard du matin, se réveillait lentement au bruit des coups de fouet et des grelots et sous les pâles rayons du soleil d'automne. Tout à coup, les sons cuivrés des trompes disaient dans le lointain que la chasse était commencée : des daims effarés se sauvaient au travers des taillis et l'empereur paraissait parfois, courant comme le vent sur son petit cheval arabe : la meute de ses courtisans se précipitait à sa suite ; tous ces cavaliers arrondissaient le dos, sautant sur leurs selles, et disparaissaient bientôt sous la futaie au milieu d'un tourbillon de poussière et d'acclamations. Le galop des chevaux, les cris, se taisaient peu à peu dans l'éloignement et le grand silence des bois reprenait, solennel et mystérieux.

L'impératrice, dans l'entraînement de cette vie de

futilités et de fêtes continuelles, était dans son élément et retrouvait sa bonne humeur d'autrefois. Parée plus que jamais, ordonnée dans son désordre, elle déjeunait avec sa fille et ses dames. Elle passait ensuite dans son salon pour recevoir ses visites. Les dames qui n'aimaient pas à rester inoccupées avaient le droit d'y apporter et de faire leurs petits ouvrages, et « cela n'était pas inutile pour soutenir la fatigue d'une conversation oiseuse et insignifiante. Mme Bonaparte n'aimait pas à être seule et n'avait le goût d'aucune occupation [1]. » A quatre heures chacun rentrait chez soi et faisait sa toilette pour le dîner qui avait lieu à six heures. L'empereur faisait généralement avec l'impératrice une promenade en calèche avant dîner. Dès qu'on quittait la table, on se rendait, vers huit heures, chez la princesse ou le personnage dont c'était le tour de recevoir. On se plaçait en cercle et l'on attendait, se regardant sans mot dire. L'impératrice faisait la première son entrée, circulant tout autour du salon et sachant dire avec grâce une parole directement convenable — c'était son grand talent — à chaque personne à qui elle s'adressait ; elle laissait ainsi tout le monde sous le charme de sa bonté et personne ne songeait alors à ses faiblesses et à ses malpropretés morales et financières d'autrefois. Après cela, elle prenait place sur son trône et attendait sans rien dire, comme tout le monde, que l'empereur arrivât. Quand il était arrivé, l'on donnait le signal des danses. Et tous les jours c'était la même chose.

L'ennui que donnaient à la longue ces divertissements, la monotonie de cette vie factice et fastidieuse, réglée comme celle d'un régiment dans sa caserne,

____

1. Mme DE RÉMUSAT, *Mémoires*, t. III, p. 232.

n'échappait pas à l'empereur et il s'en impatientait tout le premier. Il sut s'y soustraire, quant à lui, par une intrigue amoureuse ou plutôt galante, car le cœur, encore occupé de Mᵐᵉ Walewska, n'y entra pas pour grand'chose. Cette fois, ce ne fut pas une Polonaise mais une Génoise qui servit à « amuser l'inamusable. » Mᵐᵉ Gazzani, femme d'un receveur général en Italie, placée sur la recommandation de M. de Talleyrand auprès de Joséphine en qualité de lectrice, avait cru que son devoir envers l'empereur lui permettait de manquer à son devoir envers son mari et se tenait docilement aux ordres du Maître. Fort belle, elle était aussi obéissante qu'elle était belle. Elle se rendit donc aux désirs de l'empereur avec la même simplicité qu'elle eût fait une lecture si la chose lui avait été commandée, et la lectrice lut avec l'empereur plus d'une page du livre d'amour. L'impératrice, d'abord quelque peu effarouchée, retomba dans son indifférence : elle n'était plus jalouse; n'était-elle pas lasse de l'être sans cesse ? Napoléon lui dit qu'il avait besoin de distractions, que Mᵐᵉ Gazzani n'était pas pour lui une liaison, mais une fantaisie, un simple passe-temps, une curiosité des sens tout au plus, et que cela ne durerait pas. Joséphine se résigna, avec une complaisante bonne grâce cette fois, à subir le nouveau caprice de son époux. Sa manière d'être avec la lectrice favorite ne changea pas; pourquoi aurait-elle changé, puisque Mᵐᵉ Gazzani avait pour elle une très sincère affection ? Est-ce qu'elle ne s'était pas remise bien avec Mᵐᵉ Duchâtel ? Elle était même si bien avec elle qu'elle l'avait emmenée à Fontainebleau : l'empereur semblait l'avoir à peu près oubliée et, s'ils se réunissaient parfois, personne n'en savait rien. Ne valait-il pas mieux fermer les yeux pour Mᵐᵉ Gazzani comme elle eût mieux fait de le faire précédemment pour Mme Duchâtel? Du reste, l'empereur avait dit : « Il ne faut pas que les femmes tourmentent les maris, ou bien ils en feront davantage. »

L'impératrice pouvait bien, elle, fermer les yeux, mais elle ne pouvait fermer ceux des gens de la cour; elle pouvait encore moins fermer les bouches. Les langues, en effet, commençaient à marcher, mais elles durent bientôt s'arrêter et il ne fut plus question de cet incident.

On vit aussi l'empereur, pendant ce voyage de Fontainebleau, fort occupé de Mme de B... (sans doute Mme de Barral), dame pour accompagner la princesse Borghèse ; mais si ses empressements, au grand scandale de la cour, ne furent pas accueillis de celle qui en était l'objet, ils ne laissèrent point de causer quelque alarme à Joséphine. Enfin l'empereur renonça bientôt à une entreprise où il voyait bien qu'il ne pouvait réparer un premier échec, et l'impératrice fut vite rassurée.

Les jours se suivaient, non sans apporter un certain ennui causé par la continuité des fêtes, par la fatigue du masque officiel qu'il fallait avoir constamment collé au visage, et par cette contrainte de tous les instants dont on ne pouvait se défaire devant Napoléon. Les chasses, les dîners, les spectacles allaient leur train. Les princes allemands, à qui cette splendeur et cette mise en scène en imposaient peut-être plus que la gloire prodigieuse et le génie écrasant de Napoléon, se sentaient là tout petits garçons, paraissaient quelque peu intimidés et courtisaient jusqu'au moindre courtisan. Le prince de Mecklembourg-Schwerin, qui était venu pour solliciter de l'empereur quelques faveurs qu'il n'obtenait pas, se rejeta sur l'impératrice, pensant être plus heureux auprès d'elle. Ses hommages furent accueillis avec une patience toute gracieuse. Cette complaisance, cette amabilité laissèrent sous le charme le prince allemand. Il revint auprès de Joséphine et prit un plaisir visible à causer avec elle ; il y retourna ensuite assidûment. Ce petit manège ne pouvait passer inaperçu ; l'on en causa. La chose vint jusqu'aux oreilles de l'empereur qui en rit tout d'abord. Mais bientôt, ennuyé, il fit dire à Joséphine qu'il ne voulait point qu'elle tolérât des assiduités qui pouvaient prêter à .des plaisanteries. Au reste, dans le tourbillon de ces fêtes continuelles, Joséphine sut avoir une conduite sérieuse et digne. « J'ignore absolument, a dit Mme de Rémusat, le secret de son intime intérieur, et je l'ai toujours vue presque exclusivement occupée de sa position et tremblant de déplaire à son mari. Elle n'avait aucune coquetterie ; toute sa manière extérieure était décente et mesurée ; elle ne parlait aux hommes que pour tâcher de découvrir ce qui se passait, et ce divorce suspendu sur sa tête faisait l'éternel sujet de ses plus grands soucis[1]. »

Joséphine, en effet, sentait qu'elle marchait sur un terrain mouvant où le moindre faux pas eût été rapporté, grossi et exploité habilement par ses ennemis ; aussi se conduisait-elle avec la plus grande circonspection, elle, qui jamais auparavant ne s'était observée dans sa conduite ; elle ne se permettait plus de faire des scènes de jalousie à son mari ; une réclamation sur un ton de bonté résignée, et c'était tout. Elle avait appris qu'il était plus habile, sinon plus digne, de fermer les yeux sur certaines fredaines que des scènes

1. Mme DE RÉMUSAT, *Mémoires*, t. III, p. 241.

n'auraient pas empêchées de suivre leur cours, et l'égoïste politique de ménage la faisait pencher du côté de l'habileté plutôt que du côté de la dignité.

Les choses allaient ainsi lorsqu'un jour le ministre de la police, qui avait l'habitude de venir passer à Fontainebleau les samedis, dimanches et lundis, fut retenu par l'empereur à dîner. L'air satisfait qu'avait Napoléon ce jour-là attira particulièrement l'attention défiante de l'impératrice. Fouché avait été sous le Consulat et au commencement de l'Empire en fort bons termes avec Joséphine; il avait eu à cette amitié un certain intérêt, et Joséphine, on le sait, en avait eu un non moins certain[1]. Depuis, leur situation réciproque s'était modifiée. Fouché, qui pensait comme le duc de la Rochefoucauld que l'amour-propre, c'est-à-dire l'égoïsme, est le mobile de toutes les actions humaines et qui était trop personnel pour ne pas avoir pris pour règle de conduite cette observation plus ou moins juste du célèbre auteur des *Maximes*, s'était un peu éloigné de Joséphine. Son intérêt était alors que l'état de choses créé par Napoléon sur les ruines de l'ancien régime et de la Révolution fût durable, et il ne pouvait l'être que si l'empereur avait des descendants pour fonder sa dynastie. Joséphine, vieillie, ne pouvait lui en donner. Le divorce était donc une nécessité d'État. Mme Murat, qui pensait absolument de même, avait eu le talent de rapprocher d'elle le ministre de la police, et, dans des conciliabules auxquels M. Maret fut invité à donner son avis, la nécessité du

1. Sous le Consulat, elle recevait de Fouché, pour espionner son mari, une somme de mille francs par jour. Voir *La générale Bonaparte*, p. 315-318.

divorce de l'empereur avait été reconnue. Mais comment arriver à déterminer Napoléon à cette extrémité? C'était bien difficile. Le ministre de la police s'en chargea.

Fouché n'était pas, à proprement parler, un homme d'action; mais quand il avait décidé une chose et que son intérêt était de l'exécuter promptement, il ne perdait pas son temps à attendre les occasions; il savait fort bien les provoquer. Le jour où il avait été retenu par l'empereur, une fois le spectacle terminé, vers minuit, et alors que chacun venait de se retirer chez soi, un valet de chambre de Joséphine vint frapper à la porte de M. de Rémusat, chambellan de l'empereur, et lui dit que l'impératrice voulait le voir sur-le-champ. M. de Rémusat se rendit aussitôt à ses ordres et trouva une femme dans la désolation, à demi déshabillée et le visage bouleversé. « Je suis perdue, s'écria-t-elle; tenez, lisez! » Et elle lui tendait un grand papier. C'était une lettre, une longue lettre signée de Fouché. Le ministre de la police « commençait par protester de son ancien dévouement pour l'impératrice et l'assurait que c'était même par suite de ce sentiment qu'il osait lui faire envisager sa position et celle de l'empereur. Il le lui représentait puissant, au comble de la gloire, maître souverain de la France, mais redevable à cette même France de son présent et de l'avenir qu'elle lui avait confié. « Il ne faut pas se le dissimuler, madame, disait-il, l'avenir politique de la France est compromis par la privation d'un héritier de l'empereur. Comme ministre de la police, je suis à portée de connaître l'opinion publique et je sais qu'on s'inquiète sur la succession d'un tel Empire. Représentez-vous quel degré de force aurait aujourd'hui le trône de Sa Majesté s'il était appuyé sur l'existence d'un fils ! [1] »

Fouché donnait à ces arguments tous les développements qu'il convenait et, il faut le reconnaitre, ses raisonnements n'étaient pas dénués d'une certaine valeur. Il abordait ensuite la délicate question du sentiment. Jamais l'empereur ne se déciderait, avec son cœur toujours si tendre pour sa bien-aimée Joséphine, à lui demander un sacrifice aussi douloureux. Mais la France, elle, avait besoin que ce sacrifice se fît. Eh bien, que l'impératrice, élevant son cœur au-dessus des sentiments ordinaires de l'humanité, prenne héroïquement les devants, qu'elle s'immole elle-même sur l'autel de la patrie : jamais l'histoire n'enregistrerait action plus méritoire et l'antiquité n'offrait rien de plus beau à l'admiration des siècles. En terminant, le ministre de la police suppliait l'impératrice de lui pardonner cette démarche hardie ; il ajoutait que l'empereur l'ignorait absolument et que, dans sa conviction, il l'en blâmerait fort s'il en avait connaissance. L'intérêt supérieur de la patrie l'avait seul déterminé à la tenter.

Ce n'était pas une raison pour le croire. Jamais Fouché ne se serait avancé et compromis de la sorte s'il n'avait su devoir être agréable à celui au nom duquel il avait en quelque sorte parlé. Il est certain même qu'il exécutait ses ordres. Mais, ces ordres, il est non moins certain que c'est lui, Fouché, qui avait su les provoquer.

— Que faire ? dit Joséphine à M. de Rémusat, dès que le chambellan eût terminé la lecture de cette lettre singulière.

— Madame, répondit-il, je vous conseille fort d'al-

1. Mme DE RÉMUSAT, *Mémoires*, t. III, p. 290.

ler à cet instant même chez l'empereur, s'il n'est pas couché, ou d'y entrer demain de fort bonne heure. Songez qu'il ne faut pas que vous ayez eu l'air de consulter personne. Faites-lui lire cette lettre, observez-le si vous pouvez ; mais, quoi qu'il en soit, montrez-vous irritée de ce conseil détourné et déclarez-lui de nouveau que vous n'obéirez qu'à un ordre positif qu'il prononcera lui-même[1].

Comme c'était son propre avis qui venait de lui être formulé là, Joséphine n'eut aucune peine à se décider à le suivre et elle remit au lendemain son entrevue avec l'Empereur[2].

Napoléon, voyant qu'au lieu d'une demande de divorce l'impératrice lui apportait une demande d'explications, fut repris par ses indécisions. Devant sa femme il n'osait, ayant déjà subi plus d'un échec, avouer franchement ses intentions et sa faiblesse devenait alors plus forte que sa volonté. Il ne se fit point scrupule de *lâcher* complètement Fouché. Il parut outré de ce que son ministre de la police s'était permis une démarche pareille ; c'était un excès de zèle, un empiètement sur son autorité, et ce personnage était bien osé d'avoir agi de la sorte sans son avis ; mais, il savait si bien que l'empereur ne l'eût point permis, qu'il s'était passé de son autorisation. Il saurait bien, du reste, punir comme elle le méritait, une démarche aussi impertinente. Il termina en prodiguant les consolations et les caresses à sa femme et lui répéta qu'il

---

1. Mme DE RÉMUSAT, *Mémoires*, t. III, p. 291.

2. M. de Lavalette dit que Joséphine l'envoya chercher, ce même soir, qu'il descendit dans son appartement par un escalier dérobé, qu'il trouva l'impératrice tout émue, abattue par une profonde commotion et qu'elle lui confia que Fouché sortait de chez elle et lui avait fait la proposition qu'on vient de lire. (Comte DE LAVALETTE, *Mémoires*, t. II, p. 39.)

ne fallait pas croire qu'il eût donné son assentiment à cette affaire qu'il ignorait.

L'impératrice le quitta convaincue du contraire. « Fouché n'a pas réussi, aussi il le désavoue, pensait-elle ; c'est clair comme le jour. » Et cette fois la perspicacité de Joséphine n'était point en défaut. Son sort était fixé ; le moment de sa chute était seulement ajourné à une occasion plus favorable.

Ce n'était pas, il faut le répéter, sans l'assentiment de l'empereur que Fouché avait écrit à Joséphine cette importante lettre. Prévoyant depuis quelque temps que l'empereur en arriverait forcément au divorce à cause du besoin qu'il avait d'un héritier pour fonder sa dynastie, mais craignant que l'empereur n'employât M. de Talleyrand pour les négociations de cette affaire, Fouché avait voulu enlever à celui-ci l'honneur, s'il est permis d'employer ce mot en une pareille affaire, de les conduire, et surtout les avantages qui en découleraient. Il prit donc les devants et, avec son habileté insinuante, « il sut parvenir à se faire ordonner ou au moins à proposer le rôle de médiateur entre l'empereur et l'impératrice pour une pareille négociation. » Voici comment il y était parvenu. Avec la même habileté audacieuse, il avait commencé à faire tenir des propos et soutenir des conversations dans les cafés sur la nécessité du divorce de l'empereur ; « la France ne pouvait pas, disait-on, demeurer sans qu'il y eût un héritier de la couronne ; il fallait que cet héritier fût du sang de l'empereur, et légitime ; tout autre ne pouvait convenir. » Des rapports sur ces propos et conversations furent faits au ministre de la police par ceux-là mêmes qui les avaient lancés et soutenus ; ils entraient dans les détails les plus précis, et donnaient les noms des cafés et autres lieux publics où l'on avait parlé de cette question du divorce. Ces rapports, placés sous les yeux de l'empereur lui firent croire qu'en effet le public s'occupait d'une question dont lui seul s'embarrassait et dont Fouché le voulait débarrasser.

En même temps, le ministre de la police lançait adroitement, dans son propre salon, l'annonce d'un divorce prochain et cette grosse nouvelle faisait rapidement son chemin, tant en France qu'à l'étranger.

M. de Talleyrand s'apercevait fort bien que Fouché voulait lui enlever le mérite de résoudre cette question. Il n'était pas l'ennemi du divorce de l'empereur, loin de là. Tout en rendant justice à certaines qualités que pouvait avoir Joséphine, il pensait, comme l'a répété Stanislas Girardin, qu' « elle n'avait point assez d'esprit pour être intrigante et qu'une femme comme elle était une chose trop rare à la place qu'elle occupait pour ne pas désirer de vouloir l'y conserver[1]. »

Les raisons qui poussaient Fouché à désirer le divorce de l'empereur avaient déterminé M. de Talleyrand à le vouloir également. Leur opinion ne différait que sur le choix du moment. Fouché le voulait immédiat; Talleyrand qui méditait une alliance de l'empereur avec la maison d'Autriche et non avec la famille impériale de Russie, comme l'eût souhaité Fouché, était d'avis d'attendre encore et avait pour cela des motifs très plausibles. C'est pour cette double raison qu'en la circonstance il parut prendre les intérêts de l'impératrice. Il parla à l'empereur des inconvénients que présentait la manière de faire de Fouché; c'était, disait-il, des procédés de policier

---

1. Stanislas GIRARDIN, *Journal et Souvenirs*, t. I, p. 199.

indignes de la majesté de l'empereur. Napoléon apprécia la justesse des motifs que lui faisait valoir M. de Talleyrand et défendit à Fouché de lui reparler de cette question. Pour donner satisfaction à l'impératrice, il avait écrit de Fontainebleau, le 5 novembre 1807, à son ministre de la police, la lettre suivante : « Monsieur Fouché, depuis quinze jours il me revient de votre part des folies ; il est temps enfin que vous y mettiez un terme, et que vous cessiez de vous mêler, directement ou indirectement, d'une chose qui ne saurait vous regarder d'aucune manière ; telle est ma volonté. » Dès lors on ne parla plus de divorce dans les cafés. Fouché chercha une autre solution à la question. L'impératrice reprit un peu de courage, mais il était facile de voir que la cordialité d'antan n'existait plus dans le ménage impérial ; l'empereur fuyait le tête-à-tête avec sa femme ; quand il ne pouvait l'éviter, il y avait de la contrainte dans son attitude, de la gêne dans son langage : les deux époux ne pouvaient se trouver seuls sans quil n'y eût entre eux le spectre du divorce. Cette situation leur était pénible à l'un et à l'autre. Et voilà pourtant à quelle situation se rattachait si désespérément l'impératrice !

C'est pendant ce séjour à Fontainebleau que la nouvelle parvint de la mort de Mme la Pagerie, mère de l'impératrice. Cette mort passa inaperçue. Un deuil aurait interrompu les fêtes : il n'en fut donc point question. L'empereur, qui était décidé au divorce et qui croyait avoir le courage de le faire prononcer dans un temps fort rapproché, comme l'indiquent suffisamment les agissements de Fouché, ne voulait point que cette mort fût connue. Répudier sa femme au moment où la frappait un grand deuil eût pu lui aliéner bien des sympathies. Et puis, si l'on annonçait cette mort, il fallait que la cour prît le deuil et, une fois le divorce prononcé, c'eût été encore une complication que de savoir s'il fallait garder ou abandonner le deuil de la mère d'une femme répudiée par l'empereur; en le gardant, on eût eu l'air de garder le deuil de Joséphine renvoyée. Il était plus simple de ne rien dire, et c'est ce qui fut fait. Mais cela montre que Napoléon commençait à ne plus regarder Joséphine comme l'impératrice : si la mort de Mme La Pagerie était survenue quelques années avant, les choses ne se seraient point passées ainsi.

L'empereur quitta Fontainebleau le 16 novembre, pour faire un voyage en Italie, et l'impératrice rentra à Paris. Quelques-uns des princes étrangers qui avaient admiré la splendeur des fêtes de Fontainebleau restèrent quelque temps à Paris avant de regagner leurs États. Ils allaient fréquemment aux Tuileries présenter leurs hommages à l'impératrice; les deux princes de Mecklembourg y venaient tous les jours et celui de Schwerin continua à Paris, auprès de Joséphine, les assiduités commencées à Fontainebleau. On faisait de la musique, on jouait beaucoup plus qu'on ne causait. Les personnes de la cour crurent remarquer cependant que l'impératrice parlait un peu plus au prince de Mecklembourg-Schwerin qu'aux autres personnes. On en rit un peu. Cela n'avait pas la moindre importance et Joséphine elle-même en plaisanta avec les dames du palais. Mais l'empereur, à qui l'on manda en Italie cet incident insignifiant, ne plaisanta pas. Il écrivit et réprimanda sa femme à ce sujet. Quelques jours après, nouvelles réprimandes, plus sévères que les premières, pour une non moins insignifiante vétille. Joséphine avait toujours eu le goût des petits théâtres. On jouait justement, dans l'une de ces salles, pendant l'absence de l'empereur, une pièce assez amusante qui faisait courir tout Paris. L'impératrice voulut faire comme tout le monde et décida qu'elle irait la voir. Elle donna donc l'ordre à M. de Rémusat de lui retenir une loge et elle y alla un soir *incognito* avec quelques-unes de ses dames et les deux princes de Mecklembourg. L'empereur, dont la police secrète était décidément aussi zélée que bien renseignée, fut aussitôt avisé de la petite distraction que s'était offerte l'impératrice. Il entra dans une violente colère et lui écrivit sur-le-champ une lettre de feu, lui reprochant de ne pas savoir garder sa dignité. C'était, cette fois-ci, un reproche fort exagéré, mais cette exagération n'était-elle pas voulue? L'empereur, ce semble, grossissait intentionnellement les torts minimes de sa femme, il semblait même chercher des motifs de mécontentement pour avoir un prétexte au divorce, qui était décidé dans sa pensée, mais qu'il n'avait pas le courage de faire prononcer franchement sans recourir à de mesquins subterfuges. Ah! si M. Hippolyte Charles était venu maintenant et non pas dix ans plus tôt, le remplacer auprès de sa femme pendant son absence [1]! Cette fois, comme il eût montré les dents! Mais Joséphine, qui connaissait bien les dispositions présentes de son mari, s'observait autant qu'elle était capable de le faire, et l'empereur, que sa propre faiblesse devant sa femme mettait de mauvaise humeur, s'en prenait naturellement à elle. Le divorce était si bien arrêté dans son esprit que, lors de son

1. Voir *La générale Bonaparte*, p. 155.

entrevue avec son frère Lucien à Mantoue, quelques jours après avoir envoyé sa seconde lettre de reproches à l'impératrice, en voulant contraindre son frère à divorcer, il lui déclara que sa résolution à lui était prise et qu'il voulait épouser une femme qui lui donnât des enfants [1]. Quant à Lucien, on a beaucoup vanté son attachement conjugal et son désintéressement devant les offres brillantes que lui faisait Napoléon ; il se serait laissé tenter s'il n'avait été dominé par l'ascendant autoritaire bien plutôt que par l'amour de celle qu'il avait prise pour femme. Ce sentiment ressemble bien plus à de la faiblesse qu'à de la fermeté et ne mérite pas tant d'éloges.

L'empereur pensait donc toujours au divorce, mais il ne voulait pas qu'on y pensât et encore moins qu'on en parlât. Il se réservait de le faire prononcer lorsqu'il en trouverait le moment arrivé. Il prit ses premières dispositions en adoptant le prince Eugène : ce devait être pour Joséphine une consolation dans son chagrin. C'est le 20 décembre, à Milan, qu'il promulgua le statut constitutionnel par lequel, à défaut d'enfants mâles et légitimes dans sa descendance directe, il adoptait le prince Eugène pour son fils et son successeur à la couronne d'Italie. Joséphine n'aura donc aucune inquiétude à avoir sur l'avenir de son fils : il est assuré.

Fouché, bien persuadé que cette question du divorce ne tarderait pas à être tranchée, ne se gênait pas, malgré les ordres de Napoléon, pour en parler dans son salon. Il s'attira ainsi une verte réprimande de l'empereur qui lui écrivit de Venise, le 30 novembre, pour lui enjoindre de se taire. Tout autre se le fût

---

1. Voir plus haut, p. 115.

tenu pour dit et n'aurait plus songé à aller contre la volonté de l'empereur. Fouché, avec un mépris, superbe des réprimandes qu'il recevait, sûr que, si l'empereur le désavouait publiquement, il approuvait intérieurement une campagne qui préparait le terrain et facilitait un dénouement que son intention ne pouvait être d'ajourner à un avenir trop éloigné, mais ne s'apercevant pas, d'un autre côté, que l'empereur voulait aussi épargner à la malheureuse Joséphine une douleur prématurée, Fouché poursuivait sans s'émouvoir l'exécution de ses plans et parlait du divorce devant des sénateurs comme d'une chose arrêtée.

Napoléon revint d'Italie. L'hiver se passa brillamment. On inaugura aux Tuileries, en même temps que la belle salle des fêtes que l'empereur avait fait construire, une nouvelle et heureuse disposition : les jours de grand gala ou de cercle, quand il y avait spectacle, une distribution de billets pour les galeries supérieures était faite à des personnes de la ville. Il y eut cet hiver, comme les hivers précédents, un grand nombre de bals parés et masqués. Au milieu de ces fêtes auxquelles Napoléon prit une assez grande part, le divorce fut plus d'une fois sur le point de se faire ; mais la faiblesse de l'empereur l'emportait toujours sur sa volonté au moment décisif. « Quel diable d'homme ! disait M. de Talleyrand avec humeur, quel diable d'homme pour s'abandonner sans cesse à son premier mouvement et ne pas savoir ce qu'il veut faire ! Eh ! qu'il se décide donc, qu'il ne nous laisse point ainsi jouets de ses paroles et ne sachant réellement sur quel pied nous devons nous tenir avec lui ! [1] »

______

1. Mme DE RÉMUSAT, *Mémoires*, t. III, p. 312.

Voici l'incident qui avait causé l'impatience de M. de Talleyrand : Un soir, après avoir dîné comme de coutume avec l'impératrice, Napoléon se sentit souffrant. Il avait une de ces crises d'estomac qui l'incommodaient de temps en temps et il paraissait, cette fois, souffrir plus qu'à l'ordinaire. L'impératrice s'étant approchée de lui, il la prit dans ses bras sans faire attention à sa fraîche toilette qu'il froissait et se laissa aller à une sorte de détente nerveuse mêlée d'attendrissement : il versait des larmes et répétait à travers ses sanglots : « Ma pauvre Joséphine, non, vois-tu, je ne pourrai jamais te quitter ! » L'impératrice, d'après son propre aveu, éprouvait devant cette scène moins d'attendrissement que de pitié [1] et disait : « Sire, calmez-vous, sachez ce que vous voulez et finissons de telles scènes. » Napoléon savait fort bien ce qu'il voulait, mais il ne savait pas le vouloir assez fortement, et c'est ce qui le mettait dans un état pareil, à moins, ce qui n'est pas improbable, qu'il jouât là une scène pour amener Joséphine à prendre les devants, comme il en avait déjà nettement exprimé le désir, et lui éviter une pénible démarche en demandant elle-même le divorce. Cet état nerveux s'aggravant encore, Joséphine engagea l'empereur à ne point paraître au cercle ce soir-là et à se coucher. Napoléon y consentit, mais à la condition que l'impératrice se coucherait avec lui. Elle se déshabilla donc et se mit au lit. L'empereur continuait à verser des larmes avec une extrême abondance, lui, dont Lamartine a dit si faussement :

Rien d'humain ne battait sous son épaisse armure.

et il répétait, comme en proie à un cauchemar, et

1. Mme DE RÉMUSAT, *Mémoires*, t. III, p. 312.

faisant allusion évidemment à la cabale de toute sa famille, ses sœurs, Murat, Fouché, Talleyrand : « Ils m'environnent, ils me tourmentent, ils me rendent malheureux ! » Joséphine essayait en vain de le calmer, mais elle ne disait point la seule chose qui l'eût sans doute calmé de suite : c'est-à-dire que, devant sa douleur, devant la situation et l'avenir de la France qui semblaient réclamer impérieusement de Napoléon qu'il prît une autre femme capable de lui donner des héritiers, c'est elle qui maintenant le réclamait, ce divorce ! Non, cette pensée ne lui vint point, ou, si elle lui vint, elle n'eut garde de l'exprimer. La nuit entière se passa dans des alternatives de larmes et de tendresses, de reproches et de caresses insatiables... Ce n'est qu'au matin que Napoléon se ressaisit complètement.

Au moment où l'empereur avait été pris de son indisposition, il devait y avoir spectacle aux Tuileries. Les princes étrangers, le corps diplomatique, la cour, les maréchaux attendaient qu'il parût. L'ordre arrive tout à coup de commencer le spectacle sans Leurs Majestés. On apprend en même temps que l'empereur est légèrement incommodé et que l'impératrice est auprès de lui. Le spectacle fut expédié le plus rapidement possible et chacun se retira.

Deux jours après cette scène, que Mme de Rémusat a racontée dans ses *Mémoires* avec son talent ordinaire, il y en eut une autre analogue. C'est le comte Tolstoï, ambassadeur de l'empereur Alexandre à Paris, qui l'a fait connaître : il la mande en ces termes à M. de Roumantzoff, ministre des Affaires étrangères à Saint-Pétersbourg, le 16-18 mars 1808 :

« ... Deux jours après, Napoléon revint à la charge sans obtenir davantage... Dans un accès d'emportement, il

doit avoir dit à Joséphine qu'elle le forcerait à la fin
à adopter ses bâtards. Elle saisit avec promptitude
cette idée et se montra prête à les reconnaître. Surpris de cette complaisance à laquelle il ne s'attendait
pas, il lui en exprima toute sa sensibilité, protestant
qu'après un aussi beau procédé il ne se résoudrait
jamais à se séparer d'elle. Il paraît que les choses en
sont restées là. Un propos tenu par M. de Talleyrand
à un de ses affidés l'accuse de n'avoir pas su prendre
un parti dans cette circonstance. Quant à moi, je
crains qu'il ne le prenne que trop tôt, et que, si l'impératrice continue à montrer du caractère, il ne se
passe de son consentement et ne fasse faire la
demande de divorce en son nom[1]. »

Bien que le comte Tolstoï soit le seul à dire que
Napoléon aurait proposé à ce moment à Joséphine
de lui faire reconnaître ses bâtards et que Joséphine
aurait accepté cette proposition avec empressement,
cette allégation est parfaitement vraisemblable et
tout à fait dans le courant d'idées qui, dès avant
le couronnement, existait dans le ménage impérial. On n'a pas oublié la scène violente que la
jalousie indiscrète de Joséphine provoqua, à cette
époque, à Saint-Cloud. A la suite de cette scène,
Napoléon avait proposé à Joséphine, qui déclara
qu'elle s'y prêterait bien volontiers, de feindre une
grossesse et d'accepter comme prince impérial un
enfant qu'il pourrait avoir d'une autre femme[2]. Et,
lorsqu'il fit cette proposition à sa femme, il n'avait
pas d'enfant, tandis que maintenant il en avait deux
(l'un d'Éléonore Denuelle de la Plaigne, l'autre de

1. Albert VANDAL, *Napoléon et Alexandre I*ᵉʳ *: De Tilsitt à
Erfurt*, p. 168.
2. Mᵐᵉ DE RÉMUSAT, *Mémoires*, t. II, p. 59.

Mme Walewska) et était certain qu'ils étaient bien de
lui.

Tandis que l'empereur et l'impératrice se livraient
ainsi à des scènes fort pénibles pour tous les deux et
sans cesse renouvelées, tandis que la cour était
livrée aux cancans et la ville aux fêtes et réjouissances
de l'hiver, Joséphine avait eu, à la fin de janvier, une
satisfaction au milieu de ses chagrins. C'était le
mariage de sa cousine et filleule, Mlle Stéphanie de
Tascher. Elle avait été demandée, sous le Consulat,
par le général Rapp. Mais Joséphine, qui avait conservé beaucoup de préjugés de l'ancien régime, avait
éconduit « sans pouvoir retenir un vif sentiment
d'humeur et même de colère [1] » le jeune et brave
général Rapp, homme plein d'honneur, de cœur et
de franchise. Elle donna sa nièce à un prince d'Arenberg, alors colonel dans un régiment français. Le
mariage se fit dans la galerie de l'hôtel du roi Louis,
rue Cerutti [2]. Toute la cour y assista et, le soir, on
remarqua que l'empereur dansa avec la mariée et
non pas avec l'impératrice. Ce fait, insignifiant peut-
être, fit de nouveau parler divorce.

Au milieu de ses préoccupations domestiques, l'empereur suivait avec la plus vive attention les événements qui se passaient en Espagne. On sait au moyen
de quelle fourberie imaginée par M. de Talleyrand, et
à laquelle il eut la faiblesse de souscrire, Napoléon
voulut faire passer la couronne d'Espagne sur la tête
de son frère Joseph. Murat fut envoyé à Madrid à la

---

1. Mlle AVRILLON, *Mémoires*, t. I, p. 71.
2. Ce mariage ne fut pas heureux. La princesse d'Arenberg
ne pouvait sentir son mari. Elle fit plus tard annuler son mariage en Cour de Rome et épousa le comte de Guitry.

tête d'une armée. Tandis que ce maréchal se livrait à la douce espérance que, après avoir manqué le trône de la Pologne, que l'empereur ne reconstituait pas en royaume, il aurait peut-être celui d'Espagne, Napoléon s'était mis en route pour Bayonne afin d'y recevoir les souverains et princes espagnols et aussi pour mieux surveiller les événements. Il fut suivi, à quelques jours d'intervalle, par l'impératrice Joséphine. Le feu duc de Broglie, qui eut occasion de la voir passer aux Ormes dans sa voiture de voyage, tandis qu'elle se rendait à Bordeaux, va nous donner sur elle son impression. « Je vis, dit-il, passer l'impératrice en grande pompe, mise à peindre quant à toute la partie de sa personne qu'on ne voyait pas, et peinte quant à toute celle qu'on voyait. La cohue splendide des dames d'honneur, d'atours et de palais, marchait à sa suite et, à sa suite aussi, le cortège des lectrices qui formaient le harem de notre sultan et l'aidaient à prendre en patience encore pendant quelque temps la vieillesse plâtrée de la sultane émérite. Il paraît néanmoins qu'entre le couple impérial le marché n'était pas sans conditions ; car peu de jours après nous vîmes repasser tout éplorée l'une de ces odalisques et les curieux apprirent du valet qui l'accompagnait qu'elle venait d'être chassée pour avoir pris de trop grands airs [1]. »

M. Victor de Broglie, qui fut auditeur au Conseil d'État de l'Empire, n'est pas tendre pour Napoléon. La lectrice dont il parle l'avait été davantage. Voici, au reste, ce qui motiva le retour de cette « odalisque » puisque M. de Broglie emploie ce mot: c'est toute une histoire. La reine Hortense, qui était enceinte du

1. Duc Victor DE BROGLIE, *Souvenirs*, t. I, p. 58.

prince Louis, celui qui devait être plus tard Napoléon III, fut invitée à un bal masqué et costumé chez la grande-duchesse de Berg, au palais de l'Élysée.' L'opéra de la *Vestale*, de Spontini, que l'impératrice venait de nommer *compositeur de sa chambre*, était alors en grande vogue. Une idée plus que bizarre germa dans la tête d'Hortense : elle était enceinte de huit mois : elle se déguisa en Vestale ! En carnaval, après tout, les idées les plus extravagantes peuvent être admises. Elle n'était pas la seule à avoir eu cette idée. Comme Mme Murat savait qu'elle aurait plus d'une Vestale chez elle, elle avait, d'avance, décidé qu'on danserait un quadrille des Vestales. Une *Folie*, en costume rigoureusement exact, sa marotte à la main, dirigerait la contredanse. Comme Mme Murat tenait à l'exactitude du costume (c'était sa marotte à elle), le jupon fut proscrit et remplacé par un maillot. Il se trouva des jeunes femmes qui, soit par scrupules d'une conscience droite, soit par scrupules de jambes qui ne l'étaient pas autant, refusèrent de prendre ce déguisement. La *Folie* qui devait diriger ce quadrille, danseuse de profession recommandée par la reine Hortense, et qui n'avait aucune de ces raisons pour ne pas accepter le déguisement de rigueur, prit avec plaisir le costume et les insignes de son rôle. Elle devait d'autant plus le faire valoir qu'elle dansait à merveille ; le costume, de son côté, devait faire valoir peut-être encore plus la danseuse.

Depuis la Révolution, il faut le dire, on avait pour la danse un engouement extraordinaire ; on allait jusqu'à trouver que la femme qui avait le plus de qualités était celle qui dansait le mieux : pour qu'une .jeune fille fût réputée bien élevée il fallait qu'elle dansât comme Mme Chevigny ou Mlle Chameroy. Tout le monde savait que Mlle Guillebeau, qui avait accepté le maillot et la marotte, était fort belle de visage ; on sut, de ce soir, que le reste du corps répondait dignement aux promesses du visage. Tous les hommes le virent, et les femmes aussi. Le maréchal Murat, qui avait d'aussi bons yeux que les autres, le remarqua également et, comme il était plein d'audace, même loin du champ de bataille, il ne put s'empêcher de le lui dire. Cette Folie le rendait fou. Mais Mme Murat dont les yeux valaient encore mieux, paraît-il, que ceux de son mari, et dont les oreilles valaient bien les yeux, le vit et l'entendit décocher à la jeune personne des compliments que, d'après elle, Murat ne devait adresser qu'à sa femme. Cette pauvre Folie, décidément, faisait perdre la tête à tout le monde. La grande-duchesse qui, dans son ménage, portait les culottes, se scandalisa de ce que son mari allât offrir ses hommages à une femme qui n'en portait pas. Elle avait de bons yeux, de bonnes oreilles : elle avait aussi une bonne langue. Elle fit donc une scène violente et de très mauvais goût à cette pauvre Folie, qui n'en pouvait mais ; elle lui dit même « des injures fort grossières »[1]. Hortense, furieuse de voir maltraiter ainsi sa protégée, eut avec sa belle-sœur une altercation où des mots assez durs furent échangés de part et d'autre. Elle se retira outrée et vint raconter à sa mère, l'impératrice Joséphine, ce qui venait de se passer. Mme Murat leur avait fait un affront sanglant à toutes les deux en accueillant aussi mal la jeune fille qu'elles avaient amenée à l'Élysée ; cela était intolérable ! cela criait vengeance !

1. Duchesse d'Abrantès, *Histoire des salons de Paris*, t. IV, p. 381.

Joséphine n'avait trouvé rien de mieux à faire, pour se venger de sa belle-sœur, que de s'attacher aussitôt Mlle Guillebeau la danseuse, comme lectrice. Justement elle n'avait plus de lectrice depuis l'équipée de l'empereur avec la petite Lacoste, en Italie; quant à Mme Gazzani, elle n'avait plus guère de droit qu'au titre de lectrice honoraire, depuis semblable aventure arrivée à Fontainebleau. De plus, l'impératrice se disposait à partir pour Bayonne avec Napoléon; elle emmènerait Mlle Guillebeau. Non pas qu'elle eût besoin de quelqu'un pour lui faire la lecture : non seulement elle ne lisait point, mais on n'ouvrait presque jamais un livre devant elle. Mais cela ferait enrager sa belle-sœur, la grande-duchesse de Berg et de Clèves. Hélas ! les choses, même quand elles sont faites avec les meilleures intentions du monde, tournent souvent à la confusion et au détriment de ceux qui les font. Ainsi arriva-t-il en cette circonstance à la pauvre Joséphine. L'empereur s'avisa de trouver que la nouvelle lectrice de l'impératrice avait un aussi joli minois que la petite Lacoste, à qui elle le faisait penser, et il ne put s'empêcher de remarquer que les couleurs naturelles de ses joues fraîches et roses valaient mieux que le blanc et le rouge artificiels que Joséphine mettait sur les siennes... Et il advint que l'impératrice ne tarda pas à ne plus être si fière de sa nouvelle lectrice; sa vengeance contre Mme Murat avait tourné contre elle-même. Elle s'emporta, fit une scène à l'empereur, et la pauvre Folie qui avait fait celle de ne pas être sage fut aussitôt emballée dans une voiture et expédiée à Paris, sous l'escorte d'un valet de pied.

A la suite de ce départ, la paix revint une fois encore dans le ménage impérial.

L'impératrice, en se rendant à Bayonne, devait passer par Bordeaux. Elle resta environ un mois en cette ville, visitant tout ce qu'elle renfermait d'intéressant et répandant à profusion, selon les ordres de l'empereur, les bonnes paroles et les amabilités, ainsi que les petits cadeaux, broches, bagues, boucles d'oreilles, dont elle avait toujours sur elle une provision. Ces bibelots étaient destinés à être offerts, quand l'occasion s'en trouvait, aux femmes et aux jeunes filles des villes qu'elle traversait. Elle sut faire un gracieux accueil à chacun et laissa aux Bordelais un agréable souvenir de son affabilité. C'est à Bordeaux qu'elle apprit la naissance du troisième fils d'Hortense, celui qui devait continuer et terminer si misérablement la dynastie des Napoléon.

L'empereur, qu'elle avait rejoint à Bordeaux, la quitta pour se rendre à Bayonne, ou plutôt à Marrac, et, à la fin du mois, elle se mi en route pour l'aller rejoindre. Marrac est un château situé à une lieue de Bayonne. Il se trouva beaucoup trop petit pour recevoir le personnel du service impérial. Presque tout ce monde dut chercher un logement dans les environs. Quelques personnes, comme le duc et la duchesse de Bassano, habitèrent Bayonne; celles que leur service retenait à Marrac étaient fort mal logées et ne disposaient chacune, comme Mme de Montmorency, comme Mme Gazzani, que d'une chambre. Enfin, au bout de trois jours, chacun était installé tant bien que mal.

Tandis que l'empereur, mal conseillé par M. de Talleyrand, faisait la vilaine besogne qui l'engageait chaque jour davantage dans la plus inique et la plus désastreuse des guerres, l'impératrice l'aidait de son mieux à faire les honneurs de Marrac à ses hôtes espagnols. Dans ses moments de liberté, Napoléon prenait avec lui Joséphine et l'emmenait fréquemment faire de petites promenades en mer. L'accord était maintenant redevenu parfait dans le ménage. L'impératrice put compter les quatre mois passés en ce voyage parmi les plus heureux de sa vie. Jamais l'intimité des deux époux n'avait été plus grande : on eut dit de jeunes mariés en pleine lune de miel, en voyage de noces. « Dans les promenades, devant les chevau-légers d'escorte, Napoléon poursuit Joséphine sur la plage, la poussant dans l'eau à la *chambre d'amour* en riant à plein gosier ; ou bien des fantaisies comme ce jour où l'impératrice, se pressant, perd ses souliers, où lui, les prenant, les jetant au loin, la contraint de monter dans la voiture ainsi déchaussée [1]. »

Les soirées, par exemple, étaient un peu longues à passer, et, comme il n'y avait pas à Marrac d'autre distraction que le jeu, on jouait. L'impératrice n'était pas très joueuse, mais elle se mettait cependant à une table de jeu, et, quand l'empereur s'était retiré, elle ne tardait pas, elle aussi, à quitter la partie.

Enfin, l'empereur ayant achevé de régler à sa fantaisie les affaires d'Espagne, il revint avec l'impératrice à Paris. Les souverains s'arrêtèrent cependant plus d'une fois en chemin : ils visitèrent Pau, Tarbes, Auch, Toulouse. De Toulouse, l'empereur se dirigea vers Bordeaux tandis que l'impératrice, qui ne pouvait pas plus se passer d'aller aux eaux que de se droguer, voulut prendre les eaux de Barèges ; elle obliqua donc de l'autre côté. Mais, tandis qu'elle passait par Luchon, un courrier lui apporta l'ordre de rejoindre l'empereur à Bordeaux. Elle se remit aussi-

1. Frédéric MASSON, *Napoléon et ses femmes.*

tôt en route, fort attristée, car les nouvelles d'Espagne étaient mauvaises.

L'accueil fait par la ville de Bordeaux fut loin d'être aussi cordial qu'au mois d'avril ; aussi les souverains ne s'y arrêtèrent-ils pas longtemps cette fois-ci. On se dirigea sur La Rochelle, puis sur Napoléon-Vendée (La Roche-sur-Yon) et Nantes. Ici au moins l'enthousiasme fut grand et fit oublier la froideur des Bordelais. On ne tarda pas à rentrer aux Tuileries : la nouvelle du désastre de Baylen, que l'empereur avait reçue en route, lui fit concentrer plus que jamais son attention sur l'avenir.

Napoléon songeait à réparer au plus vite le grave échec du général Dupont. Il voulait prendre en personne le commandement des armées françaises en Espagne ; mais il voulait être certain, avant de s'enfoncer dans la Péninsule, que l'Europe ne bougerait point pendant son absence. Il voulut avant tout s'assurer par lui-même que l'empereur Alexandre avait toujours pour lui et pour sa politique les dispositions auxquelles il avait su l'amener à Tilsitt. Il lui fit proposer une entrevue. Alexandre l'accepta. Elle eut lieu à Erfürt et les deux souverains passèrent en cette ville tout le mois d'octobre.

L'impératrice n'avait pris naturellement aucun ombrage de cette entrevue. Si elle avait su pourtant certaines choses qui y furent dites, sa tranquillité en eût été singulièrement troublée. « La vie agitée le fatiguait, dit un jour Napoléon à l'empereur Alexandre ; il avait besoin de repos et il n'aspirait qu'à arriver au moment où il pourrait sans inquiétude se livrer aux douceurs de la vie intérieure, à laquelle tous ses goûts l'appelaient. Mais ce bonheur-là, ajoutait-il avec l'air pénétré, n'est pas fait pour moi. Y a-t-il un intérieur

sans enfants? Et puis-je en avoir? Ma femme a dix
ans de plus que moi. Je vous demande pardon ; tout
ce que je dis là est peut-être ridicule, mais je cède au
mouvement de mon cœur qui se plait à s'épancher
dans le vôtre [1]. »

Ce n'était pas au mouvement de son cœur que cédait là Napoléon, mais bien aux calculs de son ambition ou, si l'on aime mieux, aux exigences de sa politique. Il préparait le terrain pour des négociations
qu'il allait au plus tôt faire entamer par M. de Talleyrand, sans se douter que cet homme néfaste commençait à le trahir.

Le soir de ce jour, tandis que l'empereur Alexandre
était sous le charme de se voir traité par l'empereur
des Français comme un ami que l'on aime assez pour
lui confier ses préoccupations de cœur les plus intimes,
Napoléon garda longtemps M. de Talleyrand chez lui,
s'ouvrit à lui et prononça le gros mot de divorce.
« Ma destinée l'exige, dit-il, et la tranquillité de la
France me le demande. Je n'ai point de successeur.
Joseph n'est rien et il n'a que des filles. C'est moi qui
dois fonder une dynastie ; je ne puis la fonder qu'en
m'alliant à une princesse qui appartienne à une des
grandes maisons régnantes de l'Europe. L'empereur
Alexandre a des sœurs ; il y en a une dont l'âge me
convient. Parlez de cela à Romantzoff ; dites-lui qu'a-
près mon affaire d'Espagne finie, j'entrérai dans toutes
ses vues pour le partage de la Turquie, et les autres
arguments ne vous manqueront pas, car je sais que
vous êtes partisan du divorce ; l'impératrice Joséphine
le croit aussi, je vous en avertis [1]. »

1. TALLEYRAND, *Mémoires*, t. I, p. 447.
1. *Id.*, p. 448.

M. de Talleyrand fit observer à l'empereur qu'au lieu d'avoir une entrevue avec M. de Romantzoff, ministre des Affaires étrangères de Russie, il vaudrait mieux qu'il parlât directement à l'empereur Alexandre. Napoléon se rangea à son avis. M. de Talleyrand vit donc Alexandre, remplit sa mission, mais à sa façon, c'est-à-dire en trahissant Napoléon, ce qui fit que le souverain russe ne répondit plus que d'une façon dilatoire aux instances de l'empereur des Français, rejetant sur sa mère qui ne pouvait encore se décider à se séparer de sa fille, les retards combinés par les perfides suggestions de M. de Talleyrand pour faire avorter le projet de mariage russe.

CHAPITRE V

Revenu d'Erfürt, Napoléon part pour l'Espagne. — Il revient précipitamment à Paris. — Intrigues de Caroline pendant son absence. — Inquiétudes de Joséphine. — Guerre avec l'Autriche. — L'impératrice accompagne l'empereur et reste à Strasbourg pendant la campagne. — Manque de dignité et de sens moral de l'impératrice. — Son manque de sang-froid. — Retour de l'empereur en France et son arrivée à Fontainebleau. — Son mécontentement. — Incidents divers. — Séjour à Fontainebleau. — Encore la question du divorce. — Partie de chasse à Grosbois. — Joséphine reçoit aux Tuileries un espion de l'Angleterre. — Mensonge de Joséphine. — Tout s'éclaircit. — Tristesse de l'impératrice. — Napoléon lui signifie sa volonté de divorcer. — Scène de larmes et évanoüissement simulé. — Bonté de Napoléon. — Fête offerte par la ville de Paris. — Cérémonie du divorce. — Effet du divorce dans le peuple et dans l'armée.

Revenu d'Erfürt, Napoléon ne resta que peu de jours à Paris. Les affaires d'Espagne réclamaient sa présence ; aussi se mit-il en route au plus tôt. L'impératrice eut de la peine à le laisser partir et se fit beaucoup de chagrin de ne pas l'accompagner. Napoléon eut besoin de toute son autorité pour l'empêcher de monter dans sa voiture avec lui.

Le 3 novembre il était à Bayonne, le 7 à Vittoria et

le 2 décembre, anniversaire d'Austerlitz et du couronnement, il était devant Madrid. Revenu sur ses pas, il était au moment de détruire l'armée anglaise lorsque des dépêches inquiétantes sur l'attitude de l'Autriche et aussi sur celle de Murat à Naples et de la reine Caroline à Paris, le déterminèrent à quitter l'Espagne sur-le-champ. C'est le fidèle La Valette qui avait mandé à Napoléon les intrigues de sa sœur Caroline. Celle-ci ne visait à rien moins qu'au renversement de l'Empire avec la complicité de M. de Talleyrand et de Fouché, afin de remplacer Napoléon sur le trône de France par Murat. Napoléon revint donc à Paris avec la plus grande rapidité. Il passa l'hiver dans sa capitale, faisant ses préparatifs pour la nouvelle campagne qui allait s'ouvrir en Allemagne.

Quant à ce qui se passait à Paris pendant que l'empereur était en Espagne, Joséphine elle-même va nous le dire dans une conversation qu'elle eut avec Stanislas Girardin, revenu d'Espagne, le 28 février 1809 et que celui-ci a soigneusement enregistrée dans son *Journal*. Le divorce et aussi le cas toujours possible de la mort de Napoléon avaient été escomptés pendant le séjour de l'empereur en Espagne, comme ils l'avaient été déjà pendant la campagne de Pologne. « Il y a eu pendant que vous étiez en Espagne, dit l'impératrice à M. de Girardin, des rapprochements singuliers ; des ennemis irréconciliables se sont reconciliés tout à coup ; des hommes qui ne se voyaient pas se sont vus perpétuellement... Ces intrigues, commencées à l'époque de la guerre de Prusse, se sont renouées depuis peu. Ce parti (les Murat, Fouché, etc.) est puissant et nous brave. Fouché en est l'âme.

« A l'avènement de Murat au trône de Naples, tous

les journaux à la disposition de la police ont retenti de ses éloges... Fouché disait hautement que Murat seul pouvait succéder à l'empereur, que lui seul inspirerait à l'Europe une crainte nécessaire, que lui seul jouissait de la confiance des militaires. Il a écrit une lettre dans laquelle il disait positivement à l'empereur que la France ne voulait aucun des frères de l'empereur pour lui succéder. Bonaparte heureusement a les yeux ouverts depuis son retour. La lettre dont je vous parle existe ; elle est entre les mains de Méneval. C'est celle qui fut écrite l'année dernière à l'empereur pour l'engager à divorcer. Vous n'avez pas une juste idée des intrigues ourdies contre moi ; à mon retour de Bayonne, on avait répandu à dessein que Mme *** était grosse et que Bonaparte était l'auteur de cette grossesse. Pauvre femme ! Toute jolie qu'elle est, entre l'empereur et elle il n'y a jamais eu le moindre rapport. On ajoutait que, pendant la durée de la grossesse, je me ferais passer pour grosse et qu'au moment de l'accouchement, je me ferais passer pour la mère. Murat, tout en cherchant à accréditer cette grossière imposture, disait : « Caroline et moi nous ne souffrirons jamais cela et je me déferai du bâtard. » Dans le cas où Bonaparte aurait des enfants, mais il n'en a pas (Joséphine ne savait pas qu'il en avait deux), ne serions-nous pas libres de les adopter ? [1] » Voilà les propos que l'impératrice tenait dans son salon. Et elle ne les tenait pas seulement à M. de Girardin : elle parlait à tout le monde avec le même abandon et la même confiance [2]. Et pourtant elle aurait dû se tenir sur ses gardes et mettre plus de réserve dans

1. Stanislas GIRARDIN, *Journal et Souvenirs*, t. II, p. 320.
2. *Id.*, p. 108.

ses propos : ses paroles pouvaient être répétées et lui
nuire : elle n'ignorait pas que le parti à la tête duquel
étaient Mme Murat et son mari et dont l'agent actif
elle en savait quelque chose depuis Fontainebleau
était Fouché, continuait à mener une campagne pour
le divorce de l'empereur. Or Fouché venait de se
réconcilier avec M. de Talleyrand. Cela était bien
significatif. La pauvre Joséphine le sentait plus encore
peut-être qu'elle ne le voyait : mais elle pensait
détourner l'orage qui grondait autour d'elle en répandant l'idée qu'elle était prête à adopter, d'un commun
accord avec son mari, les enfants qu'il pourrait
avoir avec une autre ou avec d'autres femmes. Toujours, on le voit, même absence de sens moral chez
cette malheureuse femme. Tant il est vrai que
lorsqu'on commence à abdiquer un peu de sa dignité
pour de viles questions d'intérêts matériels, on finit
peu à peu, et de concession en concession, par
l'abdiquer entièrement.

Les Autrichiens, sur ces entrefaites, étaient entrés
en mouvement et avaient envahi la Bavière. La guerre
était donc inévitable.

L'empereur partit pour cette nouvelle campagne
le 13 avril, à quatre heures du matin. L'impératrice
l'accompagna jusqu'à Strasbourg : elle devait y
attendre la fin de la guerre. Elle n'y resta pas longtemps seule : la reine de Westphalie, la reine de
Hollande et ses fils, le grand-duc et la grande-duchesse
de Bade la rejoignirent successivement. La vie y fut
assez monotone. Les chroniqueurs du temps n'ont
rien enregistré de particulièrement intéressant sur ce
séjour de l'impératrice à Strasbourg, sinon l'anecdote
suivante, qui contribue à faire connaître le véritable

caractère de Joséphine : M. Pfister, contrôleur de la bouche de la maison impériale, avait été frappé de folie au cours de la campagne. Cette folie n'était pas dangereuse, mais elle nécessitait cependant l'internement de ce malheureux dans une maison de santé : elle consistait en propos orduriers et gestes obscènes que ce pauvre contrôleur ne pouvait s'empêcher de dire ou de faire dès qu'il était en présence de quelques personnes. L'empereur, qui avait beaucoup de bienveillance pour ses serviteurs, l'avait fait diriger sur Paris pour y recevoir les soins qu'exigeait son état. Lorsqu'il passa par Strasbourg l'impératrice Joséphine fut informée et de sa venue et de sa folie. Elle voulut le voir. On lui fit observer que le pauvre homme, dans son état, pourrait s'oublier devant elle et manquer inconsciemment aux convenances. Elle insista. Pfister lui fut donc amené. Les premières paroles du malade ne furent point celles d'un homme qui avait perdu la raison, mais l'impératrice eut l'imprudence, évidemment intentionnelle, de lui dire : « Eh bien, Pfister, vous avez vu de belles femmes dans votre voyage ? » Ces mots étaient faits pour provoquer la folie chez ce pauvre homme : c'est ce qui arriva. Il perdit aussitôt le peu de bon sens qui lui était revenu et se mit « à parler d'une façon si grossièrement cynique, avec un dévergondage si dégoûtant et cependant si grotesque, que Sa Majesté finit par en rire et s'amusa beaucoup. [1] » C'est ainsi que le triste spectacle de certaines misères humaines amusait cette bonne Joséphine, et sa première femme de chambre, Mᵐᵉ Avrillon, qui rapporte ce vilain épisode, semble prendre plaisir à l'écrire ; elle ne paraît pas se

____

1. Mᵐᵉ AVRILLON, *Mémoires*, t. II, p. 132.

douter que l'impératrice des Français, que la femme de
Napoléon, et même qu'une simple honnête femme
aurait dû avoir quelque chose de mieux à faire que de
rire aux divagations d'un pauvre malade.

La grande Mademoiselle, petite-fille d'Henri IV,
était un peu, sous ce rapport, comme l'impératrice
Joséphine. Elle raconte dans ses *Mémoires* que, étant
allée à l'abbaye de Fontevrault visiter sa tante (fille
naturelle d'Henri IV), qui en était l'abbesse, elle apprit
qu'il y avait une folle enfermée dans un cachot. Pour
essayer de la soulager et apporter quelque adoucis-
sement à sa triste position ? Point : pour s'en amuser.
« Je pris ma course vers ce cachot, dit-elle, et n'en
sortis que pour souper. » Devant le plaisir que sa
nièce avait pris aux extravagances de la pauvre femme,
l'abbesse lui servit le lendemain une seconde folle.
« Comme il n'y en avait plus pour un autre jour,
ajoute Mademoiselle d'un petit ton dégagé, l'ennui
me prit et je m'en allai malgré les instances de ma
tante. » Depuis un siècle et demi que l'abbesse de
Fontevrault avait régalé sa nièce d'une distraction qui
dénote si peu de cœur, le sens moral ne semble pas
avoir fait de progrès chez ces femmes d'un si haut
rang. Mais il y a, dans le plaisir que cherchait et que
prit Joséphine devant Pfister, une circonstance
aggravante ; elle voulut voir le fou à cause du caractère tout spécial de sa folie. C'est là la marque d'une
dépravation du cœur et du sens moral qui répugne ;
cela fait mal. Une femme qui se respecte n'aurait
jamais dû chercher une occasion d'entendre des
choses du genre de celles que pouvait dire ce pauvre
fou, et il était indigne de rire des propos d'un malade
qui auraient plutôt provoqué la pitié chez toute
personne de cœur. On le voit, l'impératrice Joséphine,

malgré son âge, malgré la dignité qu'eût dû lui donner son rang suprême, puisqu'elle n'en avait pas naturellement, si ce n'est à la surface, malgré la gravité des circonstances pour la France et pour elle-même, l'impératrice Joséphine demeurait toujours la frivole personne qui riait aux éclats en écoutant les historiettes passablement gaies, qui sentaient plus le frère Jean des Entommeures que le panégyriste de saint Vincent de Paul, dont le cardinal Maury s'amusait à l'amuser, et qui déplaisaient tant à l'empereur, « dont ce n'était pas le genre[1] ». C'était là une variante de ce sentiment de curiosité dépravée qui lui faisait prendre du plaisir à exhiber un malheureux nain, un jour, à la Malmaison, devant le Premier Consul. N'avait-elle pas pris aussi, en ces derniers temps, le plus grand divertissement (ceci était plus innocent) à se faire raconter par la duchesse de Dantzig, pour avoir le plaisir de la répéter elle-même, cette histoire qui ne se peut dire qu'à l'oreille, sur la singulière manière dont la maréchale rechercha et découvrit un diamant qu'un valet de chambre infidèle lui avait dérobé ? Cette aventure grotesque était, paraît-il, racontée par la brave maréchale de la façon la plus désopilante ; mais était-il bien digne à l'impératrice des Français de se la faire redire pour goûter un plaisir de mauvais aloi à certains mots trop crus de la bonne femme[2] ? Et était-il convenable ensuite de la répéter à ses dames du palais ?

1. Duchesse D'ABRANTÈS, *Histoire des salons de Paris*, t. III, p. 177.

2. Voici comment Mlle Avrillon, femme de chambre de l'impératrice, raconte le fait : « J'éprouve beaucoup de difficultés, je l'avoue, à le rapporter ici ; je l'aurais même passé sous silence si je ne le tenais de la bouche même de l'impératrice, qui riait aux éclats en me racontant la chose. Je n'y mettrai pas

Tandis que l'impératrice et sa fille s'amusaient à ces niaiseries, l'armée française faisait la terrible campagne d'Essling et de Wagram.

La sanglante bataille d'Essling, suivie de la retraite de l'armée dans l'île Lobau, fut considérée en France, à en croire M. de Metternich, lorsque la nouvelle en arriva, comme une affaire décisive perdue par Napoléon. « A peine descendu de voiture, dit-il, je reçus l'invitation de me rendre chez l'impératrice dans la soirée. Je la trouvai très vivement préoccupée des suites que pourrait entraîner l'événement en question. Elle me mit au courant de ce qu'elle avait appris et je ne gardai plus aucun doute sur l'importance de la défaite. Les détails étaient si précis, si positifs, que Joséphine ne doutait pas qu'en arrivant à Vienne je ne trouvasse les négociations en train. L'impératrice admettait même que je pusse rencontrer Napoléon en route pour revenir en France[1]. » La nouvelle de la bataille d'Essling semble en effet avoir démoralisé l'impératrice. Elle n'avait de courage que pour écouter les divagations d'un pauvre fou. Elle oubliait que l'armée d'Italie, sous le commandement nominal de son fils Eugène, à qui Macdonald heureusement servait de mentor, était en marche pour opérer sa jonction avec l'armée du Danube, et elle prêtait à l'empereur un projet qui n'était guère dans son

toutefois la même franchise de langage que la maréchale. On lui avait volé un fort beau diamant ; soupçonnant un domestique de sa maison d'être l'auteur de ce vol, elle le fit venir en sa présence et resta seule avec lui ; alors elle se mit en devoir de le fouiller ; n'ayant rien trouvé, elle lui ordonna de se déshabiller complètement, et, dans cet état... Eh bien ! dans cet état, elle le fouilla encore. Je ne peux pas en dire plus, sinon que le diamant fut retrouvé. » (Mlle AVRILLON, *Mémoires*, t. II, p. 117.)

1. Prince DE METTERNICH, *Mémoires*, t. I, p. 73.

caractère en pensant qu'il pouvait traiter à la suite d'un échec facilement réparable dès qu'il aurait toutes ses forces sous la main, en pensant même qu'il était en route pour revenir en France. Ah! comme Napoléon avait raison de la tenir à l'écart des affaires!

Enfin, des lettres arrivèrent qui rassurèrent l'opinion, et la nouvelle de la victoire de Wagram acheva de donner confiance dans la fin prochaine de la guerre. L'armistice de Znaïm fut signé et l'empereur demeura pendant trois mois à Schœnbrunn, pendant que se faisaient les négociations pour la paix.

Cependant l'impératrice avait quitté Strasbourg pour se rendre à la Malmaison, et se laissait de nouveau aller à des inquiétudes sur son avenir. Cet éternel état de séparation, de divorce à l'état chronique était aussi le sujet des conversations à Paris : l'attentat manqué du jeune allemand Stabs avait réveillé, plus aiguë que jamais, la question d'hérédité, par conséquent la question du divorce.

Quant à l'empereur, qui ne songeait pas encore à ce moment, à l'alliance autrichienne, il écrivait au duc de Vicence, son ambassadeur à Saint-Pétersbourg, de dire à l'empereur Alexandre qu'il avait lieu de penser que, pressé par toute la France, son maître se disposait à divorcer. Napoléon lui donnait aussi pour instruction de s'enquérir auprès d'Alexandre s'il pouvait compter sur la main de sa sœur et d'obtenir une réponse catégorique. Alexandre joua l'étonnement et tâcha de gagner du temps par des réponses évasives : il voulait auparavant savoir si Napoléon lui donnerait carte blanche en Pologne et s'il lui abandonnerait ce gros morceau à avaler. De son côté, Napoléon tergiversait et ne semblait pas disposé à donner une réponse qui le satisfît. Les relations entre les deux souverains étaient donc assez tendues et fort incertaines.

Quoi qu'il en pût advenir, lorsqu'il quitta Vienne, l'empereur était, cette fois, formellement décidé à signifier à Joséphine sa volonté de divorcer; il était fondé à croire, d'après les dépêches échangées avec Saint-Pétersbourg, qu'il épouserait la princesse Catherine, sœur de l'empereur Alexandre : mais on se hâta à Saint-Pétersbourg de marier cette princesse avec le prince Georges d'Oldenbourg. Il ne restait donc plus que la grande-duchesse Anne, qui allait entrer dans sa seizième année.

Connaissant sa faiblesse devant Joséphine et sachant avec quelle obstination celle-ci se rattachait à sa position d'impératrice, qu'elle sentait tout près de l'abandonner, se défiant à la fois d'elle et de lui, Napoléon avait voulu d'avance mettre obstacle à tout rapprochement. Il avait en conséquence fait faire des travaux au château de Fontainebleau, où il se proposait de descendre à son retour d'Autriche : le bâtiment situé dans la cour du Cheval blanc, où était auparavant l'école militaire, avait été disposé en appartements qui furent garnis avec les meubles neufs qu'il avait commandés pour donner de l'ouvrage aux manufactures de Lyon et aux ouvriers de Paris. Peut-être aussi n'avait-il fait exécuter tous ces travaux que pour dissimuler sans qu'on y prît garde une petite chose qui fut un grand événement : à l'abri de ces constructions nouvelles, il avait fait interrompre les communications qui jusque-là étaient restées ouvertes entre son appartement et celui de l'impératrice : il n'avait pas osé le faire fran-

chement, il lui avait fallu le prétexte des remaniements
d'un architecte. O faiblesse du caractère de « l'homme
des siècles ! » Devant sa femme, il n'avait plus de courage ; n'est-il pas toujours le même homme qui n'osait
faire mettre à la porte de chez lui un chien qui l'impor-
tunait[1] ?

Dès que la paix fut signée à Vienne, l'empereur se
mit en route pour la France. De Munich, il annonça
son arrivée prochaine à Joséphine par ces mots
datés du 21 octobre : « Mon amie, je pars dans une
heure. Je serai arrivé à Fontainebleau du 26 au 27 ;
tu peux t'y rendre avec quelques dames. NAPOLÉON. »

En quittant Munich, l'empereur voyagea avec une
très grande rapidité. Il s'arrêta un peu à Kehl et ne
mit ensuite pied à terre qu'à Fontainebleau, où il
avait ordonné à sa maison, ainsi qu'à la maison de
l'impératrice, de venir le recevoir, et à ses ministres
de lui apporter leurs rapports.

Le 26 octobre, à neuf heures du matin, Napoléon
descendait de voiture devant la grille du château de
Fontainebleau. Le grand-maréchal du palais était là
pour le recevoir ; quelques serviteurs sont là aussi ;
l'impératrice n'y est pas !... L'empereur n'avait-il fait
si grande diligence que pour arriver à Fontainebleau avant elle ? et cela pour avoir, dès sa descente
de voiture, un semblant de motif de mécontentement,
un grief contre elle, lui faire une scène et empêcher
ainsi toute cordialité de s'établir entre eux ? Les rapports subséquents entre les deux époux devaient forcément ressentir de cet incident fâcheux une certaine
froideur et amener avec moins de déchirements la
rupture que l'empereur était décidé à provoquer.

---

1. Voir *La générale Bonaparte*, p. 73-74.

C'était bien dans le caractère de celui qui recourait à un subterfuge pour murer, comme accidentellement, le couloir de communication entre son appartement et celui de sa femme et qui cherchait à se donner des auxiliaires dans la grande affaire de la déclaration de séparation, qu'il envisageait, malgré sa volonté bien arrêtée, avec la même faiblesse que Joséphine.

L'empereur n'avait donc trouvé personne, si ce n'est Duroc, pour le recevoir à sa descente de voiture. Il envoya son courrier à Saint-Cloud avec ordre d'annoncer son arrivée et se mit à visiter les nouveaux appartements aménagés pendant son absence. Il était impatient, nerveux, agacé; tirait sa montre à chaque instant, se levait, se promenait un peu, s'asseyait de nouveau, jurait, et tout cela de fort méchante humeur.

Quelques instants après, Cambacérès et Fouché étaient auprès de l'empereur. « Pourquoi, dit Napoléon à l'archichancelier, l'opinion publique s'est-elle alarmée en mon absence? Pourquoi a-t-on exagéré les dangers que j'ai pu courir? Est-ce qu'on croit que ma mort serait le signal d'une révolution? — Sire, répondit Cambacérès, il est bien naturel que la nation s'inquiète des dangers qui menacent son souverain. Quoique l'ordre de la succession soit réglé par les constitutions impériales, tant qu'il n'y aura pas de successeur direct, le pays n'aura pas confiance en son lendemain. »

Fouché appuya plus nettement encore sur le point que venait de toucher Cambacérès : « Il faut, dit-il, que Votre Majesté n'ignore pas que l'ordre de succession, quand il n'appelle pas un héritier direct, éveille toujours des prétentions. Il n'y a pas un maréchal qui ne songe à disposer de votre héritage, si nous avions le malheur de vous perdre. Ce sont des lieutenants d'Alexandre. Ils veulent tous des royaumes [1]. »

L'empereur les congédia et demeura soucieux : Ces paroles correspondaient bien certainement à l'ordre d'idées dans lequel il était plongé. L'accueil qu'allait recevoir l'impératrice devait se ressentir de cette conversation.

Enfin, vers cinq heures du soir, on entend le roulement d'une voiture. L'empereur descend précipitamment et, tandis que la portière s'ouvre, il scrute d'un coup d'œil rapide l'intérieur de la voiture. Joséphine n'y est pas. « Et l'impératrice? » dit-il. On lui répond que sa voiture suit à un quart d'heure à peu près. « C'est bien heureux! » répond-il. Il remonte brusquement l'escalier, s'enferme dans sa petite bibliothèque et se met à écrire.

A six heures, comme il faisait déjà nuit, les coups de fouet des postillons annoncent une nouvelle voiture. L'empereur sonne et demande ce que c'est. « C'est Sa Majesté l'impératrice, répond le valet de pied. — C'est bien! » Et il continue à écrire.

L'impératrice fut on ne peut plus contrariée d'apprendre, en descendant de voiture, que l'empereur était arrivé depuis le matin et peinée à en pleurer de voir qu'il ne venait pas au-devant d'elle. Elle monta et fut introduite dans la petite bibliothèque. Napoléon écrivait toujours. « Ah! dit-il en levant les yeux, vous voilà, madame; vous faites bien, car j'allais partir pour Saint-Cloud. » Et il baissa les yeux comme pour se remettre à son travail, mais en réa-

1. DE BARANTE, *Souvenirs*, t. I.

lité parce qu'il ne pouvait soutenir, le front haut, un vilain rôle dont il sentait en lui-même la mauvaise foi.

Joséphine, debout à l'entrée de la pièce, interdite, ne comprenant rien à tout cela et très étonnée de ne pas voir son mari lui sauter au cou pour l'embrasser après la longue absence qu'il venait de faire, la campagne laborieuse qu'il venait de terminer, la gloire nouvelle dont il s'était couvert, après les dangers qu'il avait courus, après sa blessure devant Ratisbonne, — Joséphine n'avait plus conscience de ce qui se passait, mais elle sentait que son mari *voulait* la trouver en faute et les larmes jaillirent aussitôt de ses yeux. Mais Napoléon ne put prolonger plus longtemps une conduite dont il sentait l'injustice et la cruauté : il se leva, tendit les bras à sa femme et lui demanda pardon de son méchant accueil. On s'embrassa. L'impératrice alla faire sa toilette pour le dîner et reparut, une heure et demie après, superbe, recoiffée, avec des épis d'argent et des fleurs bleues dans les cheveux ; elle avait mis une polonaise en satin blanc bordée de cygne et tout cela formait un ensemble fort élégant. « Je n'ai pas été longue à m'habiller, n'est-ce pas ? » dit-elle en souriant. L'empereur, qui avait un petit reste de mauvaise humeur, sans doute parce que c'était lui qui avait eu tort, se contenta de lui montrer du doigt la pendule. Il se leva, lui donna la main, comme c'était alors l'usage, pour passer dans la salle à manger, et dit à MM. Decrès et de Montalivet, qui venaient d'arriver : « Je suis à vous dans cinq minutes. — Mais, mon ami, dit Joséphine qui, après l'algarade qu'elle venait d'essuyer, n'était peut-être pas fâchée d'avoir ces deux ministres en tiers pendant le dîner, mais, mon ami, ces messieurs arrivent de Paris et n'ont certainement pas dîné... — Ah! c'est juste. » Et il les pria de se mettre à table avec lui.

Après le dîner, il y eut une petite réception et l'empereur sembla prendre à tâche de faire oublier à l'impératrice par son amabilité le peu aimable accueil qu'il lui avait fait.

Napoléon et Joséphine demeurèrent à Fontainebleau jusqu'au 14 novembre. Ce séjour fut triste. La cordialité n'existait plus entre les deux souverains. Dès qu'ils étaient ensemble, l'empereur se montrait contraint, préoccupé, comme avant le voyage de Bayonne et demeurait muet; l'impératrice, ne sachant que dire, voulant parler et craignant en même temps de rompre le silence, assiégée de pressentiments fâcheux, partageait cet embarras; leurs tête-à-tête étaient devenus pénibles et l'empereur les évitait autant que possible.

Un jour, tandis que Joséphine questionnait M. de Bausset, préfet du palais, qui avait accompagné l'empereur dans sa dernière campagne d'Allemagne, sur la manière dont on vivait à Schœnbrunn, elle s'avisa de lui demander s'il savait pourquoi la communication particulière entre son appartement et celui de l'empereur avait été murée. M. de Bausset se doutait bien, comme tout le monde à la cour, que l'architecte ne se fût pas permis d'agir ainsi sans l'ordre de l'empereur et que Napoléon avait dû approuver les plans avant que l'on ne commençât les travaux; et puis, si la chose avait été faite sans son agrément, il aurait bien su le dire, et il n'avait rien dit. M. de Bausset répondit donc d'une manière évasive et Joséphine répliqua : « Croyezbien, monsieur, qu'il y a là-dessous quelque mystère[1]. »

Elle devinait, elle savait même fort bien quel était ce mystère. Lors du retour à Paris, l'empereur, au lieu de monter dans la même voiture qu'elle, comme il le faisait toujours, avait fait la route à cheval. N'était-ce pas significatif? Toute la cour et de plus les gens de service, les piqueurs, les valets, remarquaient très bien aussi tous ces symptômes de crise dans le ménage impérial, et leurs observations, les conclusions qu'ils en tiraient se répandaient vite dans le public. Aussi les bruits de divorce commençaient-ils à circuler de nouveau et à prendre une plus forte consistance. Ce fut au point qu'à une réception de l'impératrice, escomptant sa disgrâce et pensant faire sa cour à l'empereur, la valetaille titrée des Tuileries — cette race est généralement si vile[2] ! — se permit de ne plus avoir

1. DE BAUSSET, *Mémoires*, t. II, p. 2.

2. En voici un exemple : je puis d'autant mieux le citer ici, qu'il s'agit d'un des officiers civils de la maison de l'impératrice. Je me borne à détacher ce fait dans les *Mémoires* d'un homme dont le nom est synonyme d'honneur et de loyauté. « J'en rencontrai un troisième, dit-il en parlant des renégats de l'Empire devenus fervents royalistes à la Restauration, que ma présence ne mit pas à l'aise. Attaché autrefois à Joséphine, il avait fait preuve d'une prévoyance véritablement exquise : afin d'être en mesure contre les cas imprévus qui pouvaient survenir dans les promenades et les voyages, il s'était muni d'un vase de vermeil qu'il portait constamment sur lui. Quand la circonstance l'exigeait, il le tirait de sa poche, le présentait, le reprenait, le vidait, l'essuyait et le serrait avec soin. C'était avoir l'instinct de la domesticité. » (Général RAPP, *Mémoires*, p. 355.) Il est vrai que de tout temps, ces basses fonctions de domesticité étaient remplies, auprès des souverains, par des personnages. La princesse des Ursins, surintendante de la maison de la reine d'Espagne, sœur de la duchesse de Bourgogne, écrivait, le 12 novembre 1701, à la maréchale de Noailles : « Dans quel emploi, bon Dieu ! m'avez-vous mise !... En vérité, Mme de Maintenon rirait bien si elle savait tous les détails de ma charge...

pour l'impératrice qui, si elle était bonne, l'était surtout pour ses dames et ses gens, les respects accoutumés. « Pendant qu'elle faisait le tour du cercle pour adresser, selon son habitude, à chaque personne une parole obligeante, les dames du palais s'asseyaient, causaient, riaient tout haut avec les officiers de l'impératrice[1]. » Pouvait-il y avoir symptôme plus menaçant pour elle de la défaveur du maître que cette insolente défaveur de la domesticité impériale ?

La contrainte entre les deux époux les avait suivis à Paris. Cette situation était intolérable. Napoléon le sentait depuis longtemps. Il savait que tout le monde parlait du divorce et qu'on le regardait à Paris comme chose décidée. Il renouvela donc à Joséphine la proposition qu'il lui avait déjà faite et la pria de demander elle-même le divorce, de lui donner cette preuve de son affection et de son dévouement. Mais Joséphine ne comprenait point l'abnégation : elle ne pouvait se résoudre à prendre l'initiative que lui demandait l'empereur pour la troisième fois et s'obstinait à se renfermer dans une douce et passive résignation, qui est le courage des faibles et des timides. C'eût été fort bien ; mais elle se donnait le tort de ne pas garder le silence avec les personnes qui l'approchaient : marchandes de fleurs, modistes, marchands, médecins, femmes de chambre, elle racontait à tout le monde ce que l'empereur lui avait dit ; ses paroles, répétées, couraient ensuite tout Paris ; ses ennemis s'en em-

---

Tous les soirs, quand le roi entre chez la reine pour se coucher, le comte de Benavente (le grand chambellan) me charge de l'épée de Sa Majesté, d'un pot de chambre et d'une lampe que je renverse ordinairement sur mes habits ; cela est trop grotesque... »

1. Stanislas GIRARDIN, *Journal et Souvenirs*, t. II, p. 338.

paraient et les rapportaient à l'empereur qui alors devenait furieux.

Un jour que Napoléon, la raisonnant, cherchait à la persuader de demander elle-même le divorce, elle lui répondit que, si elle ne le faisait pas, ce n'était pas par regret de s'éloigner du trône, mais par désespoir de s'éloigner de lui. Et elle pleurait, s'attendrissant à ses propres paroles, et sa voix prenait des intonations de voix d'enfant, mais si douces et si désespérées que c'était pitié. « — Ne cherchez pas à m'émouvoir, lui dit l'empereur, je vous aime toujours ; mais la politique n'a pas de cœur, elle n'a que de la tête. Je vous donnerai cinq millions par an et une souveraineté dont Rome sera le chef-lieu[1]. »

Ces paroles de Napoléon sont remarquables : il disposait ainsi de la ville dont il avait fait enlever le pape, et donnait comme consolation à sa femme vieillie, cette femme dont un mariage entaché d'irrégularité avait régularisé la liaison avec lui, cette ville, la ville de saint Pierre, la ville éternelle ! Que de choses dans ces paroles de l'empereur !

Mais l'impératrice ne voulait pas aller à Rome et continuait à pleurer. « — Savez-vous, reprit l'empereur, pour échapper sans doute à l'émotion qui le gagnait, que ce divorce sera un épisode dans ma vie : quelle scène dans une tragédie ! »

Tout se borna à cela pour ce jour-là.

Ce fut vers cette époque que le maréchal Berthier, prince de Neufchâtel et prince de Wagram, offrit à l'empereur et à l'impératrice ainsi qu'à une partie de la cour, une chasse dans sa propriété de Grosbois, l'ancienne terre du général Moreau. Joséphine, qui

1. Stanislas GIRARDIN, *Journal et Souvenirs*, t. II, p. 344.

maintenant ne pouvait plus conserver le moindre espoir sur sa position, était d'une tristesse profonde ; l'empereur était gai, mais il était facile de voir que c'était là une gaieté de commande. La fête semblait, malgré un froid très vif et malgré le visage d'enterrement de l'impératrice, devoir être assez réussie ; il y avait un certain nombre de jeunes femmes en tenue de chasse qui formaient au maréchal le plus brillant état-major qu'il ait jamais eu autour de lui. La chasse se passa on ne peut mieux ; les voitures qui suivaient celle de Leurs Majestés ne se ressentaient pas de la tristesse de la voiture impériale et les dames qui s'y trouvaient, au nombre d'une vingtaine, étaient gaies et rieuses comme aux plus beaux jours qui suivirent Austerlitz. Au dîner, où arriva un renfort de vingt jeunes femmes qui n'avaient pas suivi la chasse, tout se passa encore de la meilleure façon du monde et l'impératrice faisait bonne contenance.

Des incidents grotesques viennent quelquefois se mêler aux situations les plus sérieuses : c'est ce qui arriva après le dîner. En sortant de table on passa dans une vaste pièce que Berthier avait fait arranger en salle de spectacle et bientôt l'on prit place pour la représentation. La toile se lève, on commence... Stupéfaction générale : la troupe des Variétés, que Berthier a fait venir à Grosbois, entame une pièce qui, depuis près d'une année obtenait un grand succès à Paris, mais qui contenait une foule d'allusions à la situation du ménage impérial.

Cette pièce s'appelait *Cadet-Roussel maître de déclamation*. Elle était d'Aude ; on l'eût plutôt cru l'œuvre de Fouché, tant elle semblait avoir été écrite pour seconder dans le public parisien l'exécution de ses plans. Cadet-Roussel, ce personnage fictif dont la grosse farce amusait tant nos pères, parle, à chaque instant et tout le long de la pièce, de la nécessité où il se voit de divorcer, parce qu' « il veut avoir des descendants ou des ancêtres ; » mais il change ensuite de résolution et dit : « Je sais ce qu'est ma femme, je ne sais pas ce que serait celle que je prendrais. » On juge si les invités de Berthier étaient stupéfaits. Napoléon l'était peut-être plus que tout le monde, mais il dissimula son humeur et fit semblant de ne s'apercevoir de rien. Joséphine, elle, ne savait que penser. Quant à Berthier, il ne vit pas tout de suite la colossale bévue qu'il avait faite en ne s'occupant pas du choix de la pièce dont il offrait la représentation à ses souverains ; mais il changea de couleur à la première allusion qu'il saisit, et, de ce moment, ce fut pour lui un supplice qui se prolongea jusqu'à la fin du dernier acte ; il envisageait sa lourde imprudence et les résultats que pouvait avoir une pareille légèreté : que devait penser l'empereur ? Le pauvre prince de Neufchâtel et de Wagram ne savait plus quelle contenance prendre : il avait, comme on sait, la fâcheuse habitude de ronger ses ongles : il les mangea jusqu'au sang. Il était temps que la pièce finît, les doigts eux-mêmes allaient y passer. Les invités, de leur côté, étaient las de se contraindre. Heureusement qu'un bal suivit la représentation : la musique et les danses eurent cependant quelque peine à triompher de la gêne que le malencontreux « Cadet-Roussel » avait jetée dans cette assistance agitée de sentiments si divers.

Les événements maintenant allaient se précipiter.

Un matin, dans une des dernières journées de ce mois de novembre, l'empereur, vêtu d'une redingote verte fourrée et suivi de Duroc, .entrait d'un pas rapide dans l'hôtel de Madame Mère. Mme Letizia habitait alors l'hôtel de Brienne, qui est aujourd'hui l'hôtel du ministre de la Guerre.

Il demeura plus d'une heure avec sa mère. Tandis qu'ils étaient ensemble, le grand-maréchal était resté avec la dame de service, qui était ce jour-là Mme Junot, duchesse d'Abrantès.

« Il y a de l'orage dans l'air, dit Duroc ; la question du divorce s'agite plus vivement que jamais. L'impératrice, qui jamais au reste n'a .compris sa véritable position, n'a pas même cette seconde vue qui vient aux mourants à leur dernière heure. Aucune lueur ne lui montre le péril de la route où elle s'engage. Chaque jour elle redouble d'importunités auprès de l'empereur, comme si un cœur se rattachait par conviction de paroles ! C'est absurde[1] !

— Que se passe-t-il donc ? Y a-t-il du nouveau ?

— Tout est à peu près terminé, dit Duroc ; la résolution de l'empereur a cependant fléchi ces jours derniers ; mais la maladresse de l'impératrice a tout détruit. Et puis il est arrivé, depuis que l'empereur est revenu à Paris, une si grande quantité de plaintes des marchands et fournisseurs à qui l'impératrice ne paye pas ce qu'elle doit, que l'empereur en est très violemment aigri. Cela aurait peut-être encore pu passer. Mais hier il s'est produit un incident véritablement extraordinaire ; il paraît que Madame Mère s'y trouve mêlée, et c'est ce que l'empereur est venu éclaircir lui-même. »

Voici quel était cet incident extraordinaire :

---

1. Duchesse D'ABRANTÈS, *Histoire des salons de Paris*, t. III, p. 300.

Napoléon avait interdit de la façon la plus formelle de laisser pénétrer aux Tuileries ou à Saint-Cloud, sous quelque prétexte que ce fût, des marchandes à la toilette ou revendeuses. Il en venait beaucoup, dans les premiers temps, pour offrir à Joséphine les plus beaux bijoux ou bibelots de leurs boutiques, sûres que tout ce qu'elles présenteraient serait acheté sans marchander : elles savaient bien aussi qu'elles finiraient par se faire payer. Mais l'empereur avait déclaré qu'il ne voulait pas que l'impératrice portât un bijou qui avait été déjà porté par une autre femme.

Une de ces marchandes, que l'empereur avait rencontrée dans un corridor, avait même été mise à la porte par son ordre. On avait eu beau lui dire que cette revendeuse ne venait que pour essayer de vendre sa marchandise aux femmes de chambre, il avait répondu : « Que les femmes de chambre aillent acheter leurs affaires où bon leur semble, mais je ne veux pas que des revendeuses à la toilette mettent le pied chez moi. » Et, pour plus de sûreté, car il ne voulait pas que des gens malintentionnés pénétrassent au château sous prétexte de vendre leurs marchandises aux femmes de service, il s'informait de temps en temps s'il se présentait parfois de ces friponnes aux grilles des Tuileries.

La veille du jour où Napoléon vint faire à Madame Mère cette visite matinale, il était allé chasser à Fontainebleau. Vers midi, comme la chasse n'allait pas, languissait, et que la pluie commençait à tomber, l'empereur en eut assez et donna l'ordre de préparer ses équipages pour rentrer à Paris. La nuit commençait à tomber lorsque sa voiture approchait de la grille des Tuileries. Par un singulier pressentiment qui lui fit croire qu'il allait trouver sa femme en faute, il envoya par son piqueur l'ordre au chef du poste de l'entrée de la cour de ne point prendre les armes et de ne pas faire battre aux champs. De cette façon, il monta l'escalier des Tuileries sans que personne au château ait eu connaissance de son arrivée. Il se dirigea à pas rapides vers l'appartement de l'impératrice.

On sait combien cette grande enfant avait le goût des *patiences* et des *réussites* ; mais, non contente d'interroger elle-même les cartes sur son avenir, elle avait la faiblesse d'ajouter à ce ridicule celui de recourir à la *science* des nécromanciennes. L'empereur l'avait souvent plaisantée sur cette petitesse d'esprit; puis, prenant la chose plus au sérieux, il lui avait défendu tout rapport avec les gens faisant métier de prédire l'avenir : « J'ai été témoin, a dit Méneval, de la défense qu'il lui intima d'aller consulter Mlle Lenormand. Il fit même arrêter cette célèbre jongleuse. Joséphine enveloppait du plus profond mystère ses rapports avec elle, et jamais l'intendant de ses dépenses n'a connu les sommes dont elle payait ses prédictions [1]. » Mais Joséphine ne tenait pas plus compte de la défense de son mari sur ce point que sur les autres, et, avec sa légèreté habituelle, sans se préoccuper des conséquences que pourrait avoir pour elle cette infraction aux ordres de l'empereur, si la chose arrivait à ses oreilles, comme cela ne pouvait manquer un jour ou l'autre de se produire, Joséphine avait continué à voir Mlle Lenormand ; elle la recevait dans son intimité et la comblait de cadeaux et d'argent qui eussent été mieux placés parmi les veuves et les orphelins que les guerres

1. MÉNEVAL, *Mémoires pour servir à l'histoire de Napoléon*, t. III, p. 115.

entreprises par son mari faisaient chaque jour par
centaines. Elle ne se bornait pas aux consultations de
Mlle Lenormand. Comme un malade qui se voit perdu
et qui veut consulter les médecins jusqu'à ce qu'il en
trouve un assez complaisant pour lui faire espérer une
guérison impossible, elle faisait venir aux Tuileries
tout ce qui se mêlait à Paris de prédire l'avenir par
les cartes, le marc de café et autres imbécillités
pareilles. Or, il y avait en ce moment, à Paris, un
homme qui était en grande vogue auprès des petits
esprits pour son habileté à lire l'avenir dans les
astres. On en citait des choses extraordinaires. Cet
homme était jeune, avait un extérieur séduisant, dis-
tingué même et ne donnait ses consultations que pour
l'amour de son art, disait-il, de la *science*. Aussi refu-
sait-il tout honoraire. C'était un Allemand ; il s'appelait Hermann. Des femmes parlèrent de lui, naturellement, à l'impératrice, et Joséphine, un jour, dit le
nom de cet homme à table, devant l'empereur, et
vanta sa science. Napoléon, qui se doutait bien qu'elle
ne disait tout cela que parce qu'elle mourait d'envie
de le consulter et qu'elle en voulait obtenir la permission, ne dit rien ; mais il fit prendre, à peine sorti de
table, des informations sur cet Hermann. Les renseignements ne furent pas bons ; on ne savait au juste
ce qu'il était, mais la police le surveillait. Quand l'empereur eut lu ce rapport, il dit à Joséphine : « Vous
m'avez parlé hier d'un nommé Hermann : je vous
défends de voir cet homme et de le faire venir au château. J'ai fait prendre des informations sur lui, il est
l'objet de certains soupçons. »

Joséphine promit, comme elle promettait toujours.
Pour elle, une promesse n'engageait à rien. Mais la
défense de voir Hermann aiguisa son désir de le con-

sulter. La chasse que l'empereur était allé faire à Fontainebleau lui fournit une excellente occasion de satisfaire sa curiosité.

« Qu'est-ce que cela fait, pensa-t-elle avec sa morale facile, puisqu'il ne le saura pas ! »

Et quand l'empereur, descendant de voiture, entra dans la chambre de l'impératrice, il trouva Joséphine devant une table chargée de cartes symétriquement disposées, entre l'Allemand Hermann et une revendeuse à la toilette ; il reconnut du premier coup d'œil cette femme pour l'avoir mise, lui-même, jadis, à la porte du château !

Si l'empereur cherchait une occasion de mécontentement contre Joséphine, il dut être satisfait : il était difficile à une femme de se moquer plus effrontément de son mari ; et ce mari était Napoléon !

La colère de l'empereur fut terrible : il fonça droit sur Joséphine, l'œil étincelant, les lèvres tremblantes, la main haute...

« Comment pouvez-vous violer ainsi mes ordres ! cria-t-il d'une voix stridente ; et comment vous trouvez-vous avec de pareilles gens? »

Joséphine était atterrée. Sans plus réfléchir à ce qu'elle disait qu'elle n'avait réfléchi à ce qu'elle faisait, tremblante, ahurie, elle eut recours au mensonge, comme une mauvaise écolière prise en faute, et répondit : « C'est Mme Letizia qui me l'a recommandée. » Et sa main désignait la marchande à la toilette qui, aussi effrayée qu'elle, avait couru se cacher derrière les rideaux, dans l'embrasure de la fenêtre.

« Et cet homme !... Comment se trouve-t-il ici, dans la chambre de l'impératrice?...

— C'est madame qui l'a amené, dit Joséphine

eperdue, en jetant avec angoisse un regard suppliant à la marchande.

A ce moment, l'Allemand, qui avait pensé tout d'abord être étranglé par l'empereur, dit avec fermeté :

« Je ne croyais pas, en venant dans le palais de l'empereur des Français, que ma vie ou ma liberté pussent y être menacées. Je suis venu parce qu'on m'a appelé. J'ai voulu dévoiler l'avenir à celle qui croit à *la science*... Quant à vous, sire, vous feriez mieux de consulter les astres que de les braver.

— Qui es-tu donc ? lui cria l'empereur d'une voix rauque sortant avec peine de sa gorge que la rage contractait ; et que fais-tu à Paris ?

— Ce que je fais, vous le voyez, dit l'Allemand en montrant les cartes qui couvraient la table. Ce que je suis... le sais-je ? Et qui donc, ici-bas, sait ce qu'il est ? »

Napoléon ne dit pas un mot. Il jeta aux trois personnages de cette scène un regard de dédain indicible et sortit en battant la porte avec violence. Il courut chez Duroc et lui dit en deux mots qu'il y avait avec l'impératrice un homme et une femme qu'il voulait voir chasser immédiatement du palais. Duroc exécuta à l'instant l'ordre de son maître.

Mais l'empereur n'avait pas oublié ce que l'impératrice lui avait dit : à savoir que c'était Madame Mère qui lui avait adressé la revendeuse tireuse de cartes. Au lieu d'écrire à sa mère, ce qui aurait obligé celle-ci à mettre, pour lui répondre, un secrétaire dans sa confidence, — on n'ignore pas que *la signora Letizia* ne savait guère, comme les autres femmes corses de son temps, que signer son nom, — Napoléon vint la trouver de bonne heure, le lendemain de cette scène. C'est pendant qu'il était en conférence avec elle, que

Duroc mit la jeune duchesse d'Abrantès au courant de cet événement. Quand, après une heure de conversation, l'empereur quitta sa mère, il était tout pâle : ses yeux avaient pleuré.

La signora Letizia confirma à Mme Junot ce que Duroc venait de lui dire et ajouta que cet Allemand, qui avait trouvé le plus ingénieux et le plus audacieux des moyens pour s'introduire aux Tuileries et faire dire à l'impératrice toutes les choses qu'il voulait savoir, n'était qu'un espion, homme fort intelligent du reste, aux gages de l'Angleterre. La police en avait acquis la certitude et avait adressé à l'empereur ce complément de renseignements.

Quant à Madame Mère, si elle s'était trouvée mêlée à cette affaire, c'était bien malgré elle et sans même s'en douter. Le lendemain de cet incident des Tuileries, elle avait été réveillée à sept heures du matin par un messager de l'impératrice qui lui apportait une lettre, avec la mention : *très urgent et exclusivement personnelle*. Dans cette lettre, Joséphine, continuant son système de mensonges, suppliait sa belle-mère de dire à l'empereur, dans le cas où il la questionnerait sur une marchande de châles ou revendeuse à la toilette, que cette femme lui avait été adressée et recommandée par elle-même.

La bonne Mme Letizia, ne sachant en aucune façon de quoi il était question, et croyant à une querelle de ménage causée par de nouvelles dépenses folles que sa belle-fille venait de faire et voulait dissimuler à l'empereur, ne fit point difficulté pour rendre à l'impératrice le service qu'elle lui demandait. La visite si matinale de l'empereur, qui ne venait que fort rarement voir sa mère, aurait dû cependant lui faire deviner qu'il se passait quelque chose de plus extraordinaire que l'achat de quelques châles fait par l'impératrice à une autre marchande que celle qui avait l'habitude de les lui fournir. Mais, après les premières paroles d'explication, elle vit qu'il s'agissait d'une tout autre affaire que d'une affaire de chiffons ; et apprenant que la vie de son fils, de son *Napolione*, était peut-être en danger, elle dit tout ce qu'elle savait, c'est-à-dire la démarche que l'impératrice venait de faire auprès d'elle ; elle remit, du reste, à l'empereur la lettre de Joséphine.

« J'espère, ajouta-t-elle en achevant de conter cette étrange histoire à sa dame de compagnie, j'espère que l'empereur aura le courage, cette fois, de prendre un parti que, non seulement la France, mais l'Europe attend avec anxiété ; son divorce est un acte nécessaire. »

La bonne femme était indignée que l'impératrice ait pu la mêler à une affaire de cette sorte. Et puis, quand cette Corse rigide mesurait le peu de dignité qu'avait eu sa belle-fille en s'adressant à elle, à la mère des Bonaparte, avec lesquels elle était presque en *vendetta*, pour dissimuler à l'empereur une inconcevable légèreté dont les suites pouvaient être si graves, elle n'en revenait pas de tant d'inconséquence, de si peu d'amour-propre !

Mme de Rémusat, « amie encore plus que dame du palais de Joséphine », avait déjà fait tout au monde, en 1807, pendant le voyage de la cour à Fontainebleau, pour détourner de l'impératrice l'orage qui la menaçait : son intervention auprès de M. de Talleyrand, familier intime de sa maison, ne fut pas étrangère à la contre-négociation que fit le vice-grand-électeur auprès de Napoléon, non pas pour combattre son projet de divorce, mais pour repousser l'immixtion de

Fouché en cette affaire et en ajourner la solution à un moment plus opportun. Mme de Rémusat, qui continuait à *protéger* de son mieux l'impératrice, avait appris, comme toute la cour, la visite insolite de l'empereur à sa mère. Devinant qu'il y avait là quelque intrigue défavorable à sa maîtresse et sachant que Mme d'Abrantès avait été de service ce jour-là auprès de Madame Mère, elle lui envoya un mot la priant instamment de lui dire à quelle heure elle la pourrait voir, car elle désirait lui parler au plus tôt. Mme d'Abrantès, rentrée chez elle, lut cette lettre. Elle fit remettre ses chevaux à sa voiture et se rendit de suite chez Mme de Rémusat. Celle-ci se déshabillait pour se mettre au lit quand Mme d'Abrantès arriva. Mme de Rémusat n'était autre que le *porte-paroles* de l'impératrice. « Madame Mère peut beaucoup sur l'empereur, dit-elle à Mme Junot, et vous, vous pouvez beaucoup sur elle ; elle vous écoute, vous êtes un peu sa compatriote, elle vous a vue naître et vous aime, vous pouvez même *tout*. Qu'elle veuille bien parler à l'empereur : l'impératrice Joséphine, je suis là pour en répondre, tiendra dorénavant toutes les promesses qu'il plaira d'exiger d'elle. Le prince Eugène, la reine Hortense, s'engageront aussi en son nom... »

Mme de Rémusat, fort jolie d'ordinaire, malgré un nez qui eût gagné à être un peu plus fin, Mme de Rémusat, dont la beauté était bonne, s'il est possible de s'exprimer ainsi, était en ce moment parfaitement belle. La flamme de ses grands yeux noirs illuminait son visage et lui donnait une apparence presque divine. Mais, est-ce que ce ne sont pas les sentiments, les passions exprimées sur un visage qui lui donnent la véritable beauté, bien plutôt que des traits plus ou moins corrects ? Et quels sentiments sont supérieurs à ceux de cette sublime bonté qui, s'élevant au-dessus des banalités ordinaires de la vie, combat pour faire le bien ?

Mme d'Abrantès lui fit entendre qu'en la circonstance présente aucune influence ne pouvait lutter contre les conséquences des faits qui venaient de se passer et qu'elle ne pouvait ignorer. Elle promit cependant de parler à Madame Mère et elle le fit. « Mais que pouvaient quelques vagues contre un rocher profondément attaché à la terre ? Et telle était malheureusement la volonté de la famille de Napoléon relativement au divorce [1] ».

Depuis cette fâcheuse aventure, l'impératrice était plus triste que jamais. Elle sentait que l'empereur préparait sérieusement son divorce : elle sentait aussi qu'elle avait de nouveau mis les torts de son côté et que son mari avait repris l'avantage. Sa tristesse donnait de l'humeur à Napoléon qui ne se rencontrait plus avec elle que lorsqu'il lui était impossible de l'éviter. La malheureuse femme avait des moments de désespoir suivis parfois d'espérance sans raison : « Ah ! dit-elle un jour à Mme d'Abrantès, si je promettais une fois, à présent, de faire tout ce que veut l'empereur, je ne manquerais jamais à ma promesse ! » Et la pauvre Joséphine oubliait, en disant ces mots, qu'elle avait son *toutou* sous le bras. L'empereur ne pouvait souffrir les chiens dans les appartements et jamais sa femme n'avait consenti à sacrifier ce goût aux goûts de son mari. Un jour, comme Mme de Rémusat lui en faisait l'observation, elle lui répondit : « Je prouve par là mon pouvoir sur l'empereur à

1. Duchesse D'ABRANTÈS, *Histoire des salons de Paris*, t. III, p. 401.

ceux qui en doutent. Voyez si l'empereur en a dit un mot ! » Napoléon avait en vérité autre chose à faire qu'à se disputer avec une femme qui ne voulait rien faire pour lui être agréable : il subit son caprice pour les chiens comme il subissait son désordre, ses dépenses insensées et ses dettes ; semblable à beaucoup de maris, devant l'inutilité de ses remontrances, il avait fini par ne plus rien dire. Aussi, lorsque l'impératrice dit à Mme d'Abrantès qu'elle ferait à l'avenir tout ce que voudrait l'empereur, celle-ci la regarda, regarda le chien et dit avec un sourire de découragement : « Ah ! madame... »

La grande enfant comprit et ne répondit rien.

Elle fut à la Malmaison pour trouver un peu de distraction à ses tristes pensées. Mais elle ne pouvait plus même prendre d'intérêt aux choses qui, avant, lui plaisaient le plus. Elle alla visiter sa serre : elle regardait ses fleurs, mais, distraite, elle ne les voyait pas ; sa pensée n'était plus là. Parfois ses yeux se remplissaient de larmes et tout montrait qu'elle souffrait. Ah ! comme elle était plus intéressante en ce moment, bien qu'elle ne méritât guère d'intérêt, que dans le brillant éclat de ses plus beaux jours ! Mais était-ce bien son mari qu'elle regrettait avec tant de douleur ? N'était-ce pas plutôt sa situation d'impératrice et tous les avantages qui y étaient attachés ? Hélas ! son mari, elle ne l'avait pas aimé dans les premiers temps de son mariage ; elle ne l'avait pas aimé avant son mariage, quand elle l'avait pris pour amant[1] ; était-il possible qu'elle se mît maintenant à l'aimer ? L'amour, ou plutôt un certain sentiment de jalousie

1. Voir *La générale Bonaparte*, p. 20.

lui était venu, mais seulement lorsque Napoléon, s'éloignant d'elle, put lui faire croire qu'il s'attacherait peut-être à une autre femme dont il pourrait avoir un enfant, qu'il divorcerait et qu'elle perdrait son rang d'impératrice. Ne pas perdre sa position ! voilà la grande pensée de son règne ; c'est cette pensée qui la domine, qui l'absorbe, et il est des moments où elle en convient. Mais, comme elle sait qu'il serait malséant de ne pas cacher son attachement à des intérêts tout matériels sous les dehors du sentiment, d'un attachement plus noble, elle dit à son mari qu'elle ne peut se séparer de lui. De là, des scènes de larmes et d'attendrissement, des protestations de tendresse pour Napoléon, et elle ne se gêne cependant pas pour répandre sur lui les plus odieuses calomnies et va jusqu'à dire, on l'a vu plus haut, qu'il serait capable de se débarrasser d'elle par le poison [1]. Mais, à force de dire qu'elle est extrêmement attachée à Napoléon, qu'elle l'aime, il se fait dans son cerveau, non dans son cœur, un étrange travail et elle finit par se persuader à elle-même, en voulant le persuader aux autres, que réellement elle aime son mari, quelque bourgeois que cela puisse être. N'est-ce pas par le même travail d'esprit qu'elle finissait par croire, de bonne foi, les inventions qu'elle ne craignait pas de faire, de très mauvaise foi, sur Napoléon et ses sœurs ? Joséphine était une femme comme il y en a malheureusement beaucoup, sans consistance, sans idées morales, sans énergie, une enfant gâtée, une petite fille de dix ans, comme l'a justement dit une femme de ses amies qui la jugeait

1. Mᵐᵉ DE RÉMUSAT, *Mémoires*, t. III, p. 283. — Th. JUNG, *Lucien Bonaparte et ses Mémoires*, t. III, p. 105.

bien et la trahissait non moins bien, l'*amie* du comte d'Antraigues[1].

La douleur a quelque chose de plus navrant quand on la voit chez des gens qui n'ont pas l'âme assez fortement trempée pour la supporter avec courage et simplicité. Celle de l'impératrice, qui n'était ni muette ni discrète, faisait mal à voir. Peut-être aussi y a-t-il quelque chose de plus théâtral dans la douleur des grands : ils ne peuvent souffrir qu'à grand fracas, avec pompe, on pourrait presque dire avec ostentation, et pourtant ils semblent trouver quand ils souffrent, que ce n'est que par suite d'une erreur, d'une injustice du sort, que la souffrance s'est abattue sur eux. Ils s'imaginent en vérité que la douleur, chez eux, est proportionnée au rang, — ce qui les grandit encore à leurs yeux en leur faisant penser qu'ils ont plus de force de caractère que les autres pour supporter de si colossales infortunes. O vanité humaine ! Où donc ne te trouverait-on pas ?

Ce jour-là, à la Malmaison, l'impératrice demanda à la duchesse d'Abrantès, qu'elle avait invitée à l'accompagner, ce qu'on disait à Paris.

« Madame Junot, je vous en conjure, dites-moi tout ce que vous avez entendu dire sur mon compte. Je vous le demande comme une grâce. Vous savez qu'elles veulent toutes ma perte (elle entendait par le mot *toutes* la mère et les sœurs de l'empereur); madame Junot, je vous en prie, dites-moi ce que vous savez sur moi. »

Et ses lèvres tremblaient, ses mains étaient humides et froides ; la douleur, mais une douleur lâche, lui sortait par tous les pores.

1. Voir *Un agent secret sous la Révolution : le comte d'Antraigues*, par Léonce Pingaud.

Comme Mme d'Abrantès lui affirmait que jamais ni Madame Mère ni les princesses n'avaient prononcé le mot de divorce devant elle, *depuis son retour de Portugal*, la pauvre impératrice s'appuya sur son bras et pleura.

« Madame Junot, dit-elle au milieu de ses larmes, rappelez-vous ce que je vous dis aujourd'hui, dans cette serre, dans ce lieu qui est un paradis et qui sera peut-être bientôt pour moi un enfer, rappelez-vous que cette séparation me tuera. Eh bien, elles m'auront tuée ! [1] »

Elle rentra le jour même à Paris, sans avoir trouvé à la Malmaison l'apaisement qu'elle cherchait.

Cependant le **2** décembre approchait. On devait fêter ce jour-là le double anniversaire d'Austerlitz et du couronnement. Triste fête pour celle qui allait être découronnée !

Le roi de Naples, le roi de Westphalie, le roi de Wurtemberg, tout ce qu'il y avait de princes en Allemagne, les reines et les princesses de la famille impériale arrivaient dans la capitale pour assister à ces fêtes et à celles que la Ville de Paris devait offrir à l'empereur en réjouissance de ses victoires et de la paix qui avait couronné sa campagne d'Allemagne. Napoléon avait donné l'ordre de *faire beau* pour donner à ses illustres hôtes la plus grande idée de la splendeur et de la prospérité de la France. Fêtes, dîners, chasses, concerts, spectacles se succédaient depuis quelques temps sans interruption. L'impératrice faisait tache par sa tristesse au milieu de l'insouciance et du tourbillon de folie qui entraî-

<hr>

1. Duchesse D'ABRANTÈS, *Mémoires*, t. VII, p. 403.

naît toute la cour. Le prince Eugène, qui était venu à Paris sans amener la vice-reine, était triste également. Il ne pouvait se faire à cette idée du divorce de sa mère. Il dut cependant y préparer l'impératrice, de la part de l'empereur, et lui faire accepter le sacrifice.

Triste aussi, mais moins triste peut-être était la reine Hortense ; elle savait, comme Eugène, la décision de son beau-père : l'empereur, qui avait pour elle une grande estime et beaucoup d'affection, et qui la chargeait souvent de donner des conseils à sa mère[1], lui avait confié depuis quelques jours sa volonté irrévocable de se séparer de l'impératrice. Hortense ne considérait pas avec autant de désespoir que sa mère le grand événement qui allait s'accomplir. Malheureuse dans son ménage, elle disait en souriant tristement, à sa mère qui pleurait de se voir répudier : « Est-ce là un malheur ? » Mais ce qui l'irritait au plus haut point, c'était l'air de triomphe des Bonaparte et des Murat : ils étaient, eux, rayonnants de bonheur !

A mesure que le jour de la fête approchait, l'impératrice sentait croître ses inquiétudes, parce qu'elle voyait que le dénouement de la situation était imminent. Le lundi 27 novembre, on remarqua que ses traits étaient altérés. Le mardi et le mercredi, l'altération était devenue plus marquée. Le dîner, chaque soir, continuait à être d'un silence mortel et ne durait pas plus de dix minutes. De temps en temps, pour rompre le silence pénible qui pesait sur cette triste table, l'empereur adressait au préfet du palais de service une question insignifiante sur le temps qu'il faisait, l'heure qu'il était.... Il n'écoutait pas la réponse

____

1. Mme DE RÉMUSAT, *Mémoires*, t. III, p. 249.

et le silence reprenait, glacial, lugubre, mortel. Le jeudi 30 novembre, Leurs Majestés se mirent à table comme de coutume. L'impératrice portait un grand chapeau blanc (c'était la mode alors pour les femmes de garder à table leur chapeau[1]) avec des brides blanches nouées sous le menton: elle semblait avoir pleuré et baissait la tête pour essayer de dissimuler ses yeux rougis sous son vaste chapeau. On ne parla point, on mangea à peine et l'empereur, se levant bientôt, passa au salon. L'impératrice l'y suivit lentement, comme plongée dans une profonde méditation. Le café fut servi au salon comme de coutume et lorsque le page qui emportait le plateau et les tasses eut disparu, que la porte fut fermée, Joséphine, prenant comme on dit, son courage à deux mains, demanda à l'empereur « pourquoi il voulait la quitter ». « Ne sommes-nous pas heureux ? » ajouta-t-elle en se mettant à fondre en larmes.

— Heureux ? s'écria Napoléon; heureux ? Mais le dernier commis d'un de mes ministères est plus heureux que moi! Heureux ? Est-ce donc une moquerie que vous me faites? Pour être heureux, il ne faudrait pas être tourmenté par votre jalousie insensée comme je le suis! Chaque fois que je parle au cercle à une jeune femme agréable ou jolie, je suis certain d'avoir dans mon intérieur le plus terrible des orages. Heureux ? répétait-il. Oui, je l'ai été! Je serais peut-être

1. Cet usage s'est conservé dans la maison d'éducation de Saint-Denis et les jeunes filles gardent leur chapeau à table. A propos de ce « chapitre des chapeaux », il ne faut pas oublier que, sous Louis XIV, hommes et femmes dînaient le chapeau sur la tête : on se rappelle ces vers de Boileau, dans le *Repas ridicule* :

> Quand un des campagnards relevant sa moustache,
> Et son feutre à grands poils ombragé d'un panache.

demeuré éternellement dans cette position, me rappelant assez notre amour pour n'en pas chercher un autre ; mais quand l'enfer est venu remplacer la paix ; lorsque la jalousie, la méfiance et la colère sont venues s'asseoir à mon foyer pour en chasser le bonheur et le repos, alors j'ai cherché en effet une autre vie. J'ai prêté l'oreille à la voix de mes peuples qui me demandent une garantie ; j'ai vu que je sacrifiais de hauts et puissants intérêts à des chimères, et j'ai cédé.

— Ainsi donc, tout est fini ? dit Joséphine d'une voix brisée.

— J'ai dû cimenter, je le répète, le bonheur de mes peuples ; pourquoi m'avoir amené vous-même à voir un intérêt avant le vôtre ? Croyez que je souffre plus que vous peut-être, car c'est moi qui vous afflige [1]. »

Mais Joséphine n'écoutait plus l'empereur. Au morne silence avec lequel elle avait accueilli ses premières phrases avait succédé un flot de paroles entrecoupées de sanglots déchirants, de cris de désespoir qui traversaient les portes et se faisaient entendre jusque dans les pièces voisines. « Assis dans un fauteuil à côté de la porte du salon de l'empereur, a écrit un témoin, j'observais machinalement les employés qui enlevaient les objets qui avaient servi au dîner de Leurs Majestés, lorsque tout à coup j'entends partir du salon de l'empereur des cris violents poussés par l'impératrice Joséphine. L'huissier de la Chambre, pensant qu'elle se trouvait mal, fut au moment d'ouvrir la porte ; je l'en empêchai en lui

1. Duchesse D'ABRANTÈS, *Histoire des salons de Paris*, t. III, p. 425.

observant que l'empereur appellerait du secours s'il
le jugeait convenable. J'étais debout près de la porte,
lorsque Napoléon l'ouvrit lui-même et, m'apercevant,
me dit vivement : « Entrez, Bausset, et fermez la
porte[1]. »

Le préfet du palais entra derrière l'empereur. Il
aperçut l'impératrice gisant sur le tapis. Elle poussait
des cris et se plaignait d'une façon lamentable. « Non,
répétait-elle, je n'y survivrai pas! » L'empereur dit
alors à M. de Bausset : « Êtes-vous assez fort pour
enlever Joséphine et la porter chez elle par l'escalier
intérieur qui communique avec son appartement,
afin de lui faire donner les soins et les secours que
son état exige? » M. de Bausset était un homme fort
gros : son énorme abdomen et ses bras très courts
ne devaient pas rendre la chose des plus commodes.
Il s'approcha néanmoins de l'impératrice, passa un
de ses bras sous sa taille, un autre sous ses jarrets
et, la soulevant, se redressa péniblement. L'impératrice ne disait plus rien et se laissait faire comme une
morte : elle semblait s'être évanouie. L'empereur,
qui avait aidé M. de Bausset, prit alors un flambeau
et, passant le premier, il ouvrit la porte du salon
donnant sur le corridor qui conduisait au petit escalier intérieur dont il venait de parler. M. de Bausset
le suivait portant l'impératrice. Lorsqu'on fut arrivé
à l'escalier, le préfet du palais fit remarquer qu'il
était trop étroit pour qu'il pût s'y engager avec l'impératrice dans ses bras; c'était bien juste s'il pouvait
y passer tout seul. Napoléon appela alors le gardien
du portefeuille qui, nuit et jour, était de garde à la
porte de son cabinet. Il lui mit le flambeau dans les

---

1. DE BAUSSET, *Mémoires*, t. II, p. 2.

mains et lui donna l'ordre de marcher devant; puis,
il prit l'impératrice par les deux jambes, tandis que
M. de Bausset la tenait par les aisselles. A un moment, l'épée du préfet du palais s'embarrassant dans
ses jambes faillit les faire tomber tous les trois; en
revenant violemment en arrière, cette malheureuse
épée se plaça de telle sorte que la poignée vint donner
contre l'épaule de l'impératrice *évanouie*. A ce moment il entendit la douce voix de Joséphine lui disant
tout bas : « Prenez garde, monsieur de Bausset, vous
me faites mal avec votre épée; et puis vous me serrez
trop fort. » M. de Bausset donna alors ce que le soldat appelle un *coup de sac* pour remonter un peu son
précieux fardeau, et l'impératrice se trouva avoir la
taille entourée par les bras du préfet; son dos s'appuyait entièrement contre la poitrine du porteur et
sa tête reposait sur son épaule droite. L'empereur
continuait à lui tenir les jambes. Il eût été bien plus
simple que Joséphine se mit debout et marchât toute
seule, mais elle joua la comédie jusqu'au bout. La
petite caravane arriva donc dans la chambre de l'impératrice. On la déposa, *toujours évanouie*, sur son lit
et l'empereur tira violemment un cordon de sonnette.
Les femmes de Joséphine arrivèrent aussitôt. Napoléon envoya chercher Corvisart et la reine Hortense,
et laissa l'impératrice entre leurs mains. « Mais, dit
M. de Bausset, son agitation, son inquiétude étaient
extrêmes. Dans le trouble qu'il éprouvait, il m'apprit
la cause de tout ce qui venait de se passer et me dit
ces mots : « L'intérêt de la France et de ma dynastie
a fait violence à mon cœur... Le divorce est devenu
un devoir rigoureux pour moi... Je suis d'autant plus
affligé de la scène que vient de faire Joséphine... que
depuis trois jours elle a dû savoir par Hortense... la

malheureuse obligation qui me condamne à me séparer d'elle... Je la plains de toute mon âme... je lui croyais plus de caractère... et je n'étais pas préparé aux éclats de sa douleur[1]. »

Le pauvre Napoléon était en effet tout bouleversé et avait peine à contenir son chagrin ; des larmes mouillaient son visage. Il fallait qu'il ressentit une bien profonde émotion pour confier ainsi les impressions de son âme à un subalterne : mais c'est un effet de la douleur de rapprocher les hommes et d'effacer momentanément les différences de la hiérarchie sociale. Ah ! s'il s'était aperçu que Joséphine n'avait nullement perdu connaissance et jouait la comédie !... Il ne serait peut-être pas venu, comme il le fit, demander tous les quarts d'heure de ses nouvelles.

Le parti de Napoléon était pris depuis Erfürt et surtout depuis Schœnbrünn. L'exécution de son plan était commencée, en dépit des souffrances réelles qu'il éprouvait à faire de la peine à Joséphine : aucune considération ne devait plus maintenant en entraver la marche.

Le 2 décembre arriva. Le froid était très vif ce jour-là, un froid noir accompagné de brouillard. Suivant l'expression d'une contemporaine, il y avait du malheur dans l'air ! Mais le malheur, malheur bien relatif à tout prendre, n'était que pour une seule personne, pour l'impératrice : pour Paris, pour la France entière, c'était l'anniversaire d'Austerlitz et celui du couronnement, c'était un jour de fête ! Il y eut le matin un *Te Deum* solennel à Notre-Dame : l'impératrice avait à ses côtés la reine d'Espagne et la reine de

1. DE BAUSSET, *Mémoires*, t. II, p. 8.

Westphalie. Que de réflexions elle a dû faire en cette
solennité! Il y avait cinq ans jour pour jour qu'elle
avait été couronnée impératrice dans cette même
église : aujourd'hui, la main qui lui avait mis la couronne de France sur la tête était prête à la lui retirer.
Elle était encore impératrice aujourd'hui, mais demain...

Le soir il y eut grand banquet aux Tuileries et l'impératrice y parut richement parée, avec beaucoup
d'éclat, grâce aux pinceaux d'Isabey, « mais l'air
triste »[1].

Le lendemain, la ville de Paris offrait une fête à
l'empereur : Napoléon devait être reçu à l'Hôtel-de-
Ville. Peu de minutes avant son arrivée, l'ordre parvint aux dames chargées de recevoir l'impératrice,
de ne pas aller au-devant d'elle : grand émoi dans le
petit troupeau enjuponné et en tenue de gala : l'heure
de la déchéance était donc venue avant l'heure du
divorce?

La malheureuse souveraine arriva. Le préfet de la
Seine, M. Frochot, la conduisit à la salle du Trône.
Elle était abattue : on voyait à ses yeux rouges, à ses
paupières gonflées, qu'elle avait pleuré et qu'elle prenait sur elle pour ne pas pleurer encore; ses pas
étaient chancelants ; l'heure du sacrifice, elle le voyait,
n'allait plus tarder beaucoup à sonner, mais comme
il était long, cet apprentissage de la disgrâce! Elle
essaya bien de sourire, mais ce sourire avait quelque
chose de déchirant. L'impératrice était certainement
la plus malheureuse des mille femmes qui se trouvaient alors dans le vaste palais. Mais aussi, avec
quel talent elle savait exagérer sa douleur!

1. Stanislas GIRARDIN, *Journal et Souvenirs*, t. II, p. 343.

L'empereur arriva à son tour. On remarqua qu'en entrant dans la salle du Trône l'air navré de l'impératrice lui fit un tel effet que, pour reprendre contenance, il dut tout à coup s'arrêter, parler à une des femmes qui bordaient la haie sur son passage et demeurer ainsi quelques secondes è apaiser les battements de son cœur[1]. Et voilà l'homme qu'on a si souvent représenté comme étant sans entrailles !

L'impératrice le suivit dans la promenade qu'il fit au travers de la foule nombreuse qui assistait à la fête. Ce fut la dernière fois qu'elle fit son métier d'impératrice. Elle adressa comme d'habitude un mot aimable aux dames devant lesquelles elle passait, et, comme chacun savait que l'heure du divorce était proche, on la regardait avec une sorte d'attendrissement et ses paroles étaient recueillies avec une sympathie émue. Du reste, Joséphine était aimée, véritablement aimée de la population parisienne et son éloignement du trône était vu avec défaveur[2].

La journée se termina par un banquet comme celui qui avait eu lieu la veille aux Tuileries et la soirée

---

1. Duchesse D'ABRANTÈS, *Histoire des salons de Paris*, t. III, p. 412.

2. Dans l'armée, on ne le voyait pas non plus d'un œil favorable. Les amusants *Cahiers du capitaine Coignet* le disent en termes naïfs : « Si l'empereur était content de nous, nous n'étions pas contents de lui. Le bruit circulait dans la garde qu'il divorçait avec son épouse pour prendre une princesse autrichienne en payement des frais de la seconde guerre avec l'empereur d'Autriche, et qu'il voulait avoir un successeur au trône. Pour cela, il fallut renvoyer la femme accomplie, prendre une étrangère qui devait donner la paix générale. » Il est curieux de remarquer la réputation qu'avait Joséphine dans les rangs de l'armée d'être « la femme accomplie ». Cette opinion s'est perpétuée dans le peuple et dans la partie peu éclairée de la population ; Joséphine fut regardée comme une victime et la légende sera encore longtemps avant de disparaître.

fut occupée par un concert donné dans une salle décorée magnifiquement.

Les fêtes se succédaient sans interruption. Le 7, il y eut spectacle à la cour. L'impératrice n'y vint pas et ne parut pas au cercle : le bruit fut répandu qu'elle avait la migraine. L'empereur fit le tour des salons, dit un mot bienveillant à chacun, et essaya, par son amabilité, de faire oublier celle de l'absente.

Le dimanche 10 décembre, une députation du Corps législatif vint solennellement aux Tuileries. L'empereur lui fit une allocution où la volonté de divorcer était cette fois officiellement déclarée : « La France, avait-il dit, a besoin d'une monarchie modérée, mais forte. Moi et ma famille sommes prêts à lui sacrifier nos plus chères affections. » Le divorce était donc annoncé : il n'y avait plus qu'à le faire prononcer.

Depuis quelques jours, du reste, l'impératrice gardait son appartement et ne paraissait plus à aucun cercle ; Madame Mère faisait les honneurs de la maison de son fils, aux Tuileries.

M. Thiers, qui tient de la bouche même de Cambacérès les détails du divorce de Napoléon et qui, de plus, eut communication de ses Mémoires inédits, raconte que l'empereur « montra la résolution où il était d'entourer cet acte des formes les plus affectueuses, les plus honorables pour Joséphine. Il ne voulait rien de ce qui pouvait ressembler à une répudiation et n'admettait qu'une simple dissolution du lien conjugal, fondé sur le consentement mutuel, consentement fondé lui-même sur l'intérêt de l'Empire. Il fut convenu qu'après un conseil de famille dans lequel l'archichancelier recevrait l'expression de la volonté des deux époux, un sénatus-consulte, rendu par le Sénat, en forme solennelle, prononce-

rait la dissolution du lien civil, et que, dans ce même
acte, le sort de Joséphine serait assuré magnifiquement... Il entendait la conserver auprès de lui comme
la meilleure et la plus tendre amie[1]. »

Le prince archichancelier fut chargé de négocier,
non pas auprès du pape, puisque l'empereur était
brouillé avec lui, mais auprès des hauts dignitaires
du clergé, la rupture du lien religieux qui l'unissait
à Joséphine. On se rappelle que le pape avait déclaré,
en 1804, qu'il ne couronnerait pas l'empereur s'il ne
faisait pas bénir par l'Eglise l'union qu'il avait con-
tractée devant la loi civile seulement : l'empereur,
devant cet ultimatum, avait été obligé de céder : pouvait-il laisser le pape retourner à Rome sans l'avoir
sacré ? Et cela après avoir annoncé à toute la France,
à toute l'Europe, l'auguste cérémonie ? L'empereur
n'avait donc pas été libre au moment où l'Eglise bénit
son union. C'était là un cas de nullité de mariage
qu'on n'oublia pas d'invoquer lorsque le moment fut
venu.

Le 15 décembre était le jour fixé pour la pronon-
ciation publique du divorce. Cambacérès vint, d'un
air plus grave encore que d'ordinaire, remplir les
fonctions qui lui revenaient en vertu du Statut de
famille ; Regnault de Saint-Jean d'Angély, ministre
d'Etat et secrétaire de l'état civil des membres de la
famille impériale, l'accompagnait.

Toute la famille se trouva bientôt réunie, en costumes de grande cérémonie. Cette réunion avait
quelque chose de solennel, malgré des vêtements
dont le luxe éclatant paraîtrait de nos jours singulièrement ridicule ; mais on croyait alors que la majesté

____

1. Thiers, *Consulat et Empire*, t. XI, p. 337.

impériale ou royale exigeait cet apparat tout théâtral. L'empereur avait Madame Mère à ses côtés ; le roi et la reine de Hollande, le roi et la reine de Westphalie, le roi et la reine de Naples, la princesse Pauline, le vice-roi d'Italie étaient rangés silencieusement autour d'eux, lorsque l'impératrice Joséphine entra, vêtue d'une robe blanche toute simple, sans le moindre ornement. Elle était pâle, mais paraissait assez calme ; sa fille et son fils étaient plus émus qu'elle, Eugène surtout, qui avait un tremblement nerveux qu'il ne pouvait maîtriser.

L'empereur, se levant, prit la main de l'impératrice Joséphine et, allant se placer avec elle au milieu du cercle des princes et princesses, ses proches parents, il lut d'une voix émue un discours exposant la cause de cette réunion extraordinaire de famille et les motifs de la décision solennelle qu'il prenait de rompre les liens qui l'attachaient à Joséphine.

L'impératrice déploya à son tour un papier et lut le discours suivant qui avait été préparé pour elle et que, pour éviter toute hésitation en le lisant, elle avait eu soin de copier elle-même : « Avec la permission de notre auguste et cher époux, je dois déclarer que, ne conservant aucun espoir d'avoir des enfants qui puissent satisfaire les besoins de sa politique et l'intérêt de la France, je me plais à lui donner la plus grande preuve d'attachement et de dévouement qui ait jamais été donnée sur la terre... »

La pauvre femme en était là de son discours, quand les paroles qu'elle lisait lui causèrent un attendrissement tel, qu'elle s'interrompit un instant ; elle voulut reprendre... les larmes l'avaient gagnée au point de lui rendre toute lecture impossible. D'un geste éperdu, à faire pleurer, elle tendit alors son papier...

Regnault de Saint-Jean d'Angély le prit et, vivement ému lui-même, en acheva la lecture :

« Je tiens tout de ses bontés ; c'est sa main qui m'a couronnée et, du haut de ce trône, je n'ai reçu que des témoignages d'affection et d'amour du peuple français.

« Je crois reconnaître tous ces sentiments en consentant à la dissolution d'un mariage qui désormais est un obstacle au bien de la France, qui la prive du bonheur d'être un jour gouvernée par les descendants d'un grand homme si évidemment suscité par la Providence pour effacer les maux d'une terrible Révolution et rétablir l'autel, le trône et l'ordre social. Mais la dissolution de mon mariage ne changera rien aux sentiments de mon cœur ; l'empereur aura toujours en moi sa meilleure amie. Je sais combien cet acte, commandé par la politique et par de si grands intérêts, a froissé son cœur ; mais l'un et l'autre nous sommes glorieux du sacrifice que nous faisons au bien de la patrie. »

Tout le monde, même la princesse Pauline, même la reine de Naples, fut remué jusqu'au fond du cœur par la noblesse, la grandeur des sentiments qui venaient d'être exprimés et qui cadraient si bien avec la solennité de cette réunion. La phrase disant que Napoléon était « évidemment suscité par la Providence », rappela peut-être à la mémoire de quelques-uns que cet élu de la Providence avait fait, il y avait quelques mois, arrêter le pape dans la ville de Rome et lui avait ravi la liberté ; l'allusion aux maux de la Révolution aurait pu être un peu plus indulgente, car, sans cette Révolution, aucun des personnages qui jouaient cette extraordinaire comédie, dont la banalité disparaissait devant la gloire du principal acteur, une

mise en scène imposante et la perfection des discours
que l'on récitait, — sans la Révolution, aucun de ces
personnages n'aurait eu la moindre couronne sur la
tête; quant au rétablissement du trône et de l'autel, il
était piquant de se rappeler que ce discours avait été
en partie rédigé par Cambacérès, par Cambacérès le
régicide pressé, qui avait voté la mort immédiate de
Louis XVI !

Pendant cette lecture, l'impératrice paraissait assez
calme, mais s'essuyait fréquemment les yeux; la
reine de Hollande sanglotait derrière elle; le vice-roi
d'Italie, plus ému que tout le monde, semblait prêt à
défaillir.

Enfin tout fut terminé; chacun signa l'acte du divorce impérial et l'on quitta le salon. Eugène était
à bout de son énergie; il tomba sans connaissance.

L'empereur venait de se mettre au lit lorsque Joséphine parut inopinément sur le seuil de sa chambre :
ses cheveux étaient en désordre, son visage altéré, son
regard fixe. Elle s'arrêta un instant, puis s'avança
vers le lit de Napoléon : elle marchait tout d'une
pièce, d'un pas presque automatique. Elle arriva
ainsi jusqu'au lit, s'y laissa tomber, et, enveloppant
l'empereur de ses bras, elle pleura et poussa des
sanglots déchirants. « Allons, ma bonne Joséphine,
disait Napoléon, sois plus raisonnable. Voyons ! du
courage ! je serai toujours ton ami ; du courage ! »
Mais il commençait à en avoir besoin lui-même, car
l'émotion le gagnait et il sentait que des larmes lui
venaient aux yeux...

Une heure après, Joséphine sortait de la chambre
de l'empereur...

Elle ne devait plus être que son amie.

Le lendemain de cette journée historique, le Sénat reçut un message lui annonçant que Napoléon et Joséphine avaient pris d'un commun accord la décision de rompre leur union. Un seul motif en était donné, celui d'assurer la sécurité et le bonheur de la France par des héritiers que Joséphine ne pouvait plus lui faire espérer. Le prince Eugène, le fils de Joséphine, eut un rôle à jouer : il était architrésorier du Sénat et, pour la première fois qu'il entra au Sénat, ce fut le jour où cette assemblée eut à se prononcer sur le changement de situation de sa mère. L'archichancelier prononça un discours ; le ministre d'Etat Regnault de Saint-Jean d'Angély donna lecture du projet de sénatus-consulte portant dissolution du mariage de Napoléon et de Joséphine. Après cela, le prince vice-roi se leva et lut la déclaration qui lui avait été préparée par M. de Fontanes. Jamais l'éloquence officielle n'avait trouvé d'accents plus élevés. C'est là qu'était écrite cette phrase si souvent citée : « Les larmes qu'a coûtées cette résolution à l'empereur suffisent à la gloire de ma mère. » Malgré toute cette mise en scène, malgré ces belles paroles, l'opinion publique s'étonna de la docilité toute passive du prince Eugène.

Il n'y avait point d'apparence que le Sénat, habitué à enregistrer comme lois toutes les volontés de l'empereur, se refusât à donner le sénatus-consulte qui devait prononcer la dissolution du mariage de Napoléon et de Joséphine. Il le donna. Mais ce n'était pas tout. Maintenant que le mariage civil était rompu, il s'agissait d'obtenir la rupture du mariage religieux. L'archichancelier s'en chargea. L'officialité diocésaine, imitant le Sénat (comme l'héroïsme, la servilité est contagieuse), déclara, par sentence du 9 janvier 1810, la rupture du lien spirituel qui avait uni S. M. l'empereur Napoléon et S. M. l'impératrice Joséphine ; l'officialité métropolitaine confirma avec la même docilité cette sentence, le 12 du même mois, et motiva son arrêt sur ce que le mariage, n'ayant pas été contracté devant témoins ni devant le curé de la paroisse, était radicalement nul, d'après les dispositions du concile de Trente.

La vérité était, en dépit de toutes les ergoteries d'avocats et les arguties des théologiens, que la volonté seule de l'empereur existait ; seule, en ceci comme en tout, elle faisaitloi. Son mariage était déclaré nul parce que tel était son bon plaisir. La platitude des hommes trouva toutes les paroles qui convenaient pour habiller d'une façon décente et recouvrir d'un travesti juridique cet acte de la volonté impériale ; elle le présenta, ainsi déguisé, à la complaisante admiration des masses qui, la bouche ouverte jusqu'au gosier, avalent tout ce qu'on leur jette, comme le poisson avale l'appât — et l'hameçon qu'il recouvre.

Deux jours après, le 14 janvier, le *Moniteur* apprenait ces événements à la France et au monde entier[1].

Cet événement fut longtemps, on le conçoit, l'objet des conversations et des discussions. L'on s'accordait

1. L'Académie des sciences morales et politiques, dans sa séance du 3 mars 1894, a entendu une communication de M. Colmet de Santerre sur le divorce de l'empereur et le code Napoléon. Il a prouvé par les textes, les principes de jurisprudence et les antécédents historiques, que le consentement mutuel de Napoléon et de Joséphine ne constituait ni un motif juridique de divorce, ni une cause de nullité de mariage ; il a prouvé également que le Sénat n'avait pas qualité pour statuer sur la question.

généralement à plaindre Joséphine d'être descendue
du trône; et, comme si la souveraine était morte, on
la gratifia, selon l'usage, de toutes les qualités : heureusement pour elle que l'empereur l'avait gratifiée
d'un viatique plus solide. Quelques esprits réfléchis
et qui ne se laissaient point « emballer » par les
grands mots et les magnifiques mises en scène, ne
furent pas sans critiquer amèrement les dotations
excessives données à une femme que l'empereur
mettait de côté ; ils ne purent s'empêcher, devant la
splendeur fastueuse de cette sorte de retraite donnée
à l'impératrice Joséphine, de penser à la misère noire
dans laquelle se débattaient avec angoisse tant de
milliers de femmes, honnêtes celles-là, dont les fils
ou les maris avaient été dévorés par les champs de
bataille, et qui devaient contribuer ainsi de leurs
pauvres deniers à entretenir le luxe et le gaspillage
de la sultane vieillie et détrônée. La masse du peuple
reconnaissait plus ou moins distinctement dans le
divorce de l'empereur un acte politique destiné à
assurer la dynastie de Napoléon et quelques-unes des
conquêtes de la Révolution sur l'ancien régime ;
elle se serait trouvée à peu près satisfaite si, comme
elle l'espérait, une paix durable en avait été la conséquence.

Dans l'armée, le divorce était considéré avec moins
de satisfaction. Joséphine avait sa légende parmi les
militaires. Les soldats l'avaient vue venir en Italie, et,
toujours prompts à l'engouement, ils s'étaient mis à
aimer d'emblée la femme qui, par amour pour leur
général, pensaient-ils, avait préféré les hasards d'une
vie errante en Italie, à l'existence de fêtes et de douceurs qu'on lui faisait à Paris. La légende en était restée
et, comme à la guerre on devient facilement fataliste,

les soldats, beaucoup d'officiers aussi, attribuaient à Joséphine une sorte d'influence bienfaisante sur la fortune de Napoléon. Quand l'heure des revers aura sonné, le nom de Joséphine reviendra souvent sur leurs lèvres, et, dans les misères de la retraite de Russie, dans celles de la retraite d'Allemagne, on entendra plus d'une fois les vieux soldats dire, en parlant de leur empereur : « Il ne fallait pas qu'il quittât *la vieille ;* elle lui portait bonheur et à nous aussi[1]. »

Le soldat, dans son rude et franc langage, ne s'exprimait certes pas en termes d'une galanterie recherchée, et il est possible que la coquette Joséphine, si elle avait connu cette phrase, sans tenir compte du sentiment bienveillant qui la dictait, n'eût été que médiocrement flattée du compliment. Mais c'était alors une croyance presque générale que Joséphine portait bonheur à son mari. « Je répétais, et même je croyais un peu, a dit M. Beugnot, que Joséphine était la fortune de l'empereur, et par conséquent de la France, et que si jamais elle se séparait de son époux, elle emporterait cette fortune avec elle[2]. » Joséphine, avec ses penchants à la superstition, le croyait probablement aussi, mais elle avait toujours cherché à le faire croire à son mari. Napoléon, qui a toujours eu des tendances fatalistes, ne faisait pas trop difficulté d'écouter sa Joséphine sur ce point ; « il était persuadé que sa femme lui portait bonheur[3] », et plus tard, quand les revers et les trahisons viendront l'ac-

---

1. Commandant PARQUIN, *Souvenirs et campagnes d'un vieux soldat de l'Empire*, p. 203. (Édit. de 1893).

2. BEUGNOT, *Mémoires*, t. I, p. 423. — Duchesse D'ABRANTÈS, *Mémoires*, t. VII, p. 507.

3. THIBAUDEAU, *Mémoires sur le Consulat*, p. 19.

cabler, il se laissera aller à dire : « Elle avait raison, de l'avoir quitté m'a porté malheur[1]. »

1. Mlle COCHELET, *Mémoires*, t. I, p. 289. — Mlle Cochelet, lectrice de la reine Hortense, épousa le commandant Parquin dont le remarquable ouvrage, *Souvenirs et campagnes d'un vieux soldat de l'Empire*, a été cité à la page précédente.

LIVRE DEUXIÈME

APRÈS LE DIVORCE

CHAPITRE PREMIER

Ce que fut l'impératrice Joséphine : ce qu'elle aurait pu être.
— Sa regrettable insignifiance comme femme et comme souveraine. — Son manque d'influence sur son mari. — Exagération théâtrale de la douleur de Joséphine après le divorce.
— Cette exagération a été encore exagérée par les historiens.
— Superbe position que fait Napoléon à l'impératrice répudiée. — A la Malmaison. — Visites de Napoléon. — Tout Paris va voir Joséphine. — Correspondance active entre Trianon et la Malmaison. — Joséphine vient s'installer à l'Élysée. — Elle s'entremet auprès de Mme de Metternich pour marier Napoléon avec l'archiduchesse Marie-Louise d'Autriche. — Le prince de Meklembourg-Schwerin demande la main de Joséphine. — Joséphine va s'établir à Navarre. — Demandes d'argent. — Mécontentement de Napoléon. — Joséphine à Aix-les-Bains. — Lettre de Mme de Rémusat. — Calculs déloyaux de Joséphine. — Retour à la Malmaison. — Dettes. — Une fête à Navarre.

Si l'on accordait à celle qui venait de descendre du trône la vertu de porter bonheur à son mari, et par suite à la France, c'était, avec sa bonté, plus proverbiale que réelle, la seule vertu qu'on eût pu lui

pi_cier, car, de sa fidélité d'épouse, il ne pouvait en
être question. Cette fâcheuse situation vis-à-vis de son
mari lui eût fait perdre toute autorité morale sur lui,
si elle en avait jamais eu, d'abord parce que ne
sachant ni ne comprenant ce que pouvait être l'as-
cendant moral, elle n'était pas capable de le posséder ; ensuite parce que Napoléon, quand elle lui
reprocha ses infidélités, et cela, moins par froisse-
ment de cœur que par froissement d'amour-propre
ou par crainte du divorce, pouvait, comme excuse,
lui objecter les siennes. Il ne manqua pas de le faire,
un jour, devant Mme de Rémušat. Dénuée de toute
pensée sérieuse, elle n'avait jamais cherché à se mêler
d'une façon quelconque à la direction des affaires,
d'abord par la paresse naturelle et le peu d'étendue
de son esprit, ensuite parce qu'elle savait que son
mari ne le lui aurait pas permis et l'eût arrêtée dès les
premiers pas [1]. Sa qualité, sa grande qualité était une
douceur, une égalité d'humeur presque inaltérables ;
au fond, cette égalité d'humeur n'était peut-être que
l'aimable forme d'une insouciance sceptique, d'une
indifférence égoïste, mais bien élevée et de bonne
compagnie, qu'il n'y a par conséquent pas lieu de
vanter outre mesure ; cette dernière est cependant
assez rare chez les femmes pour qu'on lui en sache
gré et qu'on lui en tienne quelque compte, bien qu'à
l'âge auquel elle était arrivée elle dût commencer à
aimer le calme et les habitudes paisibles. Napoléon,
la tête toujours occupée de travaux et de projets gi-
gantesques, trouvait auprès d'elle une sérénité d'at-

---

1. Napoléon disait souvent : « Les États sont perdus quand
les femmes gouvernent les affaires publiques. » (Comte RŒDERER,
Mémoires. t. III, p. 366. — Général THIÉBAULT, *Mémoires*, t. IV,
p. 75 ; etc.)

mosphère qui donnait à son esprit, tendu mais non fatigué, la détente bienfaisante que les bains prolongés donnaient à ses nerfs et à ses muscles. Cette sérénité presque constante et la bonne grâce qu'elle savait avoir pour chacun, mais qui était plus dans son tempérament de femme du monde que dans sa volonté, lui avaient conquis tous les suffrages. « Je gagne les batailles, a dit Napoléon, toi, Joséphine, tu me gagnes les cœurs. » Elle s'est toujours montrée bonne et secourable, donnant sans compter à tous ceux qui lui demandaient : voilà qui est très bien, mais ceux qui lui demandaient étaient ceux qui l'approchaient, et sa bonté n'a guère été au delà. Sa nature indolente ne la faisait pas aller au-devant des infortunes à secourir, et son cœur, également paresseux, ne lui a jamais soufflé quelqu'une de ces grandes pensées qui, provoquant, par son exemple, la charité dans tout son entourage, en concentrant et dirigeant les efforts, rendent bien plus efficace le bien que l'on veut faire. Ah ! l'exemple, le bon exemple ! Elle ne savait pas ce qu'une souveraine peut faire par l'exemple ! Elle s'est toujours bornée au soulagement de quelques infortunes particulières qui parvenaient à arriver jusqu'à elle et à implorer son secours, ou qui se trouvaient sur son chemin. Ses forces pour faire le bien s'éparpillaient ainsi au hasard des demandes ; elle faisait moins le bien qu'elle n'accordait des bienfaits ou des aumônes ; pour celles-ci, c'était sa dame d'honneur qui en était la dispensatrice ; elle recevait un traitement de quarante mille francs par an pour les distribuer quand elle en avait le temps : tous ses moments n'étaient-ils pas pris par les *devoirs* de la vie toute de représentation du palais ?

Il faut donc louer Joséphine du bien qu'elle fit,

mais il ne faut pas oublier qu'avec les immenses moyens dont elle disposait, elle eût pu en faire bien davantage, et aussi que le bien qu'elle fit ne lui imposa jamais la moindre privation ; a-t-elle fait faire une robe de moins, un chapeau de moins, pour soulager une infortune? Elle faisait le bien beaucoup plus, même, pour ne pas avoir la contrariété de ne pas donner que pour le délicat plaisir du cœur qui consiste à découvrir des malheureux et à les secourir. Elle ne refusait jamais, mais elle ne recherchait pas les infortunes discrètes et fières, de sorte que celles qui méritaient le plus d'intérêt n'étaient pas celles qui obtenaient le sien. Comme elle avait de la grâce à tout ce qu'elle faisait, elle en mettait aussi à faire accorder les demandes de places, d'avancements ou de faveurs qu'on lui adressait, lorsqu'elle ne les égarait pas, et c'est par là, en grande partie, que s'est faite sa réputation de bonté. Elle donnait beaucoup, mais moins à ceux qui avaient besoin qu'à ceux qui étaient autour d'elle : bijoux, châles, robes, bibelots de toute sorte, elle les offrait en cadeaux à son entourage, à des officiers venant de l'armée et lui apportant des lettres de Napoléon ou d'Eugène, à ses dames du palais, à ses femmes de chambre : et chacun alors de proclamer tout haut la bonté de la gracieuse souveraine.

Qu'on ne s'y trompe pas, c'est dans cet entourage, qui n'en avait pas besoin, que se répandaient surtout les bienfaits de Joséphine, c'est là et de cette façon que s'est établie la réputation de bonté qui depuis l'a entourée comme d'une auréole. Elle n'a jamais été méchante pour personne, si ce n'est pour ses beaux-frères et ses belles-sœurs, contre qui elle inventait les plus abominables calomnies, calomnies qu'elle ne ménagea pas à son mari lui-même — et la mémoire de Napoléon, auprès des gens qui n'ont lu que certains livres sur lui, en est encore souillée.

Des principes de devoir et d'honneur, de ces principes solides qui sont la base d'une vie digne et respectable, il ne fallait pas lui en demander : si elle sut ce que c'était, elle ne le laissa point voir et n'en eut jamais que d'appropriés aux circonstances ; elle suivait en tout son caprice, jamais son devoir. L'indulgence qu'on eut pour elle est singulière, et des hommes qui avaient crié : « A bas l'Autrichienne ! » devant Marie-Antoinette et ses légèretés, fermaient les yeux devant celles de Joséphine, infiniment plus graves, et même les admiraient. Est-ce juste ?

On a beaucoup vanté son affection pour ses enfants. Ici encore, on a singulièrement exagéré : n'a-t-elle pas sacrifié sa fille à son propre intérêt en la forçant à accepter un mari qu'elle ne voyait qu'avec répulsion ? Elle est cause du malheur d'Hortense et de Louis Bonaparte. Et puis, y a-t-il donc tant de mérite à aimer ses enfants ? Il suffit pour cela, comme a dit un de nos plus gracieux écrivains, Octave Feuillet, de ne pas être un monstre.

Une certaine perspicacité, qui lui était moins particulière qu'elle n'est naturelle à toutes les femmes, lui avait fait reconnaître, mais après beaucoup de temps, la manière moins de plaire que de ne pas déplaire à son mari ; elle entrait sans effort, mais jamais brusquement, dans ce qu'elle pouvait deviner de ses sentiments du moment, pourvu toutefois que cela ne lui imposât pas le moindre sacrifice, et Bonaparte, qui voyait parfaitement ce petit manège, disait : « Ma femme est beaucoup plus maligne qu'on ne pense, malgré sa réputation de bonté [1]. » Ceci est une observation provenant de l'origine corse de Napoléon : il faut savoir qu'en Corse les mots : *Un homme bon, une femme bonne*, signifient un sot, une sotte; et Napoléon, qui savait que sa femme avait la réputation d'être *bonne*, lui prêtait dans son esprit, assez volontiers peut-être, la qualité, l'état qu'on désigne dans son pays par le mot *bon*.

Cette manière d'être, toujours douce et sereine, différente du caractère vif et ardent des femmes corses, eut auprès de Napoléon, malgré des larmes trop faciles à venir, trop abondantes quand elles venaient, et qui venaient trop souvent, un plein succès. La séduction qu'elle exerçait sur lui était d'autant plus puissante qu'elle était revêtue des formes élégantes, gracieuses, aisées, que la Révolution et l'émigration avaient rendues si rares à Paris, et que Napoléon n'avait jamais vues auparavant, parce qu'elles ne faisaient guère alors partie des qualités des femmes de la Corse; ces dehors, tout superficiels, en imposèrent beaucoup au jeune insulaire; elles ont certainement contribué à inspirer à Napoléon le goût des bonnes manières, par conséquent à les faire revenir en France après le 18 Brumaire, Joséphine se trouva dès lors l'intermédiaire tout désigné entre l'ancien régime et le nouveau. Les émigrés qui voulaient obtenir leur radiation et la restitution de leurs biens n'hésitaient pas à s'adresser à elle. « Vous êtes des nôtres », lui disaient-ils; et, en disant cela, ils faisaient bien plutôt allusion à l'origine noble de M. de Beauharnais qu'à celle des La Pagerie : la noblesse des colonies n'a jamais compté auprès de celle de France qui ne

1. Th. Jung, *Lucien Bonaparte et ses Mémoires*, t. III, p. 96.

la considère que comme une noblesse de pacotille.
Les émigrés rentrés, les parents d'émigrés lui remettaient mille demandes. Elle promettait toujours tout.
Son mari, dont la politique était toute conciliatrice,
ne refusait que lorsqu'il avait des motifs puissants
pour le faire ; et, comme on s'adressait beaucoup à
Joséphine, il s'imagina que la situation de sa femme
dans le faubourg Saint-Germain était très grande : en
réalité, elle était nulle ; on venait à elle parce qu'on
avait besoin d'elle ; on la *lâchait* ensuite dès qu'on
avait obtenu ce qu'on était venu solliciter, — comme
s'il n'eût pas été de bon ton d'être l'obligé de *la Bonaparte* et surtout de lui garder de la reconnaissance :
l'ingratitude était plus facile et tirait plus aisément
d'affaire.

Dans tout ménage, la femme doit exercer une part
légitime d'influence sur son mari, la femme doit com-
pléter l'homme. Joséphine était trop insignifiante
sous tous les rapports pour exercer d'autre empire que
celui des sens sur un homme, surtout sur un homme
comme celui qui était son mari. « Peut-être, a dit
Mme de Rémusat en parlant de Napoléon, qu'il eût valu
davantage s'il eût été plus et surtout mieux aimé[1]. »
C'est incontestable. Joséphine n'eut aucune influence
sur son mari et Napoléon ne trouva pas en elle le frein
modérateur qui eût été si nécessaire aux volontés irré-
fléchies, aux ambitions démesurées de sa nature corse
un peu sauvage. Trop occupée de bijoux, de robes et
de chiffons, faisant quatre ou cinq toilettes par jour,
n'ouvrant jamais un livre, on ne sait en vérité quelle
qualité de l'esprit ou du cœur n'eût été étouffée dans
son germe par une existence aussi pleine de vide

1. Mme DE RÉMUSAT, *Mémoires*, t. I, p. 141.

Incapable de se passionner pour quoi que ce fût, éprouvant tout au plus des désirs immodérés, ces désirs ne furent jamais que pour des choses déraisonnables. Manquant de la délicatesse de l'âme, tout en étant aimable pour chacun, manquant de la délicatesse du cœur tout en montrant de la bonté, elle n'avait que ce vernis de salon qui tient lieu d'esprit à ceux qui n'en ont pas et les met à même de parler à peu près sur tout sans rien dire. Exclusivement personnelle, jamais elle ne fit à son mari le sacrifice d'un de ses goûts; jamais elle ne chercha, non pas à lui faire plaisir, mais seulement à ne pas lui être désagréable : il n'aimait pas les chiens dans les appartements, elle en eut toujours; il n'aimait pas les larmes, elle en versait à tout propos; il avait en horreur le désordre et les dettes, elle gaspillait et s'endettait en dépit de ses prières et de ses ordres, et croyait avoir tout réparé quand elle avait dit en minaudant gracieusement : « Est-ce ma faute ? » Quelle bonne influence une poupée semblable pouvait-elle exercer sur « l'homme des siècles » ?

Dénuée à peu près de toute idée morale, était-elle capable de maintenir Napoléon dans les hautes et sereines sphères de l'austérité des mœurs et de la sévérité du devoir ?

Femme légère, pouvait-elle rappeler à son mari qu'il ne devait point se jouer de l'opinion publique, qu'il ne devait point la braver ?

On peut se demander ce qu'eût été Napoléon s'il avait eu pour compagne une femme de tête et de cœur, de conscience et de devoir, comme la France, Dieu merci, en produit beaucoup et comme il s'en trouva même à la cour impériale. M. Charles de Rémusat, esprit des plus distingués, qui dut en très grande partie à sa mère ce qu'il a été, a dit que l'empereur était plus accessible qu'on ne l'a cru aux remontrances justes, qu'il eût été possible de lui résister utilement et qu'il était capable de supporter parfois la contradiction : il en donne des preuves. Quelle puissance n'aurait pas eu sur lui une femme qui aurait joint à la bonté, à la véritable bonté, l'esprit profond de Mme de Rémusat, par exemple, l'entrain de bon aloi de Mme d'Abrantès, les qualités du cœur de toutes les deux ?

Joséphine, telle qu'elle ressort de cette étude, n'était et ne pouvait être qu'une manière de joli meuble dans le salon de Napoléon. L'étude impartiale de sa vie doit prouver que ce jugement est justifié.

Voilà un portrait bien différent de ceux qu'on trouve dans presque toutes les biographies qui ont été faites de la première femme de Napoléon. Il est cependant tracé avec la même impartialité que s'il se fût agi du portrait de la femme de César ou de tel autre personnage de l'antiquité : il est fait d'après les Mémoires du temps, d'aveux et de demi-aveux dissimulés par ci par là, et non pas d'après des portraits plus ou moins officiels ou de convention. Les hommes qui approchaient Joséphine, se voyant reçus avec une gracieuse amabilité, ne cherchaient pas à voir si cette amabilité n'était pas banale et seulement de convenance mondaine, si la confiance qui leur était témoignée n'était pas prodiguée avec le même abandon à tout le monde indistinctement : heureux d'avoir été si bien accueillis de la souveraine, ils se flattaient d'avoir été de sa part l'objet d'une distinction particulière ; ils éprouvaient un peu ce sentiment qui faisait dire à Mme de Sévigné que Louis XIV était un grand roi simplement parce qu'il lui avait fait l'honneur de danser le menuet avec elle; et, sous l'impression reconnaissante de cette bonté toute d'habitude et de métier, s'en rendant probablement compte, mais trouvant qu'il serait malséant à eux d'analyser par le menu les sentiments qu'il pouvait y avoir sous les paroles gracieuses qui les enchantaient, ils les notaient sans s'occuper du reste, laissant à d'autres le soin de débrouiller ce reste.

On s'est plu à exagérer la douleur de l'impératrice Joséphine, après qu'elle fut descendue du trône, douleur qu'elle exagérait elle-même singulièrement, comme si les convenances voulaient qu'elle haussât cette douleur au ton de la grandeur et de la majesté impériales. On s'est affligé sérieusement sur cette infortune, fort légère au demeurant, comme si l'empereur avait infligé à une femme aimante et méritante le plus affreux des supplices, la séparation. Au temps où la chose se passa, il est explicable que la douleur de Joséphine ait été présentée comme incommensurable et son courage comme héroïque : les courtisans sont si habiles que toute occasion leur est bonne pour décocher leurs flatteries. Depuis, la plupart des historiens, sinon tous, s'en sont tenus à cette manière de voir ou d'exposer les choses, et ils ont singulièrement outrepassé la vérité. Cela est tellement vrai que, avant même que le divorce fût prononcé, Joséphine disait en se consolant par avance : « Le deuil me va bien, je le porterai pendant un an. » Il était donc en somme fort indifférent à Joséphine que son mari passât dans les bras d'une autre femme : n'avait-elle pas elle-même « poussé la complaisance jusqu'à favoriser quelques-unes de ses fantaisies passagères ? Elle en était la confidente et ne s'en offensait plus[1]. » La douleur de Joséphine ne pouvait donc pas venir du fait de se voir séparée d'un mari qu'elle aimait, puisqu'elle ne l'aimait pas : si elle l'avait aimé, se serait-elle amusée, comme elle le fit, à jeter dans ses bras des *lectrices* et des *dames d'annonce* pour le distraire, pour faire ainsi passer le temps et l'empêcher de songer au divorce?

Sa position d'impératrice, le rang suprême, le avantages que ce rang comportait, voilà, bien prosaïquement, ce qu'elle pleurait. Sa douleur était donc fort peu intéressante. L'empereur souffrait plus qu'elle : chez lui, la douleur était vraie, sincère ; il souffrait de lui faire de la peine. Chez elle, les larmes n'étaient qu'une comédie, comme son évanouissement du 30 novembre, dernière comédie, dernière carte qu'elle avait jouée pour tâcher de gagner la partie suprême. Cette partie, elle l'avait perdue ; et voilà pourquoi elle pleura tant.

Joséphine, en cessant d'être la femme de l'empereur, conservait son titre d'impératrice ; elle devint, en quelque sorte, quand elle fut ainsi mise à la retraite, une impératrice honoraire. Sa vie matérielle, qui était toute sa vie, avait été assurée avec une exorbitante largesse, surtout quand on pense à la misère qui régnait alors dans une si grande partie de la population. Indépendamment des deux millions annuels que le Sénat lui avait votés, l'empereur lui assura, sur sa liste civile, une rente viagère d'un million. Il lui donna en toute propriété le château de la Malmaison, il lui donna également le château de Navarre, près d'Evreux. De plus, le palais de l'Elysée fut affecté à sa résidence.

1. Mᵐᵉ DE RÉMUSAT, *Mémoires*, t. II, p. 303.

Voilà pourtant une femme que l'on s'est plu à considérer comme une victime ! L'histoire n'avait pas assez de larmes à verser sur son triste sort, et son mari était, par contre, représenté comme un homme sans entrailles !

Le 16 décembre, Joséphine quitta les Tuileries. Elle se rendit à la Malmaison. Là, comme elle n'avait plus à se raidir contre une position menacée, à réagir sur elle-même et faire bonne figure à la mauvaise fortune, elle se laissa aller à sa nature indolente et à son chagrin ; elle pleurait sans cesse et une douleur si peu contenue, évidemment exagérée, faisait mal à voir. C'est alors qu'elle eût dû se souvenir d'un mot plein de philosophie de sa fille Hortense parlant de la perte du trône, mot qui a déjà été cité plus haut, et répéter avec elle : « Est-ce là un malheur ? »

L'empereur vint le lendemain même du divorce, lui faire une visite. Les deux anciens époux se promenèrent ensemble dans le parc de la Malmaison. En s'en allant, Napoléon serra la main de Joséphine, comme il l'avait fait en arrivant ; il ne l'embrassait plus ; elle ne devait plus être, elle n'était plus que son amie. Assurément, se plaindre d'un pareil sort avec l'exagération qu'y mit Joséphine et que les historiens, après elle, ont mise dans leurs écrits est une chose inconcevable. Il ne manquait pas de femmes infiniment plus méritantes qu'elle et que le sort maltraitait d'une façon bien autrement cruelle. On ne semble pas y avoir songé.

Hortense et Eugène étaient auprès de leur mère et lui donnaient toutes les consolations dont cette grande enfant pouvait avoir besoin. Le prince Eugène écrivait, le 17 décembre, à la princesse Auguste, sa femme :

« ... L'impératrice se porte bien ; sa douleur a été assez vive ce matin en parcourant les lieux qu'ele avait habités si longtemps avec l'empereur, mais son courage a repris le dessus et elle est résignée à sa nouvelle position. Moi, je crois fermement qu'elle sera plus heureuse et plus tranquille... »

Un certain nombre de femmes de la cour, sans attendre que l'empereur en donnât le signal, étaient venues, obéissant aux convenances ou à leur cœur, voir leur ancienne maîtresse. Parmi celles-ci, il faut citer Mme Duchâtel, la duchesse d'Abrantès, la duchesse de Bassano, la duchesse de Rovigo, Mme Octave de Ségur, Mme de Luçay, sa fille Mme Philippe de Ségur, la duchesse de Raguse, la duchesse d'Elchingen ; à celles-ci s'étaient jointes naturellement toutes les dames de la reine Hortense, mais quelques-unes seulement de ses propres dames à elle. La platitude n'est-elle donc pas l'apanage exclusif des fonctionnaires mâles ou plutôt masculins ? Tient-elle à l'emploi ou à la nature humaine ?

Quoi qu'il en soit, quand les gens de cour virent que l'empereur était allé à la Malmaison, quand ils surent à n'en pas douter qu'il verrait avec plaisir que l'on continuât d'aller faire sa cour à Joséphine comme si elle était toujours sur le trône, la route de Paris à Rueil se couvrit de voitures ; il y eut foule à la Malmaison. L'empereur fut reconnaissant aux personnes qui, de leur propre mouvement y étaient allées les premières et il sut le leur faire voir par la suite. Aussi Joséphine fut-elle très entourée. Elle le fut d'autant plus que cela devint un moyen pour les uns de montrer leur dévouement à l'empereur, pour quelques autres de lui manifester leur hostilité, en se donnant des airs de plaindre la victime de son caprico : certaines personnes du faubourg Saint-Germain n'allèrent même à la Malmaison que pour afficher leurs sentiments de protestation.

Le visage de Joséphine, après les averses de larmes par lesquelles elle répondait aux compliments de condoléances de chaque visiteur, était bouleversé. Comme elle savait qu'en ce premier jour de séparation il lui faudrait pleurer beaucoup et que les larmes, depuis quelque temps déjà, ne lui allaient plus bien, « elle avait eu la précaution de mettre une immense capote de gros de Naples blanc, qui avançait sur ses yeux et cachait ses larmes lorsqu'elle pleurait plus abondamment à la vue de quelques personnes qui lui rappelaient ses beaux jours passés[1] ». Elle semblait confirmer en ce moment cette pensée du Dante :

> ... nessun maggior dolore
> Chè ricordarsi del tempo felice
> Nella miseria... [2].

Avec cette différence cependant que le malheur de l'impératrice Joséphine était infiniment relatif.

Malgré tout, elle souriait à chaque nouvel arrivant, inclinant la tête doucement et avec cette grâce qui ne la quittait jamais. Tous ces visiteurs, qui venaient lui apporter des compliments de condoléances, la fatiguèrent beaucoup en la forçant à prolonger sa douleur jusqu'au moment du dîner.

Tout ce qu'il y avait alors à Paris de têtes couronnées, le roi et la reine de Bavière, le roi de Wurtem-

---

1. Duchesse D'ABRANTÈS, *Histoire des salons de Paris*, t. III, p. 426.
2. Alfred de Musset a traduit ainsi ces vers :

> Dante, pourquoi dis-tu qu'il n'est pire misère
> Qu'un souvenir heureux dans les jours de douleur ?

berg. le roi de Saxe, le roi de Westphalie, tout ce qu'il y avait de princes allemands, d'altesses sérénissimes, et il y en avait beaucoup, tinrent à honneur de venir s'incliner devant l'ex-souveraine. Toutes ces visites, en ravivant ses peines, lui apportaient cependant une consolation qui avait sa douceur : n'étaient-elles pas un signe certain que la volonté de Napoléon était qu'elle fût toujours honorée comme l'épouse de son choix ?

Le branle était donné ; tout le monde vint voir Joséphine : la route de Paris était chaque jour couverte de voitures roulant vers la Malmaison, malgré les mauvais temps et les rigueurs de l'hiver. « Chacun regardait comme un devoir de s'y présenter au moins une fois la semaine[1]. »

L'empereur, le soir même du divorce, avait quitté les Tuileries. Il fut s'établir à Trianon. A peine arrivé, son premier soin fut d'écrire à Joséphine pour la consoler dans sa solitude toute relative, et depuis il lui écrivit très fréquemment. On a vu qu'il lui fit une visite le lendemain ; il eût voulu, tant il craignait qu'elle ne surmontât son chagrin, pouvoir aller la voir plus souvent.

Il lui écrivit, aussitôt rentré à Trianon :

« Mon amie, je t'ai trouvée aujourd'hui plus faible que tu ne devais être. Tu as montré du courage, il faut que tu en trouves pour te soutenir ; il faut ne pas te laisser aller à une funeste mélancolie, il faut te trouver contente, et surtout soigner ta santé qui m'est si précieuse. Si tu m'es attachée et si tu m'aimes, tu dois te comporter avec force et te placer

____

1. Duc DE ROVIGO, *Mémoires*, t. IV, p. 258.

heureuse. Tu ne peux pas mettre en doute ma constante et tendre amitié, et tu connaîtrais bien mal les sentiments que je te porte si tu supposais que je puisse être heureux si tu n'es pas heureuse, et content si tu ne te tranquillises. Adieu, mon amie, dors bien ; songe que je le veux. »

Puis, quelques jours après, il lui écrit encore :

« Je reçois ta lettre, mon amie. Savary me dit que tu pleures toujours ; cela n'est pas bien. J'espère que tu auras pu te promener aujourd'hui. Je t'ai envoyé de ma chasse. Je viendrai te voir lorsque tu me diras que tu es raisonnable et que ton courage prend le dessus. Adieu, mon amie; je suis triste encore aujourd'hui ; j'ai besoin de te savoir satisfaite et d'apprendre que tu prends de l'aplomb. Dors bien [1]. »

« Trianon, mardi. — Je me suis couché hier après que tu as été partie, mon amie. Je vais à Paris. Je désire te savoir gaie. Je viendrai te voir dans la semaine. J'ai reçu tes lettres que je vais lire en voiture [2]. »

Napoléon demeura dix jours à Trianon. Pendant ce temps, il envoya cinq lettres à Joséphine et lui fit à peu près autant de visites. Le 25 décembre, il la reçut, avec Hortense, à dîner à Trianon. Pendant ce dîner, l'impératrice « avait un air de bonheur et d'aisance qui aurait pu faire croire que Leurs Majestés ne s'étaient jamais quittées [3]. On a souvent repré

1. *Lettres de Napoléon à Joséphine*, t. II, pièce CXCII.
2. *Id.*
3. Mme AVRILLON, *Mémoires*, t. II, p. 176.

senté Napoléon comme un tyran sans cœur tourmentant sa pauvre Joséphine. Le contraire serait plus conforme à la réalité. Il résulte des lettres de Napoléon qu'il souffrit certainement plus que Joséphine du divorce que sa politique l'amena à faire prononcer et qu'il lui témoignait mille égards dont la femme la plus aimante eût dû s'estimer satisfaite. Une fois la séparation prononcée, on eût plutôt dit une lune de miel qu'un premier mois de divorce. « Napoléon veillait à ce que Joséphine ne manquât de rien, à ce qu'elle eût non seulement l'utile, mais encore l'agréable [1]. »

Quant à Joséphine, elle n'était pas femme, malgré sa douleur, à ne rien demander à l'empereur s'il l'eût laissée manquer de quoi que ce soit ; cela ressort de la lettre suivante de Napoléon, lettre sans date, mais qui ne peut être que de janvier ou de février 1810 :

« J'ai été bien content de t'avoir vue hier, je sens combien ta société a de charmes pour moi. J'ai travaillé aujourd'hui avec Estève. J'ai accordé 100,000 francs pour l'extraordinaire de 1810, pour Malmaison ; tu peux donc faire planter tant que tu le voudras ; tu distribueras cette somme comme tu l'entendras. J'ai chargé aussi Estève de remettre 200,000 francs aussitôt que le contrat de la maison Julien [2] sera fait. J'ai ordonné que l'on payerait la parure de rubis, laquelle sera évaluée par l'inten-

---

1. Mˡˡᵉ Avrillon, *Mémoires*, t. II, p. 176.
2. Bois-Préau, la maison de Mˡˡᵉ Julien, à Rueil ; Napoléon appelait Mˡˡᵉ Julien, dont la terre touchait la Malmaison, *la vieille fille*. Il la détestait parce qu'elle refusa, tant qu'elle vécut, de lui vendre cette terre.

dance, car je ne veux pas de voleries de bijoutier. Ainsi, voilà 400,000 francs que cela me coûte.

« J'ai ordonné que l'on tînt le million que la liste civile te doit, pour 1810, à la disposition de ton homme d'affaires pour payer tes dettes. Tu dois trouver dans l'armoire de Malmaison 5 à 600,000 francs; tu peux les prendre pour faire ton argenterie et ton linge. J'ai ordonné qu'on te fît un très beau service de porcelaine à Sèvres; l'on prendra tes ordres pour qu'il soit très beau [1]. »

Cependant, malgré les attentions et les soins dont elle était entourée, malgré les visites qu'elle recevait, Joséphine ne tarda pas à s'ennuyer à la Malmaison. De plus, comme le bruit avait couru qu'elle serait éloignée de France lorsqu'une nouvelle impératrice viendrait aux Tuileries, elle crut habile, pour démentir ces bruits dans le présent et les empêcher de se réaliser dans l'avenir, de demander à l'empereur l'autorisation de venir résider à l'Elysée. Napoléon, toujours disposé à lui être agréable, la lui accorda en lui écrivant : « ...Je te verrai avec plaisir à l'Elysée, et fort heureux de te voir plus souvent; car tu sais combien je t'aime [2]. » Elle vint donc passer dans ce palais la seconde moitié de février et les premiers jours de mars.

Aussi bien avait-elle un prétexte pour y venir. Il y avait à peine un mois que le divorce était prononcé que Joséphine, sollicitée par Napoléon et secondée par Hortense, s'entremettait auprès de Mme de Metternich, femme de l'ancien ambassadeur d'Autriche à Paris, et entamait des négociations pour un projet de mariage

1. *Lettres de Napoléon à Joséphine*, t. II, pièce CG.
2. *Id.*, pièce CCIV. Trianon, 17 janvier 1810.

entre l'empereur Napoléon et l'archiduchesse Marie-Louise d'Autriche.

Elle était donc consolée et bien consolée ; étant donné son caractère, il est même probable qu'une semblable négociation dut l'amuser. Elle s'amusait aussi, à en croire la médisance, d'une autre façon[1].

Napoléon avait déjà fait pressentir les intentions de l'empereur d'Autriche par M. de Laborde ; il sut, à n'en pas douter, que l'Autriche souhaitait ce mariage ; aussi voulut-il brusquer les choses en s'en mêlant lui-même. Voici comment M. de Metternich, dont la femme fut l'agente active, malgré elle, en cette affaire, raconte cette négociation singulière :

« Dans un bal masqué donné par l'archichancelier Cambacérès, et auquel ma femme avait été invitée d'une façon très pressante, un masque s'empara du bras de Mme de Metternich. Celle-ci reconnut aussitôt Napoléon. Le masque conduisit ma femme dans un cabinet, à l'extrémité des appartements. Après quelques propos insignifiants, Napoléon lui demanda si elle croyait que l'archiduchesse Marie-Louise accepterait sa main et que l'empereur, son père, consentirait à cette union.

« Ma femme, très surprise, affirma qu'il lui était impossible de répondre à cette question. Napoléon lui demanda ensuite si, à la place de l'archiduchesse, elle lui accorderait sa main. Elle lui assura qu'elle la lui refuserait certainement. « — Vous êtes méchante,

1. Le comte Horace de Viel-Castel, fort mauvaise langue à la vérité, di,t à la page 16 du tome II de ses *Mémoires* : « Mon père était chambellan de l'impératrice Joséphine ; il avait été son amant avant son mariage avec Napoléon, il l'était redevenu depuis le divorce. »

« lui dit l'empereur ; écrivez à votre mari, et demandez-
« lui ce qu'il pense de la chose. »

« Ma femme s'y refusa et lui indiqua le prince de
Schwarzenberg comme l'intermédiaire qui devait le
mettre en rapport avec la cour impériale. Elle ne
manqua pas d'instruire aussitôt l'ambassadeur, qui
se trouvait au bal, de ce qui s'était passé entre elle
et l'empereur.

« Le lendemain matin, le prince Eugène parut
chez le prince de Schwarzenberg et lui fit les mêmes
ouvertures « au nom de l'empereur et de l'aveu de
« l'impératrice Joséphine, sa mère [1]. »

Les négociations ainsi commencées se conti-
nuèrent en partie par l'intermédiaire des femmes, ce
qui n'était pas un moyen de les tenir longtemps
secrètes, par conséquent ce qui prouve qu'on était
bien sûr d'un côté de l'assentiment de l'empereur
d'Autriche, de l'autre côté que la maison d'Autriche
se tenait pour flattée de la démarche de Napoléon.
Joséphine joua son rôle en tout ceci. Voici, en effet,
ce que dit encore M. de Metternich :

« ...L'ouverture la plus prononcée ayant été faite
par l'impératrice Joséphine et la reine de Hollande à
Mme de Metternich, Sa Majesté Impériale (l'empereur
d'Autriche) n'en croit pas moins devoir suivre
cette voie nullement officielle, et par conséquent
moins compromettante, pour faire parvenir sans
fard ses véritables intentions à la connaissance de
l'empereur Napoléon [2]. »

Lors de ces négociations, auxquelles Joséphine
était si satisfaite de se trouver mêlée qu'elle ne pou-

---

1. Prince DE METTERNICH, *Mémoires*, t. I, p. 95-96.
2. *Id.*, p. 319, Lettre à Schwarzenberg, 27 janvier 1810.

vait s'empêcher d'en parler à ses femmes, on lui dit qu'elle ferait bien d'imiter l'empereur et de se remarier, elle aussi. « Oh! dit-elle, si je voulais me remarier, l'empereur ne le verrait pas d'un mauvais œil. Il m'a proposé lui-même, au moment du divorce, de prendre pour époux le prince de Mecklembourg-Schwerin, vous savez bien, ce beau jeune homme qui m'a tant fait la cour à Fontainebleau, puis à Paris, aux Tuileries. L'empereur en était jaloux. Le prince, depuis, lui a écrit, je crois, pour demander ma main [1]. »

Joséphine a raconté cette petite histoire, mais ce n'est pas une raison pour la croire. Il n'est pas probable que Napoléon lui ait proposé de se remarier. Il n'était pas dans la nature de l'empereur, qui ne permettait pas à Joséphine de mettre des bijoux déjà portés par une autre femme, et même des bijoux qui n'aient pas été fabriqués spécialement pour elle, de penser que la femme de Napoléon pût devenir la femme d'un autre. Il n'eût pu s'empêcher de songer à la veuve de Molière, la Guérin, à la veuve de Rousseau, la Thérèse Levasseur, et ces souvenirs l'eussent écœuré. Quand on avait été la femme de Napoléon, on ne pouvait plus être la femme de personne.

Cependant le mariage de Napoléon avec l'archiduchesse Marie-Louise était chose conclue, et comme la nouvelle impératrice allait arriver en France, il n'était pas convenable que Joséphine fût à Paris lorsque ce mariage serait chose faite. Elle partit donc pour Navarre, accompagnée de sa petite cour.

Elle n'était cependant pas si petite que cela, la cour de l'ex-souveraine. Mme la comtesse d'Arberg

<hr>

1. Mme DE RÉMUSAT, *Mémoires*, t. III, p. 257.

était la dame d'honneur de Joséphine en même
temps que la surintendante de sa maison [1]. Elle avait
été spécialement chargée par l'empereur de veiller à
ce que Joséphine ne fît point de dépenses par trop
exagérées, et, sous ce rapport, sa place n'était pas
une sinécure ; elle devait aussi rappeler à sa maîtresse
que l'empereur tenait beaucoup à ce qu'elle ne se
relâchât point du *decorum* qu'il avait fixé, et, pour
remplir ses fonctions, elle s'arrangeait de façon à ne
jamais quitter Joséphine [2]. Mme de la Rochefoucauld
n'avait pas suivi Joséphine : elle avait cru plus habile
de donner sa démission, afin d'être placée comme
dame d'honneur auprès de la nouvelle impératrice.
Napoléon accepta sa démission et ne l'employa plus.
Ce en quoi il eut bien raison. Les autres dames étaient
Mme de Rémusat, qui avait tenu à ne pas se séparer
de sa maîtresse et amie, et l'empereur l'avait vue
prendre avec plaisir cette décision ; il aimait qu'une
femme intelligente fût auprès de Joséphine pour lui
donner les conseils dont elle avait à chaque instant
besoin ; Mme Octave de Ségur ; Mme de Viel-Castel ;
Mme de Colbert, fille du général Canclaux et veuve du
général Auguste Colbert, récemment tué en Espagne au
petit combat de Calcabellos ; Mme de Walsh-Serrant ;
Mme de Turenne ; Mme d'Audenarde, créole, mère du général d'Audenarde, ancien officier de l'armée de Condé,
écuyer de l'empereur ; Mme de Lastic ; Mme Wathier
Saint-Alphonse. Deux jeunes filles, Mlle de Mackau,
fille du contre-amiral de ce nom et Mlle de Castellane
complétaient la cour de Joséphine. Mme Gazzani, dont

----

1. Mme d'Arberg était la mère de Mme la générale Mouton,
comtesse de Lobau.

2. Mlle Georgette DUCREST, *Mémoires sur l'impératrice Joséphine*, t. I, p. 229.

il a été plus d'une fois question dans ce livre, était conservée comme lectrice.

Ce charmant escadron n'avait pas la liberté de s'équiper à sa guise; il y avait une tenue d'ordonnance. L'impératrice l'avait exigé ainsi, et cela dans une louable intention : c'était pour empêcher des rivalités de toilette et des luttes de luxe, toujours prêtes à éclater entre des femmes appelées à vivre ensemble à peu près tous les jours de l'année. Cette tenue « était une robe gros vert, n'importe de quelle étoffe : la couleur seule était exigée. » C'est une jeune fille, Mlle Georgette Ducrest, appelée par l'impératrice auprès d'elle, et qui charma les habitants de Navarre par son esprit et par sa bonne grâce — ce qui lui valut des inimitiés jalouses — c'est Mlle Georgette Ducrest, nièce de Mme de Genlis qui nous a appris ce détail [1].

Car il ne faut pas croire que le ciel de Navarre restât toujours bleu. Des nuages le traversaient bien parfois et la même Mlle Georgette Ducrest, qui ne dit de mal de personne, pas même de sa maîtresse, rapporte encore ceci : « Il y avait souvent de *la cour* dans notre intérieur. Les petites intrigues, les jalousies allaient leur train; un sourire de plus accordé par Sa Majesté allongeaient plusieurs mines; mais on revenait vite à l'air gracieux de commande, jusqu'à ce qu'une nouvelle faveur fît reparaître un nouveau nuage. » C'est ainsi que Mlle Ducrest eut des ennemis parce que Joséphine lui avait donné un jour une fleur de camélia! Mais, dans ce vilain pays de cour et de courtisans, tout le monde ne se ressemblait pas et

1. Mlle Georgette Ducrest, *Mémoires sur l'impératrice Joséphine*, t. I, p. 182.

on peut, il faut même citer une femme, Mme de Rémusat, dont l'esprit supérieur planait au-dessus de toutes ces mesquineries et maintenait une sorte de discipline morale, tandis que Mme d'Arberg s'évertuait à maintenir l'ordre matériel et pécuniaire; ce qui n'était pas une petite affaire.

Joséphine ne pouvait supporter d'être seule. On voit que l'empereur avait largement satisfait à ses goûts en lui nommant cette cour avec laquelle Navarre fut loin de ressembler à une solitude. Mais ce n'était pas tout. A côté de ce personnel féminin, il y avoit un personnel masculin. M. de Beaumont, homme aimable, aimé et amusant, était à sa tête comme chevalier d'honneur. Il y avait quatre chambellans : M. de Viel-Castel, « homme considérablement nul[1], » mais auquel l'impératrice trouvait des mérites inattendus; M. de Turpin-Crissé, qui avait un assez joli talent pour la peinture et dont Joséphine achetait les tableaux; M. de Montholon, frère de celui de Sainte-Hélène, et M. de Lastic. Quatre écuyers faisaient partie de la maison d'honneur : M. Fritz de Pourtalès, « aimable et bon garçon ayant quelquefois un peu de la raideur génevoise ou neuchâteloise, mais elle se perdit peu de temps après[2] »; M. de Chaumont-Quitry, qui devait plus tard épouser une nièce de l'impératrice, la princesse d'Arenberg, née de Tascher, dont le mariage fut plus tard annulé en Cour de Rome; M. d'Andlau; et enfin M. de Monaco, dont la politesse laissait, paraît-il, fort à désirer. M. de Montlivault, qui rivalisait, sous ce rapport, avec M. de Monaco, était intendant général de la liste civile de Joséphine;

1. Duchesse d'Abrantès, *Histoire des salons de Paris*, t. III, p. 438.
2. *Id.*, t. IV, p. 27.

M. de Billy van Berchem était capitaine de ses chasses ; M. Deschamps avait conservé les fonctions de secrétaire de ses commandements, et Mᵍʳ de Barral, archevêque de Tours, nommé premier aumônier de Joséphine, disait la messe, mais les jours de grande fête seulement, à cette nombreuse et singulière colonie.

Presque toutes ces personnes avaient appartenu à l'ancienne cour et vivaient en assez bons termes ensemble. L'existence à Navarre, du reste, était, comme à la Malmaison, assez uniforme. A dix heures du matin, Joséphine descendait de ses appartements. Une demi-heure après, on servait le déjeuner. Mᵐᵉ d'Arberg, la dame d'honneur, nommait les deux personnes que l'impératrice désirait avoir à ses côtés pendant le repas. Ces repas étaient toujours splendidement servis dans une vaisselle de la plus grande richesse et avec une profusion ridicule de domestiques. Quatre maîtres d'hôtel, deux officiers de bouche, un sommelier se tenaient en permanence dans la salle à manger. Chaque convive avait en outre un valet de pied derrière lui. Il y en avait deux derrière l'impératrice, et de plus un basque, un chasseur et un premier maître d'hôtel, premier officier de bouche, inspecteur du service ! Après le déjeuner, on allait faire une promenade dans le parc, on donnait du pain aux faisans, aux pintades, aux oiseaux rares des volières ; on en jetait aussi aux poissons rouges et aux vieilles carpes visqueuses des bassins : c'était là la grande distraction de la journée. D'autres fois, quand le temps le permettait, on allait se promener en voiture ; à deux heures, l'impératrice montait en calèche et toute sa suite prenait place dans d'autres calèches, ce qui eût donné l'apparence d'une noce à cette file de voitures, si elle n'eût été escortée constamment par un escadron de cuirassiers : un officier de cette arme galopait à la portière de gauche de l'impératrice ; l'écuyer de service, dans l'uniforme de son emploi, se tenait à la portière de droite. Et c'est dans cet ordre invariable, à grand renfort de cuirassiers et avec cette étiquette de grand gala, que Joséphine promenait ses rêveries à travers les champs de blé, et qu'elle avait avec ses gens de cour de mélancoliques causeries sous les beaux ombrages de la forêt d'Évreux !

Cette vie, tout officielle, finit par impatienter Joséphine ; elle voulut en diminuer le cérémonial et permit à son écuyer de la suivre en frac. Immédiatement prévenu, l'empereur envoya l'ordre de ne rien changer à ce qu'il avait prescrit pour la vie extérieure à Navarre.

Après une promenade plus ou moins prolongée, on rentrait. L'impératrice s'asseyait alors généralement devant son métier à tapisserie, prenait son aiguille, faisait quelquefois un point, et, s'il y avait peu de monde, Mme Gazzani entrait en scène un livre à la main et faisait une lecture. On bâillait un peu, on se distrayait ensuite en faisant sa toilette pour le dîner, et l'on se mettait à table. Si le temps était beau, on allait après le dîner se promener une heure ou deux dans le parc ; on rentrait, on faisait un peu de musique et, pendant ce temps, Joséphine, qui avait toujours quelque question à adresser aux puissances invisibles qui sont maîtresses des destinées de ce monde, se livrait, les cartes à la main, à d'interminables patiences qui exerçaient celle de son entourage. On prenait le thé par là-dessus et l'on s'allait coucher pour recommencer, le lendemain et tous les jours, cette existence vide et sans intérêt qui tenait un peu de la vie de cour par

la richesse et par l'étiquette, un peu aussi de la vie
des couvents d'avant la Révolution, par la monotonie
des occupations enfantines et inutiles, un peu également
ment de la vie des riches châtelains par la distraction
des chasses. En somme on n'avait, à Navarre, qu'à
se laisser vivre. « Le temps se passe ici d'une singulière façon, écrivait Mᵐᵉ de Rémusat; on est toujours
ensemble, on ne fait pas grand'chose, on ne cause
guère, et pourtant on ne s'ennuie pas; les mêmes
heures amènent les mêmes occupations, et on ne sait
plus si on est à hier ou à demain ¹ ». Et, une autre
fois, elle écrivait encore: « Nous sommes ici sept
femmes qui vivent dans la meilleure intelligence; il
n'y en a qu'une seule vraiment jolie, on lui permet de
le savoir et d'en être contente; quelques-unes sont
aimables, on leur accorde de plaire à leur manière.
Pour moi, on veut bien que je sois oisive, quelquefois
distraite, et même un peu triste si cela me convient;
enfin, liberté tout entière..... La maîtresse du lieu
donne l'exemple de cette douceur et de cette facilité ² ».

La terre de Navarre était un séjour fort agréable. Le
château était très grand ³, mais les architectes n'a-
vaient pas su tirer parti de sa vaste étendue et les
appartements se prêtaient moins qu'on eût pu le sup-
poser à recevoir beaucoup de monde. Quand la reine
Hortense arrivait à Navarre, elle logeait avec sa mai-

1. *Lettres de Mᵐᵉ de Rémusat*, t. II, p. 401.
2. *Id.*, p. 402.
3. Le château de Navarre, situé à deux kilomètres d'Évreux,
avait été construit par les rois de Navarre au xivᵉ siècle; il a
été remanié à plusieurs reprises. Avant la Révolution, il appartenait au duc de Bouillon si connu par la dépravation de
ses mœurs et la vie dévergondée qu'il menait à Navarre. Le
château a été démoli en 1834.

son d'honneur et son service, dans un petit château
bâti à côté du grand. Le parc de Navarre s'étend jusqu'à cette jolie vallée, si riante, si verte et si fleurie,
arrosée par les deux rivières de l'Eure et de l'Iton,
qui font que la végétation y est plus belle que partout ailleurs.

Le château principal, celui qu'on appelait l'*édifice
d'honneur*, était surmonté d'une coupole qui recou-
vrait un immense salon central, une sorte de grand
hall, de forme octogonale : les différents appartements
du rez-de-chaussée donnaient à l'intérieur, sur chacune des huit faces de ce salon. Mansard avait été
le principal restaurateur du château, et Lenôtre, par
qui le parc avait été tracé, y avait habilement distri-
bué de jolies fontaines et des sources jaillissantes dont
les eaux, après avoir arrosé des pelouses et des par-
terres de fleurs, allaient se perdre en de charmants
ruisseaux fuyant sous les futaies.

Ce séjour de Navarre était donc enchanteur et celle
à qui il fut donné n'était pas une femme bien à plaindre. Joséphine ne fut pas plus une victime au point
de vue des choses matérielles, qu'elle ne le fut pour
les choses du cœur.

Eh bien ! malgré tout ce que l'empereur fait pour
elle, elle n'est pas satisfaite ; elle demande encore de
l'argent ! Napoléon, « qui savait comment pouvoir la
consoler de toutes choses [1] », ne le lui ménageait pas,
on l'a vu par la dernière lettre de lui citée un peu
plus haut. Elle lui écrivit cependant la lettre suivante :

1. Duchesse d'Abrantès, *Histoire des salons de Paris*, t. IV,
p. 7.

« Navarre, le 19 avril 1810.

« Sire,

« J'ai reçu par mon fils l'assurance que Votre Majesté consent à mon retour à Malmaison et qu'elle veut bien m'accorder les avances que je lui ai demandées pour rendre le château de Navarre habitable.

« Cette double faveur, Sire, dissipe en grande partie les grandes inquiétudes et même les craintes que le long silence de Votre Majesté m'avait inspirées. J'avais peur d'être entièrement bannie de son souvenir. Je vois aujourd'hui que je ne le suis pas. Je suis donc moins malheureuse et même aussi heureuse qu'il m'est possible de l'être désormais.

« J'irai à la fin du mois à la Malmaison, puisque Votre Majesté n'y voit aucun obstacle; mais, je dois vous le dire, Sire, je n'aurais pas sitôt profité de la liberté que Votre Majesté me laisse à cet égard, si la maison de Navarre n'exigeait pas, pour ma santé et pour celle des personnes attachées à ma maison, des réparations urgentes. Mon projet est de demeurer à Malmaison fort peu de temps. Je m'en éloignerai bientôt pour aller aux eaux; mais pendant que je serai à Malmaison, Votre Majesté peut être sûre que j'y vivrai comme si j'étais à mille lieues de Paris. J'ai fait un grand sacrifice, Sire, et chaque jour je sens davantage toute son étendue. Cependant, ce sacrifice sera ce qu'il doit être : il sera entier de ma part. Votre Majesté ne sera troublée dans son bonheur par aucune expression de mes regrets.

« Je ferai sans cesse des vœux pour que Votre Majesté soit heureuse; peut-être même en ferai-je pour la revoir. Mais, que Votre Majesté en soit convaincue, je respecterai toujours sa nouvelle situation. Je la respecterai en silence ; confiante dans les sentiments qu'elle me portait autrefois, je n'en provoquerai aucune preuve nouvelle. J'attendrai tout de sa justice et de son cœur.

« Je ne lui demanderai qu'une grâce, c'est qu'*elle cherche elle-même un moyen* de convaincre quelquefois et moi-même et ceux qui m'entourent, que j'ai toujours une petite place dans son souvenir et une grande place dans son estime et dans son amitié. Ce moyen, quel qu'il soit, adoucira mes peines, sans pouvoir, ce me semble, compromettre ce qui m'importe avant tout : le bonheur de Votre Majesté.

« JOSÉPHINE. »

Cette lettre, revenant encore, par des redites irritantes sur le sacrifice qu'elle a fait, alors que son passé lui ôtait tout droit de se plaindre, sacrifice dont elle était d'ailleurs fort consolée, comme il a déjà été dit, manquait de toute dignité : elle contenait une demande d'argent, alors qu'il y avait si peu de temps qu'elle avait reçu des sommes énormes ; elle contenait de plus une demande de satisfaction mesquinement vaniteuse et parfaitement déloyale. Celle dont le tact était si vanté avait donc fait une démarche inconvenante. L'empereur venait d'épouser sa nouvelle femme Marie-Louise et était avec elle au château de Compiègne quand il reçut cette lettre : cette circonstance en soulignait encore plus l'inconvenance. Il le sentit avec amertume et lui répondit :

« Compiègne, 21 avril 1810.

« Mon amie, je reçois ta lettre du 19 avril ; elle est d'un mauvais style. Je suis toujours le même ; mes pareils ne changent jamais. Je ne sais ce qu'Eugène a pu te dire. Je ne t'ai pas écrit parce que tu ne l'as pas fait, et que j'ai désiré tout ce qui pouvait t'être agréable.

« Je vois avec plaisir que tu ailles à Malmaison et que tu sois contente; moi, je le serai de recevoir de tes nouvelles et de te donner des miennes. Je n'en dis pas davantage, jusqu'à ce que tu aies comparé ta lettre à la mienne; et après cela, je te laisse juger qui est le meilleur de toi ou de moi.

« Adieu, mon amie; porte-toi bien et sois juste pour toi et pour moi.

« NAPOLÉON. »

Cependant, depuis le mariage de l'empereur avec Marie-Louise, les gens de cour faisaient un parallèle entre la nouvelle impératrice et l'ancienne. On commençait à remarquer la sécheresse de Marie-Louise et l'on se rappelait alors les mots toujours gracieux de Joséphine; on se disait tout bas que Marie-Louise s'apercevait bien qu'on regrettait Joséphine, qu'elle en était jalouse et que, en prévision d'événements qu'elle redoutait, elle désirait qu'elle ne fût plus que duchesse de Navarre, qu'elle fût reléguée dans le duché de Berg; on ajoutait qu'elle manifestait un grand mécontentement de ce que la Malmaison, si rapprochée de Paris, lui eût été donnée, qu'elle la ferait racheter, et cent autres *pétoffes* de ce genre.

On ne laissait rien ignorer à Joséphine de ces bruits qui circulaient. Croyant à leur bien-fondé, elle voulut tirer parti d'une situation qu'elle jugeait favorable à son avenir, et, dans une intention qui n'était pas encore bien définie, mais qui devait se dessiner d'après les événements, elle ne voulut pas se laisser oublier. C'est au moment où les cancans qui avaient cours étaient arrivés aux oreilles de l'empereur, qu'il lui arriva aussi une lettre de Joséphine lui demandant l'autorisation de faire un voyage à Aix-en-Savóie. C'était, disait-elle, pour y prendre les eaux, nécessaires à sa santé; c'était, en réalité, pour faire parler d'elle et se rappeler au souvenir des populations. L'empereur le comprit et fut mécontent. Il eût préféré — et Joséphine aurait dû se rendre compte que cela valait mieux — qu'elle restât tranquille à Navarre, qu'il était convenable, décent même, qu'elle ne quittât point cette retraite dorée et s'y fît oublier. N'était-ce pas de cette façon qu'elle eût dû achever de remplir, consciencieusement, les conditions de la séparation, que Napoléon, de son côté, remplissait de la façon la plus généreuse, puisqu'il lui donnait plus qu'il ne lui avait promis?

Napoléon envoya cependant à Joséphine l'autorisation de se rendre à Aix. Elle y alla, accompagnée de Mᵐᵉ d'Audenarde et de Mᵐᵉ de Rémusat, de M. de Turpin-Crissé et de M. Fritz de Pourtalès. Elle habita, à Aix, une petite maison avec Mᵐᵉ d'Audenarde, tandis que Mᵐᵉ de Rémusat fut mise dans une autre avec MM. de Turpin et de Pourtalès.

Quand elle arriva à Aix, cette petite ville était encore déserte; les baigneurs n'y viennent qu'un peu plus tard. Elle y avait donc beaucoup de repos, et se plaisait à dire: « Quelquefois le repos tient lieu de bonheur [1]. » Mais le bruit de son arrivée se répandit rapidement, et l'on ne tarda pas à voir débarquer à Aix une foule de curieux venant de Chambéry, de Genève, de Turin, de Grenoble, pour la voir et aussi pour la solliciter. On lui apportait des pétitions en la

1. *Lettres de Mᵐᵉ de Rémusat*, t. II, p. 333.

priant de les recommander à l'empereur, et elle paraissait flattée de voir qu'on la traitait comme si elle était toujours impératrice régnante.

Le temps, en somme, se passait pour elle on ne peut plus agréablement. Le matin, elle allait prendre son bain à l'établissement thermal et on la rapportait chez elle enveloppée dans son *maillot*, en chaise à porteurs. Elle se reposait dans son lit jusqu'à l'heure du déjeuner. Après le déjeuner, elle montait en voiture pour faire des excursions dans ce merveilleux pays d'Aix. Tantôt on allait à Tresserve en gravissant au pas la gracieuse colline boisée qui dissimule ce village comme un nid sous la feuillée, et l'on revenait par la route qui suit le bord du lac. Tantôt elle se rendait à Saint-Innocent voir les lapins angoras dont les poils, tissés artistement, ont la vertu de préserver des douleurs; tantôt c'était à Mouxy: on prolongeait alors la promenade le long de la montagne du Revard et on poussait parfois jusqu'à Chambéry, en passant devant la vieille croix du Nivolet tout là-haut sur la montagne. Un autre jour, elle allait aux gorges de Fier, ou bien à celles de Sierroz, qui devaient, trois ans plus tard, être fatales à Mme de Broc, sœur de la maréchale Ney, dame du palais et amie de la reine Hortense. Pour varier ses distractions, Joséphine montait aussi en bateau, sur le lac du Bourget; on le traversait, on allait s'étendre sur l'herbe fleurie, au pied de la Dent-du-Chat, ou bien on allait visiter l'antique abbaye de Hautecombe, majestueusement assise sur les rochers, les pieds dans l'eau, au bord du lac. C'est dans une excursion à Hautecombe qu'une tempête, survenue à l'improviste, faillit faire sombrer l'embarcation où elle se trouvait avec sa suite. Mme de Rémusat a raconté en termes émouvants, dans une de ses lettres, cette excursion qui manqua lui être funeste. Napoléon, qui avait appris le danger couru par Joséphine, lui écrivit :

« Saint-Cloud, 10 juin 1810.

« J'ai reçu ta lettre. J'ai vu avec peine le danger que tu as couru. Pour une habitante d'une île de l'Océan, mourir dans un lac, c'eût été une fatalité.

« La reine [1] se porte mieux et j'espère que sa santé deviendra bonne. Son mari est en Bohême, à ce qu'il paraît, ne sachant que faire... »

Mme de Rémusat, dans ses *Lettres*, dit que Joséphine, à Aix, « se conduisit avec une mesure vraiment remarquable ». Elle ne s'attendait donc pas à cela de la part de sa souveraine ? Elle ajoute : « Si elle disait un seul mot, on lui ferait une cour assidue. » Malgré cela, sa conduite donna de l'humeur à l'empereur ; l'achat qu'elle fit du château de Prégny, sur les bords du lac de Genève, au cours d'un voyage en Suisse qu'elle entreprit après une première cure à Aix, augmenta cette humeur.

Mme de Rémusat, mandée à Paris vers les premiers jours d'août, laissa Joséphine à Aix, se disposant à aller à son nouveau château de Prégny. Peu de temps après son arrivée à Paris, Mme de Rémusat, qui avait vu l'empereur, écrivit la lettre suivante à Joséphine. Cette lettre est remarquable et fort importante ; elle a été écrite sous l'inspiration de l'empereur, et les

1. La reine Hortense avait été si affectée de l'abdication de Louis, roi de Hollande, qu'elle en fut malade. Elle ne tarda pas à s'en consoler en « s'appropriant les deux millions de rente que Napoléon fit décréter en faveur de son frère dépossédé. » (Fouché, *Mémoires*, t. II, p. 49.)

formes gracieuses et mesurées de la spirituelle dame du palais ne peuvent parfois dissimuler des expressions qui sont bien celles qu'employait Napoléon :

Lettre de Mme de Rémusat à l'impératrice Joséphine.

« Madame,

« J'ai un peu tardé à écrire à Votre Majesté, parce qu'elle avait désiré que je pusse, à mon retour, lui conter quelque chose de cette grande ville. Si j'avais suivi mon impatience, dès le lendemain de mon arrivée, je lui aurais adressé les expressions de ma reconnaissance. Ses bontés pour moi sont notre entretien ordinaire depuis que je suis rentrée dans mon intérieur ; en retrouvant mon mari et mes enfants, j'ai rapporté au milieu d'eux le souvenir des heures si douces que je vous dois. Ni l'absence, ni le temps ne peuvent, Madame, vous effacer des cœurs qui savent vous apprécier. Daignez ajouter à vos bontés pour moi, en ne doutant jamais de cette reconnaissance que vous m'inspirez à tant de titres. J'ai besoin, pour vous écrire aujourd'hui, de m'appuyer d'abord sur cette prière, et, quand Votre Majesté, aura vu quel sujet je vais traiter, elle comprendra pourquoi je réclame encore, avec plus d'instances que de coutume, sa confiance dans mon inaltérable dévouement.

« Je commencerai par vous dire, Madame, qu'ayant appris, en arrivant ici, que l'empereur était gravement occupé d'affaires importantes, et qu'il accordait difficilement des audiences, je n'ai point osé solliciter celle que vous m'aviez conseillée. Je n'ai donc point encore paru à la cour, mais j'ai déjà vu quelques personnages importants, et j'ai été questionnée sur Votre Majesté avec trop de soin pour qu'il ne m'ait pas été facile de conclure que ces mêmes questions qui m'étaient adressées, venaient d'un intérêt plus élevé. On me demandait souvent des nouvelles de votre santé; on voulait savoir comment vous aviez employé votre temps, si vous étiez tranquille, heureuse, dans la retraite où vous aviez vécu; si vous aviez reçu sur votre route les témoignages d'affection que vous méritez d'inspirer; enfin quel était l'état de votre âme et l'ordre de votre vie. Il m'était doux de n'avoir à répondre que des choses satisfaisantes, et le plaisir avec lequel était accueilli le récit simple et vrai de l'emploi de vos journées, de vos secrets sentiments, de votre modération, de ce dévouement si vrai qui dirige votre conduite, m'a bien prouvé que ceux qui m'interrogeaient étaient sûrs de plaire en redisant plus haut la vérité. Mais, Madame, j'ai questionné à mon tour, j'ai observé de mon côté, et j'ose soumettre à votre raison le résultat de mes observations avec la confiance de mon attachement. La grossesse de l'impératrice est une joie publique, une espérance nouvelle, que chacun saisit avec empressement. Votre Majesté le comprendra facilement, elle à qui j'ai vu envisager cet événement comme la récompense d'un grand sacrifice. Eh bien, Madame, d'après ce que j'ai cru remarquer, il me semble que vous avez encore un pas à faire pour mettre le complément à votre ouvrage, et je me sens la force de m'expliquer, parce qu'il me paraît que la dernière privation que votre raison vous impose ne peut être pour cette fois que momentanée. Vous vous rappelez, sans doute, que vous avez quelquefois regretté, avec moi, que l'empereur n'eût point, au moment de son mariage, pressé l'entrevue de deux personnes qu'il se flattait de rapprocher facilement, parce qu'il les réunissait alors dans ses affections. Vous m'avez dit que, depuis, il avait espéré qu'une grossesse, en tranquillisant l'impératrice sur ses droits, lui donnerait les moyens d'accomplir le vœu de son cœur. Mais, Madame, si je ne me suis pas trompée dans mes observations, le temps n'est pas venu pour un pareil rapprochement.

« L'impératrice paraît avoir apporté avec elle une imagination vive et prompte à s'alarmer ; elle aime avec la tendresse, avec l'abandon d'un premier sentiment ; mais ce sentiment même semble porter avec lui le caractère d'un peu d'inquiétude, dont il est, en effet, si rarement séparé. La preuve en est dans une petite anecdote que le grand-maréchal m'a contée, et qui appuiera tout ce que j'ai l'honneur de vous dire.

« Un jour, l'empereur, se promenant avec elle dans les environs de Malmaison, lui offrit, en votre absence, de visiter ce joli séjour ; à l'instant, le visage de l'impératrice fut inondé de larmes ; elle n'osait pas refuser, mais les marques de sa douleur étaient trop visibles pour que l'empereur essayât d'insister. Cette disposition à la jalousie, que le temps affaiblira sans doute, ne pourrait être qu'augmentée dans ce moment par la présence de Votre Majesté. Elle se souviendra peut-être que cet été, en la voyant si grasse, si reposée, j'oserai dire si embellie par le calme de la vie que nous menions, j'osais lui dire en riant qu'il n'y avait point d'adresse à rapporter à Paris tant de moyens de succès, et que je sentais parfaitement qu'à la place d'une autre, je serais tout au moins inquiète. En vérité, Madame, cette plaisanterie me semble aujourd'hui le cri de la raison. Le grand-maréchal, avec lequel j'ai causé, m'a témoigné aussi des inquiétudes que je partage. Il m'a paru qu'il n'osait point faire expliquer l'empereur sur un sujet qu'il ne traite qu'avec douleur. Il m'a parlé avec un accent vrai de cet attachement que vous inspirez encore, mais qui doit lui-même inviter à une grande circonspection. Les nouvelles situations inspirent de nouveaux devoirs ; et, si j'osais, je dirais qu'il n'appartient pas à une âme comme la vôtre de rien faire qui puisse forcer l'empereur à manquer aux siens.

« Ici, au milieu de la joie que cause cette grossesse, à l'époque de la naissance d'un enfant attendu avec tant d'impatience, au bruit des fêtes qui suivront cet événement, que feriez-vous, Madame ? Que ferait l'empereur, qui se devrait aux ménagements qu'exigerait l'état de cette jeune mère, et qui serait encore troublé par le souvenir des sentiments qu'il vous conserve ? Il souffrirait, quoique votre délicatesse ne se permît pas de rien exiger, mais, vous souffririez aussi : vous n'entendriez pas impunément le cri de tant de réjouissances, livrée, comme vous le seriez peut-être, à l'oubli de toute une nation, ou devenue l'objet de la compassion de quelques-uns qui vous plaindraient, peut-être, par esprit de parti. Peu à peu, votre situation deviendrait si pénible, qu'un éloignement complet parviendrait seul à remettre tout en ordre. Puisque j'ai commencé, souffrez que j'achève ; il vous faudrait quitter Paris. La Malmaison, Navarre même seraient trop près des clameurs d'une ville oisive, et quelquefois malintentionnée. Obligée de vous retirer, vous auriez l'air de fuir par ordre, et vous perdriez tout l'honneur que donne l'initiative dans une conduite courageuse.

« Voilà les observations que j'ai voulu vous soumettre ; voilà le résultat des longues conversations que j'ai eues avec mon mari, et encore d'un entretien que le hasard m'a procuré avec le grand-maréchal.

Moins animé que nous sur vos intérêts, et accoutumé, comme vous le savez, à ne point arrêter ses opinions quand il n'a point reçu l'ordre de les transmettre, c'est avec beaucoup de temps et un peu d'adresse que j'ai tiré de lui quelques-unes de ses pensées, mais aussitôt que je les ai entrevues, j'ai pu conclure qu'il vous restait encore un sacrifice à faire, et qu'il était digne de vous de ne point attendre les événements, et de les prévenir en écrivant à l'empereur une courageuse détermination. En lui évitant un embarras dont sa tendresse pour vous l'empêche seule de sortir, vous acquerrez de nouveaux droits à sa reconnaissance ; et, d'ailleurs, outre la récompense toujours attachée à une action droite et raisonnable, avec cet aimable caractère qui vous distingue, cette disposition à plaire et à vous faire aimer, peut-être trouverez-vous, dans un voyage un peu plus prolongé, des plaisirs que vous ne prévoyez pas d'abord. A Milan, le spectacle si doux des succès mérités d'un fils qui vous attend. Florence et Rome même offriraient à vos goûts des jouissances qui embelliraient cet éloignement momentané ; vous rencontreriez à chaque pas, en Italie, des souvenirs que l'Empereur ne s'irriterait pas de voir renouveler, parce qu'ils s'unissent pour lui aux époques de sa première gloire.

« Tout ce que m'a dit le grand-maréchal me prouve assez que Sa Majesté veut que vous conserviez à jamais les dignités d'un rang où vous avez été élevée par ses succès et sa tendresse ; et cependant l'hiver se passerait, la saison où l'on peut habiter Navarre vous ramènerait aux occupations d'embellissement qui vous y attendent ; le temps, ce grand réparateur de toutes choses, aurait tout consolidé, et vous auriez mis le complément à cette conduite si noble qui vous

assure la reconnaissance de toute une nation. Je ne
sais, Madame, si je m'abuse, mais il me semble qu'il
y a encore du bonheur dans l'exercice de semblables
devoirs; le cœur d'une femme sait trouver du plaisir
dans le sacrifice qu'il fait à celui qu'elle aime : prévenir l'embarras dont l'empereur pourrait sortir lui-
même sans blâme, s'il vous aimait moins, rassurer
les inquiétudes d'une jeune femme que le temps et
cette expérience de vous-même rendront plus calme,
tout cela est digne de vous. Si vous étiez moins sûre
de l'effet que peuvent encore produire les grâces de
votre personne, votre rôle serait moins difficile ; mais
il me semble que c'est parce que Votre Majesté sait
très bien qu'elle possède des avantages qui peuvent
établir une concurrence, qu'elle doit avoir la délicatesse de tous les procédés.

« J'ose espérer que Votre Majesté me pardonnera
une aussi longue lettre et les réflexions qu'elle contient.
Quand j'appuie si fortement sur cette impérieuse nécessité de s'éloigner de nous pour quelque temps, je
me flatte qu'elle daignera penser que, peut-être,
jamais je ne lui ai donné de plus véritables marques des
sentiments qui m'attachent à elle.

« Je suis avec un profond respect,

Madame,

De Votre Majesté

La très humble et très obéissante servante,

« VERGENNES-RÉMUSAT. »

Il était bien visible, d'après les termes de cette lettre
très étudiée, très travaillée, empreinte d'une amabilité
gracieuse tout enveloppante, que Napoléon voulait
amener Joséphine, sans lui en donner l'ordre positif,
à quitter momentanément la France; on verra un peu

plus loin qu'il avait pour cela ses motifs. Avec sa faiblesse ordinaire pour Joséphine il exprime simplement un désir, il n'ose formuler un ordre. Ce désir
ressort bien clairement de la lettre de Mme de Rémusat,
mais Joséphine n'a guère l'habitude de se rendre aux
désirs de l'empereur. D'un autre côté, cette lettre in-
voque, comme argument en faveur d'un voyage de
Joséphine en Italie, le danger que sa beauté, si elle
demeurait trop près de Paris, pourrait faire courir à
la fidélité que l'empereur doit à sa nouvelle épouse :
c'était de pure politesse. Joséphine, alors de s'imaginer
que ses charmes et la puissance de ces charmes sont
bien plus grands qu'ils ne le sont en réalité ; elle prend
au pied de la lettre, et pour argent comptant, les compliments sous lesquels est aimablement caché le désir
de l'empereur de la voir momentanément s'éloigner de
France. L'ajournement de l'entrevue des deux impératrices, présenté comme conséquence d'un amour
mal éteint et toujours prêt à se raviver pour l'épouse
répudiée, la confirme dans cette pensée. L'insistance
avec laquelle l'empereur (car c'est bien lui, elle le voit,
qui a, sinon dicté, du moins inspiré la lettre de Mme de
Rémusat), l'insistance avec laquelle il revient sur le
bonheur qu'elle aurait à passer l'hiver à Milan auprès
de son fils excite aussi en elle de la défiance; avec son
esprit de contradiction habituel, elle se rebiffe. Non,
elle n'ira pas en Italie, elle ne veut pas se sacrifier
encore; ne s'est-elle pas assez sacrifiée jusqu'à présent?
Elle n'écrit guère sans le faire sonner bien haut, dans
chacune de ses lettres, le sacrifice qu'elle a fait [1], et

---

1. « J'ai fait pour lui le plus grand des sacrifices, *les affections de mon cœur...* » (Lettre à Hortense). — « J'ai fait un grand
sacrifice, Sire, et chaque jour je sens davantage toute son
étendue... » (Lettre à l'empereur, 19 avril 1810), etc.

elle ne sait pas, la pauvre femme, qu'un sacrifice n'est vraiment sacrifice que lorsqu'on n'en parle pas, qu'on ne le fait pas mousser; le bon goût, à défaut du bon cœur, devrait le lui faire sentir. Elle semble même, en rappelant ce sacrifice, s'attribuer un honneur auquel elle n'a pas grand droit, car, après tout, a-t-elle été si spontanée que cela, sa renonciation? Et Joséphine ne devait-elle pas, à défaut d'autres choses, obéissance à l'empereur? Si Joséphine tenait, comme elle le répète si souvent, à se rendre à tout désir de Napoléon, pourquoi ne partait-elle pas sur-le-champ pour Milan?

Pourquoi?... Parce qu'une pensée venait de lui venir, pensée peu avouable, qu'elle avait déjà eue et pour laquelle l'empereur l'avait déjà tancée, mais avec trop de bienveillance : celle de le ressaisir et de l'arracher à la nouvelle impératrice, pensée de la maîtresse abandonnée qui veut reprendre son amant qui vient de se marier. Pour cela, Joséphine compte sur l'habitude, sur une habitude de quatorze ans de vie commune. Elle compte aussi sur ses charmes; l'empereur ne lui a-t-il pas fait dire qu'il en craint la puissance? Mais elle ne voit pas, la pauvre femme, que ce ne sont là que des compliments. Oui, l'empereur l'a aimée, l'a aimée passionnément, comme jamais femme peut-être n'a été aimée ; il n'eût tenu qu'à elle que cet amour durât toute sa vie; mais maintenant c'est fini, bien fini. Napoléon, dans sa bonté de cœur, lui conserve son amitié, une amitié tendre et solide, et Joséphine ne comprend pas ce qu'a de grand cette amitié; elle a des arrière-pensées déloyales, des espérances coupables. De plus, elle se fait illusion, à un âge où elle n'en devrait plus avoir, sur sa beauté et sur ses attraits. La lettre de Mme de Rémusat ne les lui vantet-elle pas ? La beauté de Joséphine ! Il y a longtemps qu'il n'en est plus question et, depuis son divorce surtout, la pauvre femme a singulièrement changé. Hélas ! c'est l'âge qui arrive ! Mais elle ne le voit pas. Sa taille, jadis si souple et qui avait des ondulations si gracieusement voluptueuses, n'existe plus : elle est envahie par la graisse ; ses reins se sont épaissis, sa poitrine est maintenant trop forte ; il n'y a plus de lignes, et la partie de sa personne sur laquelle elle s'assied a pris des proportions démesurées. Quant à son visage, qui a toujours eu moins de grâce que sa tournure, si le blanc, le rouge, le bleu ne se mettaient pas de la partie, il ne pourrait plus être présenté que comme un visage de grand'mère, et elle oublie trop qu'il y a plus de huit ans qu'elle est parvenue à cette haute dignité, à ce couronnement de la vie d'une femme. Tout cela pourrait encore aller, à la très grande rigueur, mais le déplorable état de sa dentition, qu'elle a toujours eue fort mauvaise, la met hors d'état de lutter, même de loin, de très loin, avec l'haleine fraîche et pure des dix-huit ans de Marie-Louise.

Du reste, si Joséphine était depuis longtemps grand'mère, Napoléon, lui, allait devenir père. Le bruit en avait couru en Suisse, quand Joséphine s'y trouvait, et elle lui avait écrit pour lui demander si la chose était vraie. L'empereur lui répondit de Saint-Cloud, à la date du 14 septembre 1810 : « Je reçois ta lettre et je vois avec plaisir que tu te portes bien; l'impératrice est *effectivement* grosse de quatre mois. Elle m'est fort attachée.. » Cette lettre, ce mot *effectivement*, ces autres mots *elle m'est fort attachée* indiquent nettement la volonté de Napoléon de tenir Joséphine à l'écart de lui et de ses affaires et il ne semble pas encore qu'elle l'ait compris. La lettre que l'empereur lui fit écrire par Mme de Rémusat le lui confirmait cependant bien franchement. Comme elle ne pouvait se résoudre à se rendre aux désirs qui se trouvaient exprimés en termes si gracieux par la plume habile de sa spirituelle dame du palais, Joséphine chargea sa fille Hortense, qui retournait à Paris, de demander à l'empereur quelles étaient ses intentions. Napoléon les lui manda lui-même dans la lettre suivante :

Fontainebleau, 1er octobre 1810.

« J'ai reçu ta lettre. Hortense, que j'ai vue, te dira ce que je pense. Va voir ton fils cet hiver; reviens aux eaux d'Aix l'année prochaine, ou bien reste au printemps à Navarre. Je te conseillerais bien d'aller à Navarre tout de suite, si je ne craignais que tu ne t'y ennuyasses. Mon opinion est que tu ne peux être l'hiver convenablement qu'à Milan ou à Navarre. Après cela, j'approuve tout ce que tu feras; car je ne veux te gêner en rien... »

Joséphine ne tint pas plus compte du désir de l'empereur, exprimé bien nettement cette fois, que des instructions précédemment reçues par l'intermédiaire de Mme de Rémusat. Elle décida donc que, puisque l'empereur l'engageait à aller passer l'hiver auprès de son fils à Milan, elle irait le passer à Navarre, mais en s'arrêtant le plus longtemps possible à la Malmaison. Elle écrivit aussitôt à Hortense : « ...S'il n'avait été question que de passer un ou deux mois en Italie, avec mon cher Eugène, j'aurais fait volontiers ce voyage ; mais m'éloigner de la France pendant six mois, cela inquiéterait tout ce qui m'est attaché, et c'est au-dessus de mes forces... »

Indépendamment de ce que cette décison avait de

peu flatteur pour Eugène à qui sa mère préférait « ne pas inquiéter tout ce qui lui était attaché », c'était méconnaître les intentions de l'empereur.

Aussi Napoléon fut-il fort fâché de la savoir en route pour Paris et non pour Milan. Connaissant Joséphine et sa jalousie, il craignait que la grossesse de Marie-Louise ne fût pour elle un prétexte à des scènes fâcheuses; « il redoutait, pour le repos de tous, des scènes qui seraient publiques, se passant à la Malmaison ou à Navarre, devant plus de vingt femmes. » Aussi était-il ennuyé, inquiet..

Joséphine, qui n'avait obéi, en désobéissant à l'empereur, qu'à son désir d'être près de Paris pour se trouver plus à même de profiter des événements qui pourraient se produire, arriva à la Malmaison. Là, malgré le froid d'un hiver précoce, elle s'installa comme pour y demeurer et reçut tout Paris. Un petit incident, qui surgit pendant cet arrêt de l'ex-souveraine à la Malmaison, tendit un peu la situation. Les domestiques de l'impératrice Marie-Louise avaient eu une querelle avec ceux de l'impératrice Joséphine, parce que la livrée de ceux-ci était la même que la leur, et une rixe s'en était suivie. La chose était venue aux oreilles de l'empereur qui en fut fort irrité, car cela faisait mauvais effet dans Paris. Aussi écrivit-il à Mme d'Arberg, dame d'honneur de Joséphine, en lui ordonnant de hâter le départ de sa maîtresse pour la Normandie.

Enfin elle se mit en route pour Navarre. Elle y passa l'hiver, s'amusant et ayant autour d'elle sa petite cour et quelques personnes qui arrivaient presque chaque jour pour demeurer une huitaine ou une quinzaine au château. Comme à Aix, « elle voulait, a dit Mme de Rémusat, du repos et de l'aisance pour continuer à mettre ses goûts à la place de ses souvenirs[1]. » Son goût principal était pour la toilette. « Sa toilette, dit Mlle Ducrest, était fort recherchée, très élégante, mais généralement sans magnificence[2]. » La vie de Navarre avait donc repris son cours, toute faite d'oisiveté et d'occupations puériles. Si le temps était beau, Joséphine parlait d'aller à la pêche, et chacun alors se trouvait pris d'une belle passion pour la pêche. La dame qui prenait le plus de poissons recevait un prix, comme une petite fille bien sage qui a bien fait ses devoirs à la pension. Le produit de la pêche était porté à la cuisine dès qu'on rentrait ; on en faisait sur-le-champ une friture, on la servait et les jolies pêcheuses la mangeaient, quelle que fût l'heure de la journée. « Il était convenu de trouver ce repas impromptu préférable à tout ce que le diner de Sa Majesté avait de plus recherché ; du moins il est certain qu'on y riait davantage[3]. » Si le temps était mauvais, on renonçait aux douces émotions de la pêche à la ligne pour celles, plus tapageuses, du billard : la queue de billard remplaçait la canne à pêche entre les mains des dames de Joséphine et de jolis bibelots, des breloques, des bijoux, étaient toujours le prix de la victoire.

Le 1er janvier 1811 arriva. L'occasion de s'amuser était trop belle pour que l'impératrice voulût la manquer. Après avoir reçu les vœux et les souhaits de tout son monde, elle déclara que, cette année, elle ne donnerait pas d'étrennes, mais offrirait à sa cour le divertissement d'une loterie : personne d'ailleurs, ne

1. *Lettres de Mme de Rémusat*, t. II, p. 396.
2. Mlle Georgette DUCREST, *Mémoires sur l'impératrice Joséphine*, t. I, p. 227.
3. *Id.*, t. I, p. 240.

devait le regretter : il y aurait des lots pour tout le monde.

Aussitôt toutes les dames, véritables petites filles, de se presser autour de leur souveraine qui, une baguette à la main, se mit en devoir de procéder à la mystérieuse opération du tirage et de corriger, au besoin, les maladresses du sort.

Ce n'étaient pas de pauvres et insignifiants bibelots que ceux de cette loterie. Une superbe bague, en rubis et brillants artistement montés, sortit la première, avec le nom de M. de Barral, archevêque de Tours, premier aumônier de la cour de Navarre. Le sort était décidément plein de tact et de politesse : Monseigneur ne devait-il pas être le premier servi ? Aussi le prélat disait-il, naïvement émerveillé de voir que le sort était si bien appris, et ne perdant pas l'occasion en même temps de donner un bon conseil : « Voilà, mesdames, un bel anneau, et je pense que vous viendrez baiser celui-ci un peu plus souvent que vous ne veniez baiser l'ancien. »

Les autres lots furent distribués par le sort avec un à-propos tout aussi judicieux : aucun homme ne reçut de broches ni de boucles d'oreilles, aucune femme ne se vit gratifier d'une cravache ou d'une paire de pistolets, — et tous riaient comme des fous, l'impératrice toute la première, devant un hasard si intelligent.

On ne rit pas, par exemple, au tirage d'un certain lot. Cette fois le hasard se montra plus qu'intelligent : il se montra courtisan. Influence de milieu. Par exemple il ne fut pas en même temps assez respectueux des lois de l'étiquette. Mme Gazzani, en effet, se vit décerner un lot égal en valeur et en importance à ceux que recevaient les dames du palais. Et elle était une simple lectrice !

N'y avait-il pas là une injustice criante? Est-ce que l'honneur d'avoir sacrifié le sien à une fantaisie amou-reuse de l'empereur lui donnait des titres à la bien-veillance particulière de Joséphine? Il fallait le dire alors!...

Quoi qu'il en soit, toutes ces dames furent mécon-tentes, les dames du palais de voir une subalterne traitée comme elles, et la lectrice de se voir publi-quement l'objet d'une distinction qui semblait un essai de réhabilitation, — et qui ne fut qu'une aggra-vation.

Ainsi se passaient les heures, les jours, les mois à Navarre : existence vide, toute prise par des plaisirs puérils et des passe-temps enfantins.

Les petits tiraillements qui s'étaient produits entre l'empereur et Joséphine avant le départ pour Navarre, et que, selon son habitude, Joséphine n'avait eu garde de ne pas dire à ses dames, n'avaient, par consé-quent, été ignorés de personne dans la petite cour de l'impératrice répudiée. Tout cela avait fait qu'il y avait maintenant un *parti de Navarre*. Et ce parti ne bornait pas son ambition à des espérances purement platoni-ques : il était militant. Il parlait sans cesse de José-phine devant Marie-Louise qui, on le conçoit, n'ai-mait pas cela, il citait continuellement la bienfaisance de Joséphine[1]. Voici un des moyens qu'il employa pour poser les premiers jalons du plan qui devait, il l'espérait du moins, ramener l'influence à celle qui en était le drapeau.

Un jour, l'empereur entre dans la chambre de Ma-rie-Louise et trouve celle-ci occupée à examiner un

---

1. La générale DURAND, *Mémoires*, p. 93. — Mme Durand as-sure au contraire dans ses *Mémoires* que Marie-Louise faisait infiniment plus d'aumônes que Joséphine.

objet qu'elle dissimule au plus vite en voyant entrer son mari, mais pas assez vite cependant pour qu'il n'ait point aperçu son mouvement : son visage était couvert de larmes.

— Qu'avez-vous, Louise ? lui dit-il en l'embrassant. Eh bien, continua-t-il en riant, que caches-tu donc là ?

Et, prenant la main de l'impératrice, il la tira de la poche où elle essayait de se cacher, l'ouvrit et trouva... une miniature de Joséphine, mais de Joséphine jeune, belle, fraîche, de Joséphine à vingt-cinq ans !

— Qui t'a donné ce portrait, Louise ? demanda l'empereur en contenant avec peine sa colère.

L'impératrice ne répondit pas tout d'abord, tant elle était troublée et d'avoir trouvé ce portrait dans sa chambre et d'avoir été surprise dans la singulière occupation de regarder les traits de celle qui l'avait précédée sur le trône impérial de France. Elle se jeta dans les bras de l'empereur en pleurant.

— Enfant ! dit Napoléon avec attendrissement ; enfant ! qu'as-tu donc ? Pourquoi ces larmes ? Encore une fois, qui t'a remis ce portrait ? Je veux le savoir.

Et cette fois, il frappa du pied avec violence.

Marie-Louise, effrayée, ne répondait pas et continuait à sangloter.

— Eh bien, tu ne veux pas me le dire ? reprit Napoléon plus doucement.

— On ne me l'a pas donné, je l'ai trouvé-là, sur ce canapé, tout à l'heure, en entrant...

C'était vrai. Une dame de la cour, appartenant au *parti de Navarre* avait intentionnellement déposé ce portrait dans la chambre de Marie-Louise. Napoléon était furieux; il craignait que l'impératrice ne s'imaginât que, ce portrait, il l'avait oublié ou laissé tomber de sa poche lui-même — ce qui eût pu troubler la tranquillité domestique dont il jouissait depuis son second mariage.

Il avait dû, sans nul doute, se produire quelque incident analogue, lorsque l'empereur, pour en éviter le retour, s'était déterminé à faire écrire par Mme de Rémusat à Joséphine la longue lettre que l'on connaît, et ensuite lorsqu'il lui avait écrit lui-même pour l'engager à aller passer l'hiver à Milan.

A partir de ce moment, le ton des lettres de Napoléon à Joséphine change quelque peu; elles sont « froides comme quinze ans de mariage », pour employer une des expressions dont il se servait lui-même, en 1796, pour qualifier les lettres de Joséphine pendant sa lune de miel.

Voici une de ces lettres : « 24 novembre. — J'ai reçu ta lettre; Hortense m'a parlé de toi. Je vois avec plaisir que tu es contente; j'espère que tu ne t'ennuies pas trop à Navarre.

« Ma santé est fort bonne. L'impératrice avance fort heureusement dans sa grossesse; je ferai les différentes choses que tu me demandes pour ta maison. Soigne ta santé, sois contente et ne doute jamais de mes sentiments pour toi. »

Et puis, les demandes d'argent recommençaient à arriver à l'empereur. Mme d'Arberg, que Napoléon avait chargée de résister aux dépenses folles de l'impératrice, avait beau multiplier les économies, Joséphine, de son côté, multipliait encore plus les dépenses. On peut suivre dans les lettres de Napoléon à Joséphine, ces perpétuelles demandes d'argent : on trouve dans une lettre de l'empereur, en date du 24 novembre 1810 (celle qui vient d'être citée) : « Je ferai les différentes choses que tu me demandes pour ta maison... » Dans une autre du 8 juin 1811 : « J'arrangerai toutes les

affaires dont tu me parles... » Et plus tard, le 25 août
1813 : « Mets de l'ordre dans tes affaires ; ne dépense
que quinze cent mille francs par an et mets de côté
quinze cent mille francs ; cela fera une réserve de
quinze millions en dix ans pour tes petits-enfants : il
est doux de pouvoir faire cette chose pour eux. Au
lieu de cela, l'on me dit que tu as des dettes. Cela
serait bien vilain. Occupe-toi de tes affaires et ne
donne pas à qui veut prendre. Si tu veux me plaire,
fais que je sache que tu as un gros trésor : juge combien j'aurais mauvaise opinion de toi si je te savais
endettée avec trois millions de revenu. »

Cette lettre fit un grand plutôt qu'un bon effet sur
Joséphine. Le 25 août, jour où elle fut écrite, était le
jour de la fête de l'impératrice Marie-Louise: « *Il* ne lui
avait pas écrit une lettre de reproches à *elle* ». Napoléon
n'avait certainement pas songé à cela, mais Joséphine
y pensa tout de suite. Aussi, que de larmes à cette
lecture ! Larmes de regret ? Pas du tout : de jalousie !
Ce fut au point qu'Hortense écrivit à l'empereur tout
le chagrin de sa mère. Toujours bon pour elle, et malgré les préoccupations terribles d'une campagne qui
commençait à mal tourner, il lui écrivit : « ...J'ai
été fâché contre toi pour tes dettes. Je ne veux pas que
tu en aies ; au contraire, j'espère que tu mettras un
million de côté tous les ans pour donner à tes petites-
filles lorsqu'elles se marieront. »

L'espérait-il bien sincèrement? Il est permis d'en
douter, car, bien avant d'écrire cette lettre, il avait
chargé M. Mollien, ministre du Trésor public, de se
rendre auprès de Joséphine et de prendre connaissance, comme un inspecteur des finances allant véri-
fier les comptes d'une trésorerie générale, de la situation véritable des affaires pécuniaires de l'impératrice.

M. Mollien était chargé en même temps de dire à Joséphine que l'empereur, d'après ce qui lui était revenu, n'était pas sans de grandes inquiétudes sur cette situation, qu'elle ne devait pas s'attendre à ce qu'il fit de nouveaux sacrifices pour elle, qu'il n'en ferait plus. L'exquise urbanité de M. Mollien devait faire entendre ces ennuyeuses choses à Joséphine, mais l'empereur avait recommandé à son ministre du Trésor de ne les lui dire qu'avec ménagements. Le comte Mollien s'acquitta avec le plus grand tact de cette mission désagréable. « Il se fit rendre compte sommairement de l'état de l'actif et du passif, ensuite il chargea un employé du Trésor d'établir dans la gestion des revenus de l'impératrice un ordre de comptabilité au moyen duquel elle pût connaitre chaque jour la situation de son trésor et qu'elle fût ainsi avertie des dangers de toute participation des dépenses sur les recettes[1]. » Quand M. Mollien rendit compte de sa démarche à l'empereur et qu'il lui dit que Joséphine avait versé des larmes en apprenant la raison pour laquelle il lui avait été envoyé, Napoléon l'interrompit en lui disant qu'il lui avait expressément recommandé *de ne pas la faire pleurer*. Pouvait-il pousser plus loin la sollicitude?

Mais cette question si prosaïque des difficultés pécuniaires, question qui existe, on le voit, même dans une maison où il y a trois millions de revenu annuel, nous a fait marcher trop vite : il faut revenir un peu en arrière.

L'année 1811 s'était ouverte, pour la France, sous

---

1. MÉNEVAL, *Mémoires sur Napoléon et Marie-Louise*, t. III, p. 237.

les plus heureux auspices. La naissance du Roi de
Rome avait rempli le pays d'allégresse et faisait oublier, à l'empereur comme au peuple, les difficultés
de la guerre d'Espagne, cette plaie toujours ouverte
que la France portait à son flanc et par laquelle
s'échappait le meilleur de son sang. Des nuages, du côté
du Nord, commençaient aussi à obscurcir l'horizon.
Mais, à Navarre comme ailleurs, on fermait les yeux
sur l'avenir et l'on ne voulait vivre que de la joie
présente.

L'impératrice Joséphine apprit, elle aussi, avec un
sentiment d'émotion facile à comprendre, la naissance
de l'héritier du trône et des gloires de l'empereur.
Cette nouvelle, Napoléon la lui apprit par une lettre
autographe qui se terminait ainsi : « Cet enfant, de
concert avec *notre* Eugène, fera mon bonheur et celui
de la France. » Il était difficile de mettre plus de tact,
plus de tendre délicatesse à calmer un retour de jalousie possible chez la première femme répudiée pour
sa stérilité. Joséphine le sentit, dit-on, et l'apprécia.

La lettre de Napoléon avait été apportée à Navarre
par un de ses pages, M. de Saint-Hilaire. Il est
d'usage, dans les cours, de donner aux messagers
porteurs d'une bonne nouvelle, un cadeau comme
souvenir. A cette époque, c'était ordinairement une
tabatière qui était le cadeau de rigueur. Ce ne fut
cependant pas ce que Joséphine offrit à M. de Saint-
Hilaire. Elle lui remit un petit écrin de maroquin
rouge renfermant une épingle en diamants de la
valeur de cinq mille francs. « Elle l'avait fait faire, a
dit un témoin de cette petite scène, pour l'annonce
d'une fille, et en destinait une de douze mille francs
pour l'annonce d'un garçon ; mais le vice roi lui fit
observer que ce présent était trop considerable, que

l'on croirait qu'elle voulait qu'on parlât de sa magnificence, qu'ainsi il fallait réduire sa générosité afin de ne faire que juste ce qu'il fallait[1]. »

Le prince Eugène était en effet à Navarre. Il venait d'arriver de Paris, chargé par l'empereur d'annoncer lui-même à Joséphine, avant tout le monde, la grande nouvelle. Il parla à sa mère de la bonté de Napoléon qui lui avait dit : « Vous allez voir votre mère, Eugène; dites-lui que je suis sûr qu'elle se réjouira plus que toute autre de mon bonheur. Je lui aurais déjà écrit si je n'avais été absorbé par le plaisir de regarder mon fils. Je ne m'arrache d'auprès de lui que pour des devoirs indispensables. Ce soir, j'acquitterai le plus doux de tous, j'écrirai à Joséphine. »

Oh ! Victor Hugo l'a bien dit :

Car les cœurs de lion sont les vrais cœurs de père !

Après s'être acquitté de la mission de l'empereur, Eugène, sûr que sa mère acceptait sans trop de chagrin la naissance d'un fils de son mari, voulut l'amuser. Il savait que rien ne lui ferait plus de plaisir, en cette circonstance, que d'apprendre la déconvenue de certaines ambitions de la famille impériale. Partageant naturellement les antipathies de sa mère et, comme elle, mettant en pratique la maxime de Montaigne : « *Vengeons-nous par en médire* », il se prit à lui raconter la façon dont les sœurs de l'empereur avaient accepté la naissance du Roi de Rome. Il fallait l'entendre, a dit Mᵐᵉ Georgette Ducrest qui, elle, eut ce plaisir, raconter avec le plus de malice qu'il pouvait les

---

1. Mˡˡᵉ Georgette DUCREST, *Mémoires sur l'impératrice Joséphine*, t. I, p. 210.

grimaces et petites mines qu'il avait vu faire à la reine de Naples et à la princesse Pauline, dans le salon attenant à la chambre de Marie-Louise, pendant la nuit qui précéda la naissance de l'enfant. Et pourquoi ces grimaces ? Simplement, disait Eugène, parce que les princesses impériales pensaient que leur crédit sur leur frère allait diminuer, tandis que celui de l'impératrice s'augmenterait de ce qu'elles allaient perdre. Leur dépit alla jusqu'à avoir des attaques de nerfs. Les gens de cour eurent la bonté de mettre, tout haut, cette sensibilité sur le compte de l'émotion que leur causaient les souffrances de leur belle-sœur, dont on entendait les cris et les gémissements ; mais, tout bas, personne n'en fut la dupe.

Et Eugène riait à se tordre en contrefaisant les grimaces de la reine de Naples et les petites mines de la princesse Pauline, tandis que Joséphine, gagnée par le rire de son fils, trouvait dans cette circonstance un malin plaisir qui la consolait d'un dépit secret qu'elle ne voulait pas laisser monter à la surface de son cœur, ou de son visage. La naissance du roi de Rome ne lui enlevait-elle pas l'espoir, caressé plus d'une fois, de voir Eugène remplacer un jour sur le trône de France, Napoléon, son père adoptif ?

En cette année 1811, en même temps que Joséphine apprenait la naissance du roi de Rome, sa fête était célébrée à Navarre d'une façon toute gracieuse. Dès le matin, une troupe de jeunes filles vint d'Évreux pour présenter à l'impératrice les vœux que toute la ville faisait pour son bonheur. Au milieu de ses folles prodigalités, Joséphine parfois plaçait bien son argent. Dès son arrivée à Navarre, on était venu la solliciter pour avoir son concours et obtenir des subventions pour des œuvres charitables. Joséphine les accordait, il faut lui rendre cette justice, de la meilleure grâce du monde, avec la même facilité qu'elle achetait tout ce qu'on venait lui présenter. C'est ainsi qu'elle fonda un orphelinat de petites filles, qu'elle acheta un terrain dont elle fit cadeau à la ville d'Evreux pour y construire un théâtre, qu'elle donna un autre terrain pour agrandir la promenade. Aussi Joséphine était-elle fort aimée non seulement en ville mais dans tout le département. La fille du maire d'Evreux était à la tête du charmant petit troupeau : toutes ces fillettes, fleuries et enrubannées avaient les joues fraîches comme cette première journée de printemps. Elles avaient construit une sorte de petit dôme monté sur quatre colonnes et le tout était entièrement recouvert de fleurs de la saison. Le petit édifice odorant était porté, comme un dais, par quatre jeunes filles et, sous les fleurs, paraissait un buste de l'impératrice. La fille du maire marchait en serre-file : elle présenta le tout, fleurs, buste et jeunes filles à Joséphine, et lui récita un compliment. Elle s'en tira assez bien. L'impératrice aimait ces sortes de solennités un peu enfantines; du reste, elle était indulgente; elle embrassa sur les deux joues la diseuse de compliments et lui fit en à son tour. Un fort beau déjeuner fut servi à toute cette gracieuse jeunesse et Joséphine, qui prit plaisir à le présider, donna à chacune un souvenir de ce jour, de sorte que la fête fut peut-être plus pour celles qui venaient la souhaiter que pour celle qui recevait les vœux, ou plutôt ce fut une fête pour tout le monde.

Joséphine, qui s'était opposée, avec un tact délicat, à ce qu'on fit des réceptions et des réjouissances officielles à Evreux, ne put empêcher, le soir, les maisons de s'illuminer toutes seules. Le lendemain elle se

montra inquiète : « Que va penser Marie-Louise ?
dit-elle ; si elle allait s'en formaliser ? — Soyez sans
inquiétude, lui répondit quelqu'un, pourvu que Sa
Majesté mange, boive et dorme, elle est satisfaite et
ne s'occupe pas d'autre chose. » C'était la vérité :
jamais souveraine ne fut plus indifférente aux affaires
du pays — en attendant que son indifférence s'étendit à son mari, ce qui ne fut pas long — que l'impératrice Marie-Louise.

Le soir, Joséphine vit entrer dans le grand salon
octogonal une troupe de paysans et de paysannes qui
se formèrent aussitôt sur deux rangs, le long d'un des
pans coupés du salon et se mirent à chanter un
chœur à la gloire de Joséphine ; les meilleures voix
de la bande chantèrent chacune ensuite un couplet.
Chaque couplet était à la louange de l'impératrice ;
c'était Joséphine l'auguste, Joséphine la bonne, Joséphine la douce... On eût dit les litanies de Joséphine
mises en vers et chantées sur des airs à la mode. A
la mode aussi étaient les gens, paysans et paysannes,
qui les chantaient : c'étaient Mme de Colbert, Mme de
Beaumont, Mme de Mackau, Mme d'Audenarde,
Mme Gazzani, M. de Viel-Castel, Mme de Ségur, toute la
cour de Navarre enfin qui souhaitait à sa façon la
fête de sa souveraine. Une joie folle avait régné tout
le jour à Navarre ; elle se prolongea, encore plus vive,
pendant toute la soirée. Un superbe souper termina
cette bonne journée, et chacun fut se coucher,
enchanté de soi et de sa souveraine.

CHAPITRE II

Joséphine revient à la Malmaison. — Elle parle toujours de sa douleur, bien qu'elle soit très consolée. — Visites de l'empereur à Joséphine. — L'empereur lui amène le roi de Rome. — Sa dernière entrevue avec Napoléon. — Désastres de la guerre de Russie. — Joséphine va à Aix, puis à Milan, puis en Suisse. — Idées superstitieuses de Joséphine. — Malheurs de l'année 1813. — Tristesse de la Malmaison. — La France envahie. — Conduite d'Eugène en Italie. — Caractère d'Eugène. — Joséphine part pour Navarre. — Incident sur la route. — Nouvelle de l'abdication de l'empereur. — Retour à la Malmaison. — Assiduités de l'empereur Alexandre à la Malmaison. — Les Beauharnais et Louis XVIII. — Intimité de Joséphine et d'Hortense avec l'empereur de Russie. — L'empereur Alexandre à Saint-Leu. — Indisposition de l'impératrice Joséphine. — Aggravation rapide de son état. — Sa mort.

A la fin de la belle saison, Joséphine vint s'installer avec toute sa cour à la Malmaison. Elle aimait beaucoup recevoir : aussi les visiteurs affluaient-ils chez elle; elle avait, chaque soir, de cinquante à soixante personnes dans son salon. Bourrienne y venait quelquefois. Cet ancien secrétaire intime que l'empereur, dans son indulgente mansuétude pour tous ceux qui l'avaient approché, avait nommé, malgré des torts pour lesquels il avait dû le congédier, ministre plénipotentiaire à Hambourg, quittait souvent son poste pour venir à Paris. Il ne négligeait point, par intérêt prévoyant plutôt que par gratitude, d'aller voir à la Malmaison celle qui avait eu pour lui tant de bienveillance. Ce qu'il lui disait? Il la plaignait de son malheureux sort; et, pour se mettre au ton de son interlocuteur, Joséphine reprenait son air de douloureuse résignation. « Parmi toutes les choses que je lui dis pour calmer son chagrin, a-t-il écrit, celle à laquelle elle fut le plus sensible fut la réprobation dont l'opinion publique avait frappé le divorce de Bonaparte[1]. » Et il ajoute, en parlant de l'empereur qui, selon lui, ne trouvait pas mauvais qu'il fît des visites à l'ex-souveraine : « Pourtant, il aurait pu penser que dans nos conversations, seul à seul avec Joséphine, ce n'était pas toujours son éloge qui sortait de nos bouches[2]. » Non, l'âme de Napoléon était trop haute pour penser que des êtres qui lui devaient tout et à qui il avait eu tant de choses à pardonner, pussent trahir ainsi sa confiance. Malgré le crédit limité qu'il faut accorder aux récits de M. de Bourrienne, la pauvre Joséphine était bien capable de tolérer de semblables propos et même, comme l'affirme Bourrienne, de répondre sur le même ton. Assez inconsciente des idées élevées, la dignité de l'âme et la dignité du cœur lui étaient à peu près étrangères. Il faut convenir cependant que, tout en étant ainsi, elle avait un certain attachement pour Napoléon ; mais, par une conséquence bien naturelle de sa légèreté de cœur, cet attachement ne venait qu'après l'attachement qu'elle avait pour elle-même et qu'après la satisfaction de tous ses caprices.

1. Bourrienne, *Mémoires*, t. VIII, p. 346.
2. *Id.*, t. IX, p. 11.

Elle continuait à se plaindre auprès de tout nouvel arrivant de sa triste destinée, et, malgré le temps écoulé, elle faisait reprendre à sa douleur, en la retrempant pour quelques moments à ses souvenirs, une force nouvelle. « Concevez-vous, disait-elle un jour à Bourrienne, tout ce qu'il m'a fallu endurer de tourments depuis le jour fatal?... Je ne conçois pas que je n'y aie pas succombé. Pouvez-vous vous figurer quel supplice ç'a été pour moi de voir partout des descriptions de fêtes? Et la première fois qu'il est venu me voir après son mariage, quelle entrevue! Et combien de larmes il m'a fait répandre! Les jours où il vient sont pour moi des jours de supplice, car il ne me ménage pas. Avec quelle cruauté il me parle de l'enfant qu'il va avoir! Comprenez-vous, Bourrienne, tout ce qu'il y a d'odieux pour moi? Mieux vaudrait être exilée à mille lieues d'ici! [1] »

Les femmes qui se plaisent à exagérer leurs sentiments se plaisent aussi à employer, pour les dépeindre, les expressions les plus fortes. Joséphine n'était pas en cela différente des autres femmes. Elle aimait maintenant à se faire un piédestal de sa douleur; elle s'y complaisait, mais par intermittences. Si elle avait eu autant de douleur qu'elle le disait, ne serait-elle pas allée chercher des consolations pendant l'hiver à Milan, auprès de son fils, comme l'empereur l'avait engagée à le faire? Non, elle aimait encore mieux être à la Malmaison qu'auprès de son fils. Quant à cet enfant dont elle trouvait cruel que l'empereur l'entretînt dans ses visites — ce qui n'est pas démontré, non plus que la vérité de ce sujet d'entretien — elle demanda elle-même qu'il lui fût amené.

1. BOURRIENNE, *Mémoires*, t. IX, p. 11.

« Cependant, ajoute Bourrienne, tel était encore l'empire des chiffons sur Joséphine que, après avoir pleuré pendant un quart d'heure, on la voyait oublier ses larmes pour donner audience à des marchandes de mode et à des inventeurs de parures nouvelles. A l'aspect d'un chapeau, Joséphine n'était plus qu'une femme. Un jour, je me rappelle que, profitant d'un instant de calme où l'avait mise une ample fourniture de ces brillants colifichets, je ne pus m'empêcher de la féliciter sur l'heureuse influence qu'ils exerçaient sur elle : « — Que voulez-vous, mon ami, « me dit-elle, tout cela devrait m'être bien égal, mais « c'est une habitude. » Joséphine aurait pu ajouter : « Et une occupation », et il n'y aurait pas d'exagération à dire que, si l'on retranchait de la vie de Joséphine le temps qu'elle a passé à pleurer et à sa toilette, la durée en serait considérablement diminuée[1]. »

L'impératrice se distrayait de son ennui habituel par les visites qu'elle recevait. Parmi ses visiteurs ordinaires, il faut citer Paër, le grand compositeur, qui demeura son ami après le divorce, et qu'elle traitait avec une distinction particulière. Elle se délassait des visites par des promenades dans son parc et les travaux d'embellissement qu'elle y faisait faire sans cesse. Son temps passait vite. Étrangère à toute inquiétude, ne voyant pas les nuages qui s'accumulaient à l'horizon, elle se laissait vivre, sans prévoyance de l'avenir, dans sa retraite dorée. Elle avait toujours le titre d'impératrice : l'empereur ne lui avait-il pas dit que le fait d'avoir été *sacrée* lui donnait un caractère indélébile ? Elle avait une cour presque

<hr>

1. BOURRIENNE, *Mémoires*, t. IX, p. 11.

aussi nombreuse que si elle avait toujours été aux
Tuileries ; elle tenait d'ailleurs beaucoup à ce qu'aucune de ses dames ne s'absentât, afin que sa cour
parût la plus nombreuse possible[1] ; écartée des
affaires comme elle l'avait été durant son règne, il
lui fallait de la bonne volonté pour s'apercevoir
qu'elle n'était plus sur le trône : elle ne régnait pas,
voilà tout. Elle pouvait s'en consoler en se disant que
Marie-Louise régnait encore moins.

L'empereur venait quelquefois à la Malmaison ;
Joséphine le questionnait toujours sur son fils et lui
disait le grand désir qu'elle avait de voir le petit roi
de Rome. Il eût été plus convenable qu'elle n'abor-
dât point ce sujet, surtout qu'elle ne demandât pas
à son ancien mari de lui présenter le fils qu'il avait
d'une autre femme... Napoléon, importuné de ses
demandes, flatté aussi peut-être dans son orgueil de
père, résista quelque temps, puis promit. Effectivement, peu de semaines avant de partir pour la guerre
de Russie, comme Joséphine avait promis qu'elle
serait calme et ne ferait pas de scènes de larmes, il
le lui amena. L'entrevue ou plutôt la présentation
devait être secrète afin de ne pas éveiller les suscep-
tibilités de l'impératrice Marie-Louise : elle eut lieu à
Bagatelle dans le bois de Boulogne[2]. Mme de Montes-

1. Mlle Georgette DUCREST, *Mémoires sur l'impératrice Joséphine*, t. I, p. 401.

2. « On sait l'histoire de Bagatelle. Un château et un jardin
insignifiants occupaient l'aride espace qui forme cette propriété,
lorsque, en 1783 ou 1784, au moment où la cour quittait Ver-
sailles pour aller passer six semaines à Fontainebleau, le roi,
je ne sais comment ni pourquoi, en fit cadeau au comte d'Artois. « Eh bien, dit à celui-ci la reine, qui se trouvait présente
au moment de la donation, quand m'y donnerez-vous à déjeuner ? — Quand vous l'ordonnerez, Madame. — Eh bien, reprit
la reine, à mon retour de Fontainebleau. » C'était le temps des

quiou, gouvernante des enfants de France, monta en calèche avec le petit roi et Napoléon l'escorta à cheval.

Joséphine était déjà au rendez-vous. Son cœur battait vivement et il paraît qu'au moment où la voiture s'arrêta devant elle, elle fut sur le point de s'évanouir. Mais, comme elle avait promis à l'empereur d'être raisonnable, elle se contint. Elle couvrit l'enfant de caresses, lui adressa les mots les plus affectueux, exprima tout haut les vœux qu'elle faisait pour son avenir, et, comme l'empereur s'aperçut qu'elle s'attendrissait et que les larmes allaient la gagner, il abrégea l'entrevue et promit qu'il lui ferait conduire son fils une autre fois.

Ce fut leur dernière entrevue : jamais plus ils ne se revirent. Quelques jours après, l'empereur partait pour sa funeste campagne de Russie. Les événements, désastreux maintenant, allaient se succéder rapidement et conduire l'Empire à la catastrophe finale.

L'impératrice Joséphine, au moment de la belle saison, se rendit comme d'ordinaire aux eaux. Elle choisit cette année les eaux d'Aix-en-Savoie, parce qu'elles étaient plus à la mode que les autres et qu'on s'y amusait davantage ; leur proximité de son petit château de Prégny où elle voulait faire un petit

miracles en fait de construction ; l'argent, qu'il ne s'agissait que de prendre, faisait raison de toutes les difficultés en suppléant au temps ; l'Opéra venait d'être rebâti en quarante jours, et le château de Bagatelle, avec toutes ses dépendances et ses jardins, avec ses fabriques, ses grottes, ses eaux, ses rochers et ses plantations parées, suivant Delille, de poétiques fleurs, fut terminé en quarante-deux jours ; mais six millions, qui, par parenthèse, ne cadrent pas à merveille avec le mot de Bagatelle, avaient payé cette galanterie du comte d'Artois. » (Général baron THIÉBAULT, *Mémoires*, t. I, p 156).

15.

séjour, ne fut pas non plus étrangère à sa détermination. Il y avait à Aix, cette année, un monde énorme. Joséphine y trouva une partie de la famille impériale, ce qui n'était pas fait pour la réjouir particulièrement. Madame Mère et la princesse Pauline étaient là : elle n'ignorait pas avec quelle ardeur elles avaient, Pauline surtout, poussé l'empereur au divorce ; aussi n'était-elle pas très enchantée de la rencontre. La reine d'Espagne (princesse Julie, femme de Joseph Bonaparte), la princesse royale de Suède (Mme Bernadotte, sœur de la reine d'Espagne) étaient aussi à Aix. Il y avait, de plus, les « maisons » de ces princesses : la duchesse d'Abrantès, la baronne Lallemand, Talma, Mlle Millot qui fut depuis Mme de Saluces, Mme de Fontanges, M. de Forbin, Mme de Menou, M. et Mme de Rambuteau, Mme Doumerc, etc. ; bref, une partie du Tout-Paris de l'époque.

Joséphine ne fit qu'un assez court séjour à Aix. Elle repartit bientôt, mais cette fois c'était pour Milan. Elle devait assister aux couches de sa belle-fille, la princesse Auguste, vice-reine d'Italie, tandis que le prince Eugène était à la guerre en Russie. Elle fut fort contente de ce voyage. Les Italiens, qui ont toujours besoin de manifester de l'enthousiasme, en témoignèrent beaucoup lors de son arrivée à Milan et leur réception lui rappela les beaux jours de 1796 ; elle revoyait avec bonheur ces lieux qui, à chaque pas qu'elle faisait, réveillaient mille souvenirs dans sa mémoire. Les attentions délicates d'une belle-fille qu'elle aimait pour sa qualité de fille du roi de Bavière plus peut-être que pour ses propres qualités, lui firent oublier toute pensée amère et elle ne songea, comme toujours, qu'à la joie du moment.

La princesse Auguste, femme du prince Eugène,

était une femme vertueuse, ce qui n'était pas commun parmi les princesses de la famille impériale; elle était même la seule ; elle était de plus bonne mère de famille et fort attachée à son mari, ce qui n'y était pas non plus fort commun. Aussi Eugène, malgré beaucoup d'infidélités, — n'était-il pas fils de sa mère ? — l'aimait-il sincèrement. Elle était très aimée également de la population milanaise. Elle habitait en ce moment la *villa Bonaparte :* comme Eugène était en Russie, elle mit à la disposition de Joséphine l'appartement de son mari et se montra pour elle la plus affectionnée des filles.

L'impératrice avait beaucoup de plaisir à se trouver ainsi dans la famille de son fils. Elle aimait ses petits-enfants, à qui elle faisait envoyer constamment des caisses de joujoux. Comme tous les enfants, ceux-ci étaient fort gentils et adoraient leur grand'mère [1]. Cette petite famille s'augmenta bientôt. La vice-reine accoucha le 31 juillet d'une petite fille, la princesse Amélie, qui devait plus tard épouser l'empereur du Brésil. Joséphine, en bonne grand'mère qu'elle était, berçait et chantait la petite princesse avec un bonheur presque sans mélange. Le prince Eugène, qui avait reçu à l'armée des nouvelles de Milan, écrivit à sa mère, du champ de bataille de Borodino :

« Ma bonne mère, je t'écris du champ de bataille. Je me porte bien. L'empereur a remporté une grande victoire sur les Russes. On s'est battu treize heures.

1. Le prince Auguste-Charles-Eugène, né à Milan, le 9 décembre 1810 ; la princesse Joséphine, mariée au prince Oscar, de Suède, fils de Bernadotte ; et la princesse Eugénie-Hortense, née à Milan le 23 décembre 1808, mariée au prince héréditaire de Hohenzollern-Hechingen.

Je commandais la gauche. Nous avons tous fait notre devoir. J'espère que l'empereur sera content.

« Je ne puis assez te remercier de tes soins, de tes bontés pour ma petite famille. Tu es adorée à Milan, comme partout. On m'écrit des choses charmantes et tu as fait tourner les têtes de toutes les personnes qui t'ont approchée.

« Adieu. Veux-tu donner de mes nouvelles à ma sœur? Je lui écrirai demain. — Ton affectionné fils.

« EUGÈNE. »

En quittant Milan, Joséphine était allée en Suisse pour voir son château de Prégny. Ce château n'était en réalité qu'un chalet, mais plus élégant que les autres. En l'achetant, Joséphine n'avait pas songé qu'il était beaucoup trop petit pour loger la suite nombreuse dont elle avait l'habitude de se faire accompagner en voyage : ses dames, ses femmes de chambre, ses valets de chambre, cochers, piqueurs, cuisiniers, etc., se trouvèrent trop à l'étroit. Tout ce monde n'avait pas l'habitude de ne pas avoir ses aises : il murmura. Joséphine était bonne, les plaintes de ses gens lui fendaient le cœur : elle fit donc faire des agrandissements considérables à son petit château. Elle était venue visiter les travaux et s'occupait de l'installation et des ameublements nécessaires.

Elle ramena de ce voyage un berger et une bergère suisses, dans leur costume national, pour s'occuper d'une bergerie qu'elle faisait construire à la Malmaison ; le parc, qui avait déjà une vacherie au bord de l'étang du Butard, une faisanderie, des pigeonniers, des volières et qui, par la multiplicité des petites constructions et des animaux qu'elles abritaient ressemblait à une succursale du Jardin des Plantes, fut encore agrémenté d'un chalet suisse pour loger le berger et la bergère qu'elle ramenait des Alpes : les distractions champêtres de Joséphine commençaient à ressembler fort, avec les moutons, les bergers et les bergères en élégants costumes, à celles de Marie-Antoinette et aux paysanneries d'opéra-comique qui l'amusaient tant à Trianon.

L'impératrice arriva à la Malmaison peu de temps après l'échauffourée du général Malet. Tout ce qu'il y avait de hauts fonctionnaires à Paris vint la complimenter, et son salon réunissait tous les soirs un certain nombre de visiteurs. Mais les fronts étaient déjà un peu sombres : il y avait comme du malheur dans l'air et l'on n'était pas rassuré sur l'issue de la gigantesque expédition de Russie ; d'un autre côté, les affaires d'Espagne n'allaient pas bien et, depuis la bataille des Arapiles ou de Salamanque, perdue par le duc de Raguse, l'évacuation complète de l'Espagne ne semblait plus devoir être bien éloignée.

C'est à la Malmaison, dans une des réceptions intimes du soir, que M. Pasquier, préfet de police, qui avait été arrêté et incarcéré à la Force pendant l'échauffourée du général Malet, dit un bon mot qui courut tout Paris. Il faisait une partie de billard avec M. de Beaumont, chambellan de l'impératrice ; celui-ci, qui jouait le premier, fit quarante points de suite sans quitter la queue. « Parbleu ! dit M. Pasquier, voilà un fameux tour de force ! » Ce mot, dans la bouche de M. Pasquier, donna envie de rire, mais comme l'impératrice gardait son sérieux, on se contint.

Cependant, le désastre de l'armée de Russie était complet. Le vingt-neuvième bulletin, de sinistre mémoire, avait jeté la France entière dans le deuil. Napoléon rentrait à Paris, le 18 décembre, deux jours après la publication de ce fatal bulletin, et s'occupait, par un travail acharné, de la reconstitution de l'armée.

Le 1er janvier 1813 arriva. Ce jour-là, Joséphine se leva en proie à une véritable terreur.

— Avez-vous remarqué, dit-elle, que l'année commence un vendredi et que c'est l'année mil huit cent *treize !* Cela annonce de grands malheurs.

On eut beau lui représenter que ces signes, s'ils annonçaient véritablement quelque malheur, le pronostiquaient également à tout le monde, tant en France qu'à l'étranger ; on eut beau lui expliquer qu'elle n'avait, pas plus qu'une autre, sujet de s'en effrayer : rien ne put la faire revenir de sa singulière prévention. Toute la journée elle fut sous le coup de cette superstition et elle ne pouvait s'empêcher de faire part de ses craintes à tout le monde. Sa fille Hortense, à qui elle avait donné pour étrennes une ravissante parure en pierres de couleurs qui lui avait coûté cinquante mille francs [1], partageait ses terreurs

---

1. Mlle COCHELET, *Mémoires sur la reine Hortense*, p. 25. — Et la misère en France était générale ! Voici un curieux document, lu par M. Frédéric Passy à l'Académie des Sciences morales et politiques, qui pourra en donner une idée. C'est une lettre adressée à M. Thiaudière, percepteur des contributions directes d'Aubigné (Deux-Sèvres), par le sous-préfet de Melle, nommé M. Jard :

Melle, 23 août 1813.

Le sous-préfet à M. le percepteur d'Aubigné.

« Monsieur,

« Les réquisitions demandées à mon arrondissement sont d'une telle urgence qu'au reçu de la présente, vous aurez à percevoir

superstitieuses. Les malheurs arrivèrent et Joséphine ne manqua pas de les attribuer à l'influence néfaste du vendredi et du chiffre treize ; elle ne pensa pas qu'ils étaient bien plutôt la conséquence fatale de l'obstination de l'empereur à ne pas avoir voulu faire la paix quand il était encore possible de la faire honorablement, et aussi à la mauvaise direction qu'il donna à cette campagne d'Allemagne. Mais, cela, elle ne pouvait pas le savoir.

Les victoires de Lutzen et de Bautzen, quoique incomplètes parce que le manque de cavalerie empêcha les Français de poursuivre les armées vaincues, jetèrent encore quelques rayons de gloire, comme un brillant coucher de soleil, sur le jour impérial à son déclin. Mais cette gloire était chèrement payée : indé-

le cinquième de la somme assignée à chaque commune de votre perception pour le prix de ces mêmes réquisitions.

« Les dix plus imposés seront passibles d'en faire les avances et de suite, c'est-à-dire au plus tard le 28 de ce mois. Ce cinquième sera versé à la caisse du receveur particulier de mon arrondissement.

« Je vous rends responsable, monsieur, en votre propre et privé nom, de l'exécution de cette mesure, qui doit être exécutée ponctuellement au jour que je viens de vous fixer, 28 août présent mois.

« Ne vous endormez point sur ce que je vous prescris, monsieur. Quand il est question du salut de la patrie, on ne peut plus dormir, et, si dans votre position, vous apportiez le plus petit retard au versement du cinquième que je vous demande pour acompte, vous en seriez pour la perte de votre place et *peut-être de votre tête.*

« Ce ne sont pas des menaces vaines, monsieur, que je vous fais ; c'est Son Excellence le ministre directeur général de la guerre qui les fait lui-même.

« Aussi réfléchissez y bien.

« J'ai l'honneur de vous saluer.   « J.-C. JARD. »

On voit qu'à cette triste époque, le gouvernement impérial en était réduit à demander la bourse ou la vie à ses percepteurs. Ni l'impératrice ni sa fille n'ont paru s'en douter.

pendamment des torrents d'un sang jeune et généreux qui coulaient journellement, les vieux soldats disparaissaient les uns après les autres. La mort du maréchal Bessières fut une perte pour l'armée, qui oublia sa mauvaise conduite en Espagne ; celle du général de division Duroc, grand-maréchal du palais, en fut une pour Napoléon. Joséphine, dont l'esprit était resté frappé depuis le *vendredi*, premier jour d'une année qui portait le chiffre *treize*, ressentit un grand trouble à la nouvelle de la mort de Bessières et ses terreurs se réveillèrent. Pour Duroc, comme elle ne l'aimait pas, elle ne fit pas grande attention à sa perte. « L'Impératrice était bonne, a dit avec autant de malice que de justesse la duchesse d'Abrantès, mais elle ne pouvait oublier tout ce que Duroc avait à lui reprocher. Sa conscience lui en disait trop à cet égard pour qu'elle pût le regretter autant que Bessières[1]. » C'est la vérité ; on ne pardonne aux gens ni le mal qu'on leur a fait, ni les torts que l'on a envers eux : il n'y a que les âmes grandes qui soient capables de s'élever au-dessus de ces misérables calculs, de ces misères du troupeau humain.

Très peu de temps après ces deux morts, l'impératrice Joséphine eut encore, à l'occasion d'un douloureux accident, l'idée de rattacher cet accident à l'influence du jour néfaste par lequel l'année avait commencé. Paris était désert en cet été de 1813. Tous les hommes en état de porter les armes avaient rejoint l'armée d'Allemagne pour remplacer les soldats dont les cadavres pourrissaient dans les déserts dégelés de la Russie. Des chambellans mêmes avaient

---

1. Duchesse d'Abrantès, *Histoire des salons de Paris*, t. IV, p. 61.

quitté la cour pour aller sous les drapeaux : les maris,
les fils, les frères, les amis, tous les hommes étaient
à la guerre. En leur absence, les femmes allaient aux
eaux : c'était la mode. Les unes y riaient, les autres y
pleuraient, mais toutes suivaient la mode, ne pou-
vant suivre leurs maris. Comme l'année précédente,
Aix-en-Savoie était la plus en vogue de toutes les
villes d'eaux. Que l'on fût bien portant ou que l'on
fût souffrant d'une maladie pour laquelle d'autres
eaux eussent été préférables, c'est à Aix que l'on allait.
Aussi la foule y était-elle très grande. Parmi les jeunes
femmes les plus en vue se trouvait Mme de Broc,
sœur de la maréchale Ney. Filles de Mme Auguié,
l'ancienne femme de chambre de la reine Marie-Antoinette, toutes deux avaient été élevées à Saint-
Germain, dans la maison d'éducation de Mme Campan,
leur tante. C'est là qu'elles avaient connu la jeune
Hortense de Beauharnais dont elles étaient devenues
et dont elles étaient demeurées les amies. Quand Hortense fut reine de Hollande, Mme de Broc fut choisie
par elle comme dame du palais. Mme de Broc était
donc à Aix lorsqu'un jour, le 10 juin, dans une excursion aux gorges de Sierroz, elle voulut descendre le
talus de la cascade de Grésy pour aller jusqu'au bord
de l'eau. Comme l'endroit était dangereux, son guide
lui tendit la main. Elle la refusa d'un geste. A ce
moment, son pied manqua, elle glissa sur le talus
rapide et disparut dans le torrent. Ce drame s'était
passé en moins d'une seconde. On ne parvint qu'après
des efforts inouïs à retrouver le cadavre de Mme de
Broc. La reine Hortense fut désespérée de la mort si
cruelle de son amie et, dans une pieuse pensée, elle
fit élever sur le lieu même de l'accident un petit mo-
nument qui en conserve encore aujourd'hui le sou-

venir : elle rédigea elle-même, triste consolation ! une inscription qu'elle fit graver pour perpétuer le souvenir de son infortunée amie [1].

Cette mort, survenant très peu de temps après celle du maréchal Bessières, avait affecté profondément l'impératrice Joséphine qui pensait toujours aux fâcheux présages (c'est ainsi du moins qu'elle s'exprimait) sur lesquels l'année s'était ouverte. Mais une visite arrivant avait vite fait de changer le cours de ses idées et de chasser ses papillons noirs. Mme la duchesse de Reggio apporta un jour une diversion à ses pensées moroses. Ce n'était pas une vieille maréchale en cheveux gris que la duchesse de Reggio. Elle était au contraire toute jeune et était la seconde femme du maréchal Oudinot, qui l'avait épousée en 1811. Par suite de divers empêchements dont le principal fut un voyage en Russie pour aller soigner son mari, gravement blessé à la première bataille de Polotsk, puis au passage de la Bérésina, la duchesse de Reggio ne put être *présentée* qu'en 1813. Après avoir raconté dans ses *Souvenirs* sa présentation à l'empereur et à l'impératrice Marie-Louise, elle parle en ces termes de l'impératrice Joséphine : « ... Mais il me restait un devoir à remplir à la Malmaison, et ce fut de grand cœur qu'un matin j'en pris le chemin avec mon mari qui, cette fois, s'était réservé le droit exclusif de me présenter à l'impératrice Joséphine.

« La bonne grâce avec laquelle elle m'accueillit dépassa encore mon attente. Après m'avoir fait asseoir près d'elle, sur son canapé, elle m'adressa cette foule de questions affectueuses et obligeantes qu'inspire à un bon cœur la jeune femme timide que

---

1. Mlle Cochelet, *Mémoires sur la reine Hortense*, p. 100-117.

l'on veut encourager. Elle tenait une branche de camélia blanc, production toute nouvelle de ses magnifiques serres. Elle me la donna avec une grâce infinie. Je la reçus, tout émue, en me levant à moitié, et le maréchal, qui suivait tout des yeux, me dit plus tard qu'il était satisfait de la manière dont s'était produite cette petite pantomime. « Avez-vous été pré-« sentée ? » me demanda Joséphine ; et je sentis que je rougissais en répondant : « Oui, madame. — A l'em-« pereur et à... l'impératrice ? » reprit-elle. Et je sentis que je rougissais plus bêtement encore en répondant à cette dernière question un second : « Oui, « madame. »

« Bientôt après, l'impératrice se leva et fut trouver le maréchal, qui causait au bout du salon. Elle ne l'avait pas vu depuis deux ans. Il la complimenta sur son air de santé : « Oui, lui répondit-elle d'un air « doux et résigné, avec un triste sourire ; tenez, cela « me va bien de n'être plus impératrice régnante[1]. »

Ce n'était pas de ne plus être impératrice régnante qui l'avait fait engraisser ; comme il a déjà été dit plus haut, elle n'avait rien changé à sa manière de vivre depuis qu'elle était descendue du trône : mais, ne craignant plus, comme jadis, le terrible divorce, maintenant que ce divorce était une chose accomplie, le calme de la vie paisible qu'elle menait lui avait beaucoup profité, et elle avait pris un bel embonpoint : « S'il m'est permis d'entrer dans quelques détails de toilette, a écrit sa première femme de chambre, je dirai que Sa Majesté, qui jamais jusque-là n'avait pu

<hr>

1. *Récits de guerre et de foyer*, d'après les *Souvenirs inédits de la maréchale duchesse de Reggio*, par Gaston STIEGLER, p. 267.

s'astreindre à porter de baleines dans ses corsets, en reconnut la nécessité[1]. »

Cependant, avec les revers qui maintenant s'abattaient sur la France, comme si la Fortune était lasse de lui avoir prodigué la victoire, après les défaites du maréchal Oudinot à Gross-Beeren, du maréchal Ney à Dennewitz, du maréchal Macdonald à la Katzbach, après celle, plus désastreuse encore, de Napoléon à Leipzig, la cour de la Malmaison avait pris une physionomie vraiment lugubre : chacun pleurait un parent, un ami, tremblait sur le sort d'un être cher, et chacun aussi pleurait sur les malheurs de la patrie. Joséphine avait été gagnée par la tristesse générale et pensait souvent aux pressentiments funestes qu'elle avait conçus dès le premier jour de l'an. La lâche défection des Saxons sur le champ de bataille de Leipzig, celle des Bavarois, celle des Wurtembergeois, avaient encore ajouté, comme toutes les trahisons et les actions viles, l'écœurement à la douleur. La déroute de l'armée était suivie de la déroute des caractères. Joséphine ressentit amèrement la défection du roi de Bavière. Outre tout ce qu'il devait à la France, à Napoléon, qui avait changé son électorat en royaume, ce souverain était le beau-père d'Eugène. Le vice-roi avait été envoyé par l'empereur à Milan pour reconstituer l'armée italienne, dont une partie était restée ensevelie sous les neiges de la Russie. Les lenteurs avec lesquelles se reformait cette armée firent craindre à Napoléon qu'Eugène ne mettait pas à cette œuvre toute l'ardeur nécessaire; il redouta pour lui l'influence de son beau-père, le roi de Bavière, qui l'excitait, par lettres, à se joindre aux souverains coalisés contre la

______

1. Mme AVRILLON, *Mémoires*, p. 303.

France. De même que, dans son inquiétude, Napoléon fit écrire à Augereau par sa femme, à qui il envoya Joséphine faire visite, il demanda à Joséphine et aussi à Hortense, qu'il savait assez écoutée de son frère, d'écrire au vice-roi. Il fallait que sa défiance fût bien grande pour avoir recours aux femmes dans les ordres à envoyer à un militaire! Napoléon ne semble plus ordonner, mais mendier l'obéissance; et de qui? De son beau-fils! Mais sa confiance avait été ébranlée par les ennemis du prince qui l'entouraient et incriminaient ses lenteurs.

Voici la lettre qu'écrivit Joséphine à son fils :

Malmaison, 9 février 1814.

« Ne perds pas un instant, mon cher Eugène, quels que soient les obstacles, redouble d'efforts pour remplir l'ordre que l'empereur t'a donné. Il vient de m'écrire à ce sujet. Son intention est que tu te portes sur les Alpes, en laissant dans Mantoue et les places d'Italie seulement les troupes du royaume d'Italie; sa lettre finit par ces mots : « La France avant tout! la « France a besoin de tous ses enfants! »

« Viens donc, mon cher fils, accours; jamais ton zèle n'aura mieux servi l'empereur; je puis t'assurer que chaque instant est précieux.

« Je sais que ta femme se disposait à quitter Milan; dis-moi si je peux lui être utile? Adieu, mon cher Eugène, je n'ai que le temps de t'embrasser et de te répéter d'arriver bien vite[1]. »

Voici maintenant ce qu'écrivit Hortense :

« Je t'envoie la lettre de l'empereur à l'impératrice

1. Prince EUGÈNE, *Mémoires*, t. X, p. 86.

et la réponse de notre mère ; je ne comprends rien à tout cela... Au reste, la paix se fait, car on en parle beaucoup : tout cela ne nous empêchera peut-être pas d'être pris à Paris ; mais tout cela sera décidé dans peu de jours. Ce qui prouve bien que l'empereur ne comptait pas sur toi pour venir en France, c'est que, d'après sa lettre, il dit ne t'avoir ordonné de quitter l'Italie que quand le roi de Naples lui déclarerait la guerre, et cette guerre à laquelle il devait bien s'attendre depuis longtemps, je parie qu'il s'est toujours fait illusion et ne l'a pas crue possible... Il est vrai qu'il est plus pénible de voir des torts à ceux qu'on a beaucoup aimés. Tes proclamations sont à merveille, et tu ne dois jamais envier ton voisin victorieux et puissant. Tu vas te trouver dans un grand embarras... Suis ta tête, elle te fera mieux juger ce qu'il faut faire, étant de près, et je suis sûre que tu suivras toujours ton cœur en faisant ce qui sera le mieux pour servir l'empereur, et que lui-même ne pourra jamais en douter. Comme c'est là la seule récompense que tu attends, il serait pénible de ne pas l'obtenir... »

Ces lettres sont fort bien. La lenteur avec laquelle Eugène exécutait les ordres de l'empereur avait fait douter celui-ci de sa fidélité. La vérité était qu'Eugène, tout en demeurant fidèle à son père adoptif, se heurtait à de grandes difficultés dans la réorganisation de son armée et que, étant loin d'avoir un génie transcendant, il ne trouvait pas en lui les ressources d'activité nécessaires pour dominer une situation difficile. Certes, il recevait des offres de son beau-père, le roi de Bavière, et des souverains alliés, mais il les rejetait comme il le devait faire. Il écrivait à la princesse Auguste, sa femme, en lui parlant de ces offres qui le révoltaient : « En quel temps vivons-nous? Et comme on dégrade l'éclat du trône en exigeant pour y monter lâcheté, ingratitude et trahison. Va, je ne serai jamais roi[1]. »

Et, de son côté, la vice-reine écrivait au roi de Bavière, son père : « Mon bon père, Eugène vient de me communiquer l'affligeante nouvelle que vous êtes contre nous. Vous devez comprendre ce que mon cœur éprouve. Avoir d'autres intérêts que les vôtres, c'est affreux pour votre fille, qui vous a prouvé à quel point allaient sa tendresse, sa soumission pour vous. Peut-être l'avez-vous oublié; mais dans quelque situation que je me trouve, je ne regretterai jamais ce que j'ai fait; ma conscience est sans reproche... Eugène, le meilleur des époux, ne s'afflige qu'à cause de vous... Sa tendresse fait mon unique bonheur; jamais il ne perdra la mienne. Je le suivrai partout, bien sûre qu'il ne s'écartera jamais du chemin de la vertu et de l'honn···

······ aussi à l'empereur : « Je croirais man-

<hr>

1. Lettre extraite du livre *Le Prince Eugène en 1814*, par M. PLANAT DE LA FAYE. M. Louis Planat de la Faye, engagé volontaire dans le train d'artillerie, officier en 1809, fut, en 1812, aide de camp du général Lariboisière. Il ramena en France les restes de son général mort à Kœnigsberg des suites de ses fatigues pendant la campagne de Russie. Il fut officier d'ordonnance de l'empereur pendant les Cent-Jours et accompagna Napoléon sur le *Bellérophon*. Les Anglais le séparèrent de lui et l'enfermèrent au fort Manuel, à Malte, avec les généraux Savary et Lallemand. Mis en liberté un an après, il alla d'abord en Autriche auprès de l'ex-roi Jérôme, puis à Munich auprès du prince Eugène qui le prit pour aide de camp. C'est donc comme ancien aide de camp du prince qu'il crut devoir répondre par son livre *Le Prince Eugène en 1814*, aux incriminations contenues dans les *Mémoires* du duc de Raguse. Les mêmes incriminations ont été reproduites dans les *Mémoires d'une Inconnue* (Mme Cavaignac, mère), récemment publiés.

quer à mes devoirs si, dans cette circonstance, je ne renouvelais à Votre Majesté l'assurance de mon tendre attachement. Croyez que rien au monde ne me fera oublier mon devoir et que vous pouvez compter sur mon entier dévouement comme sur celui d'Eugène. Il défendra le royaume jusqu'au dernier moment; de mon côté, je tâcherai de ranimer les esprits faibles qui se laissent abattre dès qu'ils entendent parler de dangers. Si nous succombons, nous aurons au moins la consolation d'avoir toujours rempli notre devoir[1]. »

Voilà de beaux sentiments et bien exprimés; la princesse Auguste était, du reste, une femme de premier ordre, qui exerça la meilleure influence sur son mari. Eugène a été quelque peu surfait; son intelligence ne s'élevait guère au-dessus de la moyenne ordinaire, mais il avait de bonnes qualités. Dans son enfance, ses professeurs se plaignaient de son manque d'application au travail; il faisait fort mal ses thèmes et ses versions, et le latin ne pouvait lui entrer dans la tête. Enfermé dans son cabinet, au lieu de travailler il bâillait et, pour passer le temps, s'amusait à pousser des cris d'animaux, d'âne et de coq. Cela n'annonçait pas des facultés transcendantes. Plus tard, il fut ce qu'on appelle un jeune homme bien élevé : « C'était un charmant et aimable garçon, a dit la duchesse d'Abrantès, à l'exception de ses dents qui étaient affreuses, comme celles de sa mère... Il jouait très bien la comédie, chantait à ravir et dansait comme avait dansé son père qu'on avait surnommé Beauharnais le beau danseur. » Il avait les manières correctes et froides de l'homme du monde, manières sous les-

1. Ces lettres se trouvent dans le compte rendu du procès fait par les héritiers du prince Eugène à l'éditeur des *Mémoires* du duc de Raguse.

quelles il est quelquefois difficile de découvrir le peu
d'étendue de l'intelligence et de l'instruction d'un
homme. « Ce prince, a dit le général de Marbot qu'on
ne peut, comme Marmont, accuser de malveillance,
ce prince était bon, fort doux, très dévoué à l'empereur ; mais, quoique infiniment plus militaire que
Joseph, roi d'Espagne, il s'en fallait cependant de
beaucoup qu'il fût capable de conduire une armée.
La tendresse que l'empereur avait pour Eugène l'a-
busait sur ce point [1]. » Napoléon aimait en effet beaucoup Eugène. Il avait été séduit par sa grâce juvénile
et de bon ton, si différente des manières un peu sau-
vages des jeunes Corses de son temps ; il ne put voir,
avec le peu d'expérience qu'il avait de la vie lorsqu'il
connut Mme de Beauharnais et son fils, que le vernis
tout mondain d'Eugène cachait une certaine médiocrité d'esprit. L'amitié est aveugle presque autant que
l'amour et, lorsqu'on aime les gens, on leur trouve
des vertus et des qualités inattendues.

Cependant, si l'empereur s'aveuglait un peu sur
son beau-fils, Eugène, lui, se rendait compte de sa
médiocrité. Outre les pages qu'a laissées sur lui le maréchal Macdonald [2] et qui démontrent qu'il ne pouvait se la dissimuler, il le prouva lorsque, en janvier
1813, le roi de Naples, quittant l'armée, lui en laissa
le commandement. Eugène, qui avait commandé avec
beaucoup de courage et d'énergie, il faut le reconnaître, le 4° corps pendant toute la durée de la campagne de Russie, ne se crut pas à la hauteur de la
tâche difficile que Murat lui laissait et la refusa. Sur
de nouvelles instances, sur celles de Daru et de Ber-

1. Général DE MARBOT, *Mémoires*, t. III, p. 375.
2. Voir les *Souvenirs* du maréchal Macdonald, duc de Ta-
rente, particulièrement pages 120 et suivantes, 136, 141, 147, 148.

thier, il consentit enfin à prendre ce commandement, mais à titre provisoire seulement [1]. Sa conduite en cette circonstance mérite bien des éloges : les hommes que n'aveugle point une trop grande confiance en leurs propres talents sont assez rares pour qu'on les signale lorsqu'il s'en rencontre.

Joséphine, pendant les malheurs de la lutte suprême engagée contre toutes les armées de l'Europe, était fière du rôle que jouait son fils en Italie. Aussi mandait-elle à Hortense : « Je suis convaincue que l'empereur cédera l'Italie; mais n'importe ce qui arrivera, notre cher Eugène se sera fait une belle réputation : c'est au-dessus de tout. » La bonne Joséphine s'exagérait cependant les mérites de la conduite de son fils. Eugène montra trop de mollesse dans ces circonstances difficiles. La preuve en est dans la lettre que Napoléon lui avait fait adresser par sa mère.

Après avoir perdu des semaines à réorganiser son armée, il perdit du temps à attendre les événements; il comptait chaque jour apprendre la nouvelle de l'entrée des alliés à Paris et jugeait inutile et tardive la marche sur les Alpes que l'empereur lui avait ordonnée. Fouché, qui passa quelques jours auprès de lui, avait augmenté ses indécisions par son influence dissolvante. Eugène ne prévoyait pas les prodiges de génie par lesquels Napoléon retarda jusqu'au mois d'avril l'arrivée de l'ennemi à Paris; s'il était parti avec le noyau de troupes qu'il avait sous la main, lorsque l'empereur lui en avait envoyé l'ordre, son secours eût été des plus efficaces : quelques généraux suffisaient en Italie pour enrégimenter les recrues, les former en bataillons de marche et les expédier à

<hr>

1. *Lettre de Berthier à l'empereur*, Posen, 16 janvier 1812.

Paris au fur et à mesure de leur formation. Ce sont ces lenteurs et ces indécisions qu'on peut reprocher au prince Eugène, et qui contribuèrent si malheureusement au succès définitif des alliés.

Cependant la guerre, malgré les victoires à la Pyrrhus que Napoléon remportait à la tête de quelques poignées de conscrits héroïques, se rapprochait de la capitale. Alors, toutes les femmes de Paris se mirent à faire de la charpie pour les ambulances ; on en fit aussi à la Malmaison le soir, après dîner, et Joséphine y travaillait avec les dames de sa cour. Mais les événements se succédaient avec une telle rapidité que Joséphine ne savait plus que faire, à quoi se décider : personne n'osait la conseiller en ces conjonctures difficiles. Elle parla d'aller rejoindre l'empereur : c'était une pensée généreuse, mais dont la réalisation avait ses inconvénients et qui, de plus, n'eût pu avoir aucune utilité : il y eût eu folie à la suivre. On finit par l'engager, l'ennemi approchant de la Malmaison, à se retirer à Navarre. Aussi bien commençait-elle à perdre, non pas son énergie — elle n'en eut jamais — mais son espoir dans une meilleure marche des affaires. « Elle interrogeait avidement tous ceux qui arrivaient de Paris ; il lui semblait qu'elle allait recevoir d'eux quelques renseignements importants. Elle faisait des questions sans suite et ne répondait pas à celles qui lui étaient adressées ; toute son âme était bouleversée et ses yeux humides de larmes [1]. »

Au reste, le Conseil des dignitaires de l'Empire ayant décidé qu'il n'y avait plus de sûreté pour l'im-

---

1. Mlle Georgette Ducrest, *Mémoires sur l'impératrice Joséphine*, t. I, p. 227.

pératrice Marie-Louise à rester à Paris, Joséphine en
fut avisée. Elle se résolut à partir, après bien des hésitations sur la retraite qu'il lui fallait choisir, et à se
réfugier à Navarre. Elle se mit en route le 29 mars,
dès le matin, par un temps froid et pluvieux qui
attristait encore ce triste départ. Elle était dans un véritable état de désespoir. Tout le train de son service
l'accompagnait. Elle emportait avec elle ce qui avait
pu être recueilli parmi ses objets les plus précieux
comme bijoux et diamants; outre ses caisses et ses
cassettes, des perles et des diamants avaient été cou-
sus dans un jupon ouaté qu'elle porta sur elle pendant tout le voyage, triste voyage qui dura deux jours.
Pauvre Joséphine! Elle avait parlé d'aller auprès de
l'empereur, à la guerre, « pour le soutenir dans ses
moments d'épreuve [1] » et, sur la route de Normandie,
un valet de pied ayant cru voir des hommes à cheval dans la campagne et s'étant écrié : « Les Cosaques! »
Joséphine ouvrit la portière   oiture, se jeta à
travers champs et courut jusq . ce que ses gens
l'eussent rejointe. Elle ne consentit à revenir sur ses
pas qu'après qu'on lui eût juré qu'il n'y avait pas le
moindre Cosaque en vue [2].

Hortense rejoignit sa mère à Navarre le 2 avril. Elle
avait amené avec elle ses deux fils, dont le plus jeune
devait plus tard faire peser sur la France des malheurs plus grands encore que ceux que son jeune
âge avait alors sous les yeux. Ses voitures avaient eu
toutes les peines du monde à se dégager de l'encom-
brement qu'il y avait depuis Paris jusqu'au delà de
Rambouillet. C'était l'Empire qui s'écroulait à Paris,

1. Duchesse d'Abrantès, *Histoire des salons de Paris*, t. IV,
p. 73.
2. *Id.*

au milieu du délabrement des caractères, et tous ces débris de la débâcle s'écoulaient, se heurtant, se suivant pas à pas, par toutes les grandes routes, au milieu des jurons, des claquements de fouets, des désespoirs, des lâchetés et des abandons égoïstes. La déroute matérielle suivait la déroute des caractères et des cœurs. Ah ! le spectacle d'une cour n'est pas beau dans les jours de malheur : il faudrait faire montre de courage et de dévouement, et l'on ne rencontre le plus souvent que trahisons et attachement aux vils intérêts personnels !

La nouvelle de l'abdication de l'empereur ne tarda pas à suivre l'arrivée de la reine Hortense auprès de sa mère. Cette nouvelle porta un coup terrible aux habitants du château de Navarre. Il faisait nuit : tout le monde était plongé dans un profond sommeil au château, lorsqu'on entend tout à coup le roulement d'une voiture dans l'avenue, les claquements de fouets des postillons, enfin le bruit des sabots des chevaux sur le pavé de la cour. Au bout de quelques minutes on vient frapper à la porte de l'impératrice Joséphine. C'était M. Adolphe de Maussion, auditeur au Conseil d'État, attaché en cette qualité à M. le duc de Bassano, le laborieux et fidèle commis de l'empereur, qui courait après la duchesse de Bassano pour lui porter les nouvelles et lui apprendre les grands bouleversements que la guerre et la politique avaient amenés : la capitulation de Paris, l'abdication de l'empereur, la fin de l'Empire ! M. de Maussion s'était détourné de son chemin pour informer l'impératrice Joséphine de ces désolantes nouvelles.

L'impératrice s'était levée et avait passé à la hâte un peignoir. M. de Maussion lui fit part des grands événements qui venaient de s'accomplir. Le trouble dans lequel était Joséphine ne lui permettait pas de saisir le sens de ce qu'on lui disait; elle entendait des mots et ne les comprenait pas : mais elle comprenait qu'on lui portait l'annonce de grands malheurs. Sa fuite à Navarre aurait cependant dû la préparer à les entendre. Enfin elle prit un bougeoir, invita M. de Maussion à la suivre, traversa la cour qui séparait du bâtiment principal le petit château où descendait toujours Hortense et introduisit l'auditeur au Conseil d'État chez la reine. Celle-ci, qui avait été réveillée par le bruit de la voiture roulant sur les pavés, s'était levée et attendait avec impatience les nouvelles. Sa mère était incapable de les lui dire. M. de Maussion refit alors son récit. Joséphine, cette fois, comprit tout : les désastres, la chute de l'Empire, le retour des Bourbons, Napoléon envoyé à l'île d'Elbe! — Elle pleura.

« Ah! dit-elle en se jetant tout en larmes dans les bras de sa fille, c'est à présent surtout que je porte envie à sa femme! Elle, du moins, pourra s'y enfermer avec lui! »

Mais Marie-Louise n'avait pas plus envie de s'enfermer à l'île d'Elbe avec Napoléon, que Joséphine n'avait désiré, en 1796, aller rejoindre son mari en Italie.

La reine Hortense, généreusement émue d'entendre l'impératrice exprimer d'aussi nobles sentiments, déclara que, n'étant pas tenue devant Marie-Louise à la même réserve que sa mère, elle irait auprès de l'empereur, dans quelque prison qu'il plût à ses ennemis de l'envoyer, et s'y enfermerait avec lui.

Et la mère et la fille confondirent leurs larmes.

Le lendemain fut un jour de tristesse et de résignation. Il fallait se soumettre aux événements. Un morne silence régnait dans tout le château; chacun faisait ses préparatifs de départ. L'impératrice Joséphine avait dû licencier sa cour et Hortense, de son côté, avait licencié sa maison d'honneur : l'une et l'autre gardaient cependant quelques dames ou demoiselles d'honneur qui leur étaient plus particulièrement attachées.

Au milieu de la désolation générale qui régnait à Navarre, il arriva un messager du duc de Berry, M. de Mesnard, porteur d'une lettre par laquelle le prince offrait à l'impératrice Joséphine une garde et une escorte si elle voulait revenir à Paris. Cette démarche, toute de courtoisie, se produisant en ce moment, avait cependant quelque chose de blessant pour celle qui, depuis 1796, avait occupé le premier rang en France. Joséphine et sa fille, douloureusement émues d'une offre qui leur faisait sentir pour la première fois la main d'un maître qui n'était pas l'empereur, refusèrent. Elles firent bien; malheureusement elles ne furent pas longues à se départir vis-à-vis des Bourbons de cette dignité et de cette réserve.

Un peu plus tard, comme les princes étrangers firent parvenir à Joséphine l'expression de leur désir de la voir rentrer à la Malmaison, et comme ses amis l'engageaient à se rendre à ce désir, qui était plutôt un ordre des vainqueurs, elle se mit en route pour la Malmaison. Hortense, de son côté, avait fait une noble démarche : elle était allée se mettre à la disposition de l'impératrice Marie-Louise, pour l'aider en tout ce qu'elle pourrait entreprendre dans l'intérêt de l'empereur. Mais Marie-Louise était aussi incapable de comprendre une inspiration généreuse que d'en avoir elle-même. Elle remercia d'un air contraint et

Hortense, voyant qu'elle n'était pas au diapason,
qu'elle parlait un langage que Marie-Louise ne
pouvait pas comprendre, que son dévouement était
dépaysé dans l'atmosphère de trahison qui enveloppait la fille de l'empereur d'Autriche comme un
nimbe, dut se retirer. Elle rejoignit sa mère à la
Malmaison.

Dès que l'empereur Alexandre sut que l'impératrice Joséphine était arrivée à la Malmaison, il s'empressa de venir lui faire une visite. Le roi de Prusse,
l'ayant appris, lui en fit une également, accompagné
de ses deux fils. Quand le bruit s'en fut répandu, les
étrangers de marque qui étaient à Paris se firent un
point d'honneur de se présenter eux aussi à la Malmaison; bientôt, tous les anciens habitués, qui ne
craignaient plus de laisser voir leur attachement à
Joséphine, qui espéraient même en tirer quelque avantage, y accoururent en foule. L'empereur Alexandre
fut séduit par la grâce avec laquelle on le reçut :
l'impératrice Joséphine, avec sa grande habitude du
monde, son art inné de dire tous ces riens aimables
qui font tant de plaisir quand on se les entend
adresser, son timbre de voix si gracieux, et aussi son
accent créole qui ajoutait un charme de plus à tout
cela, fit absolument sa conquête : il lui donna l'assurance tout d'abord que sa retraite serait respectée et
qu'elle-même serait entourée de tous les égards dus
au rang de celle qui avait été la femme de Napoléon;
et, malgré une certaine froideur d'Hortense, il demanda l'autorisation de revenir, ce qui lui fut accordé. Il en profita rapidement et largement; il se
plaisait tant à la Malmaison qu'il y retournait jusqu'à
plusieurs fois par semaine, et ses visites étaient

longues. Joséphine se tira de ce qu'il y avait de délicat dans sa position, avec son abandon ordinaire ; c'était trop : elle eût dû y mettre plus de réserve et ne pas oublier qu'elle recevait chez elle les ennemis de Napoléon et de la France. C'est ce trop grand abandon qui lui valut de faire la conquête de l'empereur de Russie. Les questions sur Napoléon étaient inépuisables. Joséphine, qui « avait un esprit peu étendu et peu d'instruction [1] », se montra par trop infidèle à ce qu'elle devait à Napoléon ; ses réponses furent faites de façon à charmer l'empereur de Russie et à conquérir complètement sa bienveillance et son amitié.

On a beaucoup critiqué Joséphine et Hortense pour avoir reçu si amicalement le souverain russe. On leur en a aussi fait un mérite. On ne saurait cependant les en blâmer trop. Ces femmes furent loin de se borner envers lui, envers le roi de Prusse et les princes alliés contre la France, à la froide et stricte politesse dont il eût été décent qu'elles ne se départissent jamais. Mais la mesure est une qualité très rare que l'usage du monde ne peut pas donner à lui tout seul : il faut de plus une intelligence nette et surtout, dans certaines circonstances, un tact particulier qui ne peut venir que du cœur. Ici, ce tact particulier s'appelait *le devoir*, le devoir envers la patrie, le devoir envers Napoléon exilé, à défaut du devoir envers elles-mêmes. Ce devoir, ni Joséphine ni sa fille ne le comprirent : le souci de leurs intérêts pécuniaires leur fit perdre les vagues notions qu'elles en pouvaient avoir.

Il eût dû être doublement pénible pour elles de rece-

1. LAVALETTE, *Mémoires*, t. II, p. 125.

voir celui qui venait en France en ennemi victorieux, à la tête d'une armée étrangère ; qui, de plus, avait contribué à renverser Napoléon du trône, à l'envoyer sur le rocher de l'île d'Elbe, à amener sa ruine et celle de la France. Certes, il y avait là plus qu'il n'en fallait pour faire un froid accueil à l'empereur Alexandre, au roi de Prusse, aux autres rois alliés. Non ! mille fois non ! Elles n'auraient pas dû les recevoir une seconde fois. Cependant, après avoir poussé le manque de dignité à ce point, elles pouvaient encore en racheter l'odieuse inconvenance en s'efforçant d'appeler la générosité de l'empereur russe sur cette pauvre France, dont les forces s'en allaient par tant de plaies ouvertes et qui criait grâce ! Si tels avaient été les motifs pour lesquels Joséphine et Hortense faisaient si bon accueil à Alexandre, on n'eût point songé à les en blâmer ; mais il eût fallu, bien entendu, que ces attentions demeurassent désintéressées, dénuées de tout calcul personnel, que la dignité ne fût point sacrifiée à un intérêt particulier. Joséphine, a-t-on dit, ne peut être accusée de l'avoir fait pour elle-même : l'empereur, dans le traité de Fontainebleau, avait stipulé en faveur de l'ex-impératrice une rente annuelle d'un million[1] ; son sort était donc réglé. L'empereur s'était aussi préoccupé du sort de son fils adoptif, Eugène, et avait fait insérer dans le même traité la disposition suivante : « Il sera formé un établissement convenable, hors de France,

---

1. ART. 7 du traité entre les puissances alliées et Sa Majesté l'empereur Napoléon. — « La pension de l'impératrice Joséphine sera réduite à un million en domaines ou en inscriptions sur le grand-livre de France ; elle continuera de jouir, en toute propriété, de ses propriétés personnelles, mobilière et immobilière, avec faculté d'en disposer conformément aux lois de France. »

au prince Eugène, vice-roi d'Italie[1] ». Pour être juste, il faut reconnaître que les vues de Joséphine étaient purement égoïstes. Elle avait l'arrière-pensée que l'empereur Alexandre, reconnaissant de la confiante et familière amitié avec laquelle elle le recevait — et qu'il appréciait beaucoup — emploierait son crédit auprès des autres souverains de la coalition pour que le sort d'Eugène fût réglé de la façon la plus avantageuse possible. Ce sentiment, bien qu'il partit du cœur d'une mère pour l'avenir de son fils et de ses petits-enfants, est blâmable : Joséphine n'eût pas dû s'abaisser à ces viles questions d'intérêt. Elle devait considérer sa dignité et celle de son fils avant sa fortune ; elle devait se montrer Française avant tout et refuser fièrement tout avantage qui serait accordé par la complaisance des ennemis de la Patrie à sa propre complaisance à elle. Elle fut plus intéressée que patriote et, malheureusement, donna le triste exemple du manque de dignité devant les vainqueurs, pour les intéresser à sa fortune et à celle de ses enfants.

C'est une chose inconcevable que la facilité et la rapidité avec laquelle ces Beauharnais oublièrent celui à qui ils devaient tout ; c'est une chose non moins étonnante que la promptitude avec laquelle ils se rapprochèrent des nouveaux maîtres de la France. Il est vrai que Louis XVIII fit les avances. Mais, était-ce une raison pour les accepter? Quand ce roi sut que l'impératrice Joséphine était arrivée à la Malmaison, il lui envoya le duc de Polignac pour la remercier en

1. L'empereur Alexandre voulut d'abord former en Allemagne, pour Eugène, un État dont la population ne serait pas moindre de 60,000 âmes. Ses dispositions changèrent ensuite et l'on donna au prince Eugène la principauté d'Eichstœtt qui avait environ 7,000 habitants.

son nom du zèle qu'elle avait montré, lors de l'affaire
du duc d'Enghien, pour sauver la vie du malheureux
prince. Joséphine avait été touchée de cette démarche,
qui était fort adroite puisque, d'un côté, elle ne pouvait qu'être agréable à celle qui en était l'objet en
lui rappelant une bonne action qu'elle avait faite et,
d'un autre côté, elle montrait que le roi savait être
reconnaissant et était animé d'intentions bienveil-
lantes ; beaucoup parmi les gens attachés au gouvernement tombé le sentirent et se montrèrent moins
intraitables pour le nouveau régime, ou plutôt pour
l'ancien régime restauré. Quant au choix de l'ambassadeur envoyé à Joséphine, il n'était pas moins habile, et
M. de Polignac n'eut garde de ne point profiter de cette
circonstance pour offrir à Joséphine l'expression de sa
propre gratitude : on se rappelle que l'impératrice
avait sollicité sa grâce auprès de Napoléon, en 1804.

Louis XVIII avait fait son devoir vis-à-vis d'elle ;
Joséphine avait reçu ses compliments. Tout aurait dû
en rester là. Il n'en fut pas ainsi. Devant les avances
de Louis XVIII, Joséphine et Hortense oublièrent le
passé et même le présent, pour ne songer qu'à
l'avenir ; elles oublièrent celui qui était à l'île d'Elbe
et par qui, seul, elles avaient été et étaient quelque
chose, pour solliciter auprès du roi des grâces et des
titres qui, pour elles, n'auraient dû compter en aucune
façon. La retraite pure et simple était-elle donc si
terrible que ces pauvres femmes au cœur de papier
mâché lui préférèrent le sacrifice de la dignité ? Jósé-
phine confia à son ancienne dame du palais, Mme de
Rémusat, qu'elle voulait demander pour son fils
Eugène le titre de connétable[1]. Hortense sollicita du

____

1. Mme DE RÉMUSAT, *Mémoires*, t. I, p. 73.

roi Louis XVIII le titre de duchesse de Saint-Leu. Cette demande avait quelque chose de bas, de vil ; elle était en même temps une très grande maladresse. Aussi Louis XVIII prit-il un malin plaisir à l'accorder. La démarche d'Hortense diminuait singulièrement, aux yeux des bonapartistes eux-mêmes, le prestige que pouvait encore avoir le régime tombé, en montrant que la reine de Hollande faisait moins de cas de sa dignité personnelle et de son titre de reine, qu'elle tenait de son mariage avec le roi de Hollande, frère de Napoléon, que d'un ridicule duché de Saint-Leu, érigé pour elle par le roi. Était-il possible de méconnaitre davantage le passé et de proclamer, en même temps, avec plus d'éclat, la force du gouvernement de la Restauration ? O aberration et faiblesse humaine ! La reine de Hollande, femme d'un Bonaparte, belle-fille et belle-sœur de Napoléon, venir solliciter un Bourbon, moins d'un mois après le départ de « l'homme des siècles » pour l'île d'Elbe ! Et pourquoi ? Pour un titre !

Elle avait déjà si bien oublié Napoléon que, n'ayant pas reçu, au milieu du bouleversement général de la France et de tous les services administratifs, le terme échu de sa pension, elle se laissa aller à des mouvements d'impatience : « Elle témoigna de l'humeur contre Napoléon, qui ne lui faisait point payer la pension qui lui était accordée[1]. » Et qui nous apprend ces plaintes de Joséphine sur ce que Napoléon ne lui donnait pas d'argent? C'est la femme qui dit d'elle le plus grand bien et ferme volontairement les yeux sur tout ce qui pourrait déparer la belle idole qu'elle a mise sur un piédestal et qu'elle encense à tour de bras,

1. Mlle Georgette DUCREST, *Mémoires sur l'impératrice Joséphine*, t. II, p. 275.

la femme qui dit que Joséphine « n'avait qu'un seul défaut, celui de se laisser dominer par son entourage[1] », Mlle Georgette Ducrest.

Ah ! si Joséphine avait suivi les conseils de l'empereur, si elle avait dépensé *seulement* un million et demi par an et mis la même somme de côté pour parer à toute éventualité, est-ce qu'elle aurait eu ainsi l'occasion, se trouvant à court d'argent et, par conséquent, de bonté, de montrer à nu son vrai caractère ? Ce n'est pas dans la prospérité que se montrent ces sortes de faiblesses, mais dans le malheur. La prospérité permet aux âmes grandes de montrer, par des actes, toute l'étendue de leur cœur ; le malheur les force à déployer leur ressort intérieur, leur énergie. Or, Joséphine n'avait ni ressort, ni énergie ; elle avait, hélas ! un cœur de cire molle.

Quant à Eugène, après avoir échappé par la fuite au sort de son ministre des finances Prina, qui fut torturé et égorgé par la populace de Milan, il gagna la Bavière. En arrivant à Munich, il trouva des lettres de sa mère qui l'engageaient à se rendre à Paris : les souverains alliés étaient on ne peut mieux disposés pour lui ; le roi Louis XVIII était animé de la même bienveillance à son égard ; il pouvait donc venir en toute sécurité à Paris ; ses intérêts, ceux de ses enfants ne lui en faisaient-ils pas un devoir ? Il le crut, comme sa mère, et se rendit à ses désirs. A peine arrivé à Paris, il alla présenter ses hommages au roi Louis XVIII, ce en quoi il eut tort. La retraite absolue eût été plus digne du fils adoptif de Napoléon. Aussi cette démarche a-t-elle été très justement critiquée.

---

1. Mlle Georgette Ducrest, *Mémoires sur l'impératrice Joséphine*, t. II, p. 121.

L'impératrice Joséphine, à la Malmaison, continuait à recevoir très fréquemment l'empereur de Russie, qui prenait de plus en plus de plaisir dans sa société; elle se promenait souvent avec Alexandre dans le parc, et le souverain russe, alors, donnait le bras, selon l'usage de cette époque, à la mère en même temps qu'à la fille. Le roi de Prusse avait sollicité, lui aussi, on l'a vu, l'honneur de venir rendre ses devoirs à Joséphine, et la pauvre impératrice n'avait su se refuser à le recevoir. Mais, devant lui, elle se trouvait un peu contrainte, tandis qu'avec l'empereur Alexandre elle était dans les termes d'une véritable et franche cordialité. Cette intimité, cependant, commença à exciter la jalousie ou, tout au moins, l'humeur de Louis XVIII et de son entourage. Alexandre, à la Malmaison, parlait à cœur ouvert. Il avait été plus d'une fois mécontent, froissé même, de la manière d'être du roi à son égard. Dans les conseils des souverains alliés, il taisait son ressentiment; mais, devant Joséphine et Hortense, il parlait et s'épanchait librement, sûr qu'il était que ses appréciations seraient toujours approuvées. Il exprima plus d'une fois des doutes et des craintes sur la solidité de l'édifice politique que les alliés avaient construit en France. Il ne trouvait point que Louis XVIII et son entourage fussent à la hauteur de la tâche difficile qui leur incombait. « Ces gens-là, dit-il un jour en parlant des Bourbons, ne se soutiendront jamais. » Ces propos parvinrent-ils au château des Tuileries? C'est probable, car on y vit d'un mauvais œil l'intimité qui s'était établie entre le puissant souverain du Nord et la châtelaine de la Malmaison.

Alexandre exprima un jour le désir d'aller à Saint-Leu, résidence de la reine Hortense, que Louis XVIII venait d'ériger pour elle en duché. Saint-Leu était une charmante propriété, située tout près de Paris, dans la vallée de Montmorency. La nouvelle duchesse de Saint-Leu se décida donc à offrir à l'empereur de Russie une fête en son petit duché.

— Il ne faut pas, dit alors Joséphine, intervenant dans la conversation, que Votre Majesté s'attende à trouver une demeure royale ; Saint-Leu n'est qu'une simple résidence de femme du monde et Votre Majesté devra préparer toute son indulgence pour la modestie de l'accueil qui lui sera fait.

L'empereur Alexandre qui, malgré une grande représentation extérieure, était un homme de goûts relativement modestes, puisque, à Saint-Pétersbourg, il faisait des visites comme un simple homme du monde, accepta d'avance et avec plaisir la modestie de l'accueil qui lui serait fait. Hortense et sa mère lui firent dignement les honneurs de Saint-Leu. Hortense qui, dès la seconde visite de l'empereur Alexandre, s'était tout à fait humanisée avec lui, l'emmena faire une promenade en calèche dans le parc, après le superbe déjeuner qu'elle avait fait servir au puissant souverain ; au retour de la promenade, elle se mit au piano et fit entendre sa voix, qui était assez agréable : elle chanta des airs de sa composition[1], que l'empereur eut le bon goût de préférer à tous les autres morceaux ; bref, elle fit de son mieux les honneurs de chez elle et réussit fort bien à charmer son hôte.

Avant de venir à Saint-Leu, Joséphine s'était trouvée souffrante. Du reste, depuis quelque temps, elle se plaignait de fréquents malaises, mais on n'y faisait pas grande attention. « Une des manies de l'impéra-

<hr>

1. Les *Romances de la reine Hortense* « dont Forbin faisait les paroles, Plantade le chant et Carbonnel l'accompagnement ». (Général Thiébault, *Mémoires*, t. V, p. 211).

trice était de se croire malade et de se soigner ; elle demandait toujours à Corvisart quelques remèdes à prendre et, comme le bon docteur n'était nullement charlatan, il se faisait longtemps prier avant d'en ordonner aucun, ou bien, s'il cédait, c'était en donnant des ordonnances tellement anodines, que l'effet du remède était précisément celui qu'aurait produit un verre d'eau... L'impératrice, sujette à de violentes migraines, n'avait aucune autre incommodité ; le fond de sa santé était excellent, et si, quelquefois, elle vint à se déranger, ce fut à force de petits soins[1]. »

Cependant Joséphine ressentait, mais réellement cette fois, une faiblesse générale, une sorte d'anéantissement, comme si une grave maladie la cherchait ; pas de douleurs vives, du reste, rien encore de localisé, mais du malaise. Quelques infusions de fleurs d'oranger ou de tilleul la remettaient assez pour lui permettre de recevoir ses visites ; d'ailleurs, quand sa toilette était faite, elle se sentait toujours mieux. Mais ce jour-là, elle avait dû prendre sur elle pour aller à Saint-Leu. Après le déjeuner, ne se trouvant pas très bien, elle s'était encore forcée pour accompagner l'empereur de Russie dans la promenade qu'Hortense lui faisait faire à travers son parc. Le temps était gris et humide. Au retour, Joséphine se plaignit d'avoir eu froid et demanda une légère infusion de fleurs d'oranger. Mlle Avrillon la lui prépara ; elle la prit et s'étendit sur son lit tout habillée. A l'heure du dîner, elle descendit dans la salle à manger ; mais elle était mal en train, ne put rien prendre et remonta dans sa chambre. Elle ne tarda

---

1. Mlle AVRILLON, *Mémoires*, t. I, p. 124.

pas à en descendre, après avoir remis de l'ordre dans sa toilette, et s'occupa d'aider sa fille à faire les honneurs de chez elle. On fit de la musique et Hortense chanta encore un peu.

L'empereur Alexandre était aux regrets de l'indisposition de l'impératrice et témoignait sa sollicitude par les égards les plus délicats. Enfin il se retira fort satisfait de la petite fête qui lui avait été offerte, mais qui avait été gâtée par le malaise de Joséphine. Mais peut-être fit-il en lui-même, quand il fut en voiture, une comparaison entre la réception que le patriotisme intransigeant des Russes avait faite à Napoléon et la frivolité, l'oubli du patriotisme avec lequel la femme du souverain qu'il venait de détrôner le recevait en France.

Quoi qu'il en soit, Joséphine, après le départ de l'empereur de Russie eut un accès de découragement.

« Oui, disait-elle à Hortense, il est charmant ; il nous prodigue toutes sortes de belles paroles, mais il n'est pas le seul maître. Les autres souverains alliés se prêteront-ils avec la même bonne grâce à la réalisation de ces promesses ? Je crains fort, mes pauvres enfants, que vous ne récoltiez jamais que de belles paroles. » Toutes les complaisances de Joséphine et de sa fille pour les souverains alliés n'étaient donc que pour sauvegarder de misérables intérêts personnels : la pauvre impératrice commençait à voir que le « væ victis » n'est pas un vain mot et qu'il lui faudrait beaucoup rabattre de ses espérances ; que son fils n'aurait pas un royaume, malgré toutes les belles paroles dont on payait ses complaisances ; enfin que les souverains alliés ne s'occupaient en réalité que de leurs propres intérêts et ne venaient la voir que pour passer agréablement leur temps et se faire conter sur Napoléon une foule d'anecdotes.

Ces réflexions ne lui furent pas agréables ; fatiguée, elle se laissa tomber sur une chaise longue et prit quelques instants de repos. Elle monta ensuite dans sa chambre, se coucha et passa une assez bonne nuit.

Le lendemain, comme elle se trouvait mieux, elle retourna à la Malmaison après déjeuner et reçut quelques visites. La duchesse de Reggio y fut ce jour-là avec Mme de Sainte-Aulaire. Cette visite est intéressante et mérite d'être racontée ; mais il vaut mieux laisser la parole à la maréchale Oudinot elle-même :
« On nous introduisit dans le salon attenant à la galerie où la princesse était renfermée, nous dit-on, avec Mme de Staël. L'ennemie personnelle de l'empereur avait probablement trouvé de bon goût de faire acte de présence en ce moment à la Malmaison. L'action était bonne en elle-même, si la femme de génie n'eût trop voulu l'exploiter au profit de son étude du cœur humain.

« Quand l'impératrice et Mme de Staël parurent, nous trouvâmes à la première un air très agité et très ému. Mme de Staël traversa vivement le salon, salua et sortit... Pendant la conférence, on avait introduit dans le salon, entre Mme de Sainte-Aulaire et moi, une troisième personne qui n'était rien moins que la comtesse Walewska, cette Polonaise à laquelle, disait-on, l'empereur s'était tendrement attaché durant la campagne de 1806. Ces deux femmes, dont l'une avait détesté l'empereur, que l'autre avait peut-être trop aimé, entraînées par la même impulsion près de l'épouse répudiée, c'était ou un étrange rapprochement, ou un étrange contraste ; mais la bizarrerie et la force des événements expliquaient tout. Joséphine, d'ailleurs, ne nous laissa pas le temps de méditer sur cette singulière rencontre; après avoir répondu au salut d'adieu de Mme de Staël, elle s'approcha rapidement de la cheminée où nous étions toutes trois réunies en silence, et sans préambule nous dit : « Je sors d'un bien pénible entretien ; croiriez-vous qu'entre autres questions qu'il a convenu à Mme de Staël de m'adresser, elle m'a demandé si j'aimais encore l'empereur ? Elle semblait vouloir analyser l'état de mon âme en présence de cette grande infortune... Moi... qui n'ai jamais cessé d'aimer l'empereur à travers son bonheur... serait-ce aujourd'hui que je me refroidirais pour lui ?[1] »

Les deux femmes que la duchesse de Reggio trouva à la Malmaison étaient en effet de bien étranges visites pour Joséphine. Mme de Staël n'avait pas connu assez intimement Joséphine pour se permettre de l'aller voir après les événements qui avaient précipité Napoléon du trône ; elle dissimula assez mal, d'après la duchesse de Reggio, sous le manteau d'une sympathie problématique, la curiosité d'examiner par elle-même comment cette impératrice doublement détrônée supportait sa nouvelle disgrâce ; elle voulait étudier, disséquer son « état d'âme » et en faire son profit. Joséphine jadis, lorsqu'elle n'était encore que la veuve Beauharnais, avait fait la connaissance de Mme de Staël chez Barras, et l'on avait échangé quelques visites ; elle l'avait retrouvée plus tard è 'a fête offerte par M. de Talleyrand au général Bonaparte, lors de son retour d'Italie, après la paix de Campo-Formio, et l'on n'a pas oublié la déconvenue de Mme de

1. Duchesse DE REGGIO, *Récits de guerre et de foyer*, p. 323.

Staël auprès du général Bonaparte, déconvenue si bien contée par Arnault[1], elle l'avait ensuite retrouvée chez Barras, pendant que Bonaparte était en Egypte ; puis, une dernière fois chez Mᵐᵉ de Montesson, pendant le Consulat. Leurs relations s'étaient bornées à cela. Quel plaisir d'ailleurs eût pu trouver Mᵐᵉ de Staël à la conversation de l'insignifiante Joséphine ? Il était donc indiscret à elle, sinon cruel et déplacé, de se présenter à la Malmaison après la chute du gouvernement impérial.

Quant à Mᵐᵉ Walewska, si elle était chez l'impératrice, c'est que Joséphine, à force de lui envoyer des invitations, avait fini par la décider à entrer en relations avec elle. Mᵐᵉ Walewska venait quelquefois à la Malmaison. Joséphine la comblait d'attentions et accablait son fils adultérin de bonbons et de joujoux. Ce fils de Napoléon, le comte Walewski, devait devenir plus tard, sous le règne de Napoléon III, président du Corps législatif.

Après avoir manifesté tant de jalousie contre la belle Polonaise en 1807, et cela sans la connaître, cette conduite de Joséphine doit paraitre étrange. Elle l'eût été pour toute autre femme que l'impératrice ; pour elle, elle n'avait rien d'extraordinaire. N'avait-elle pas agi de même pour Mᵐᵉ Duchâtel ? Pour Mᵐᵉ Gazzani ? Toutes deux étaient demeurées ses amies. Joséphine a toujours été persuadée que Mᵐᵉ de Rémusat, que Mᵐᵉ Junot s'étaient mises dans le même cas que Mᵐᵉ Duchâtel et certaines lectrices à tout faire, hors la lecture, dans le palais impérial : leur avait-elle pour cela enlevé ses bonnes grâces ? Non. On pourrait même dire : au contraire ! car c'est parmi

---

1. Voir *La générale Bonaparte*, p. 140.

les femmes qu'elle a crues, à tort ou à raison, avoir eu des complaisances pour l'empereur, qu'elle a choisi ses amies. Peut-être était-ce pour acquérir par l'influence de celles qu'elle pensait être les La Vallière du régime impérial, un appui auprès de Napoléon? Car on ne peut s'imaginer l'affolement dans lequel elle tombait à la pensée que l'empereur pourrait un jour divorcer; il n'est pas de choses inconcevables auxquelles on n'ait pu s'attendre de sa part pour écarter la fatale échéance.

Quoi qu'il en soit, il était piquant de voir, réunies dans le salon de l'impératrice répudiée, une femme qui avait fait maintes démarches pour se faire bien venir de Napoléon, qui s'était jetée à sa tête sans pouvoir faire agréer ses faveurs, en même temps qu'une autre femme qui les lui avaient accordées sans les rechercher, presque malgré elle, et lui avait donné un fils. Si Mme Duchâtel était venue faire visite en ce moment et que Mme Gazzani se fût trouvée dans le premier salon, comme il est probable qu'elle y était puisque sa fonction l'exigeait, la situation eût été encore plus piquante.

La santé de Joséphine, qui avait paru un instant se remettre, commençait à redevenir mauvaise. Le 23 mai, le roi de Prusse vint dîner à la Malmaison. Il avait avec lui ses deux fils dont l'un devait, singulière coïncidence, recevoir, cinquante-six ans plus tard, l'épée du petit-fils de Joséphine, se rendant prisonnier, lui et son armée, après une bataille des plus désastreuses.

Joséphine était assez souffrante ce jour-là. Elle fit cependant une promenade dans le parc avec le roi de Prusse; elle y eut froid. Elle eût bien ri, par exemple, si elle eût été en meilleure santé, d'une grosse farce

allemande qui se fit, un peu avant le dîner, à la Malmaison. « Les fils du roi de Prusse, a raconté la
duchesse d'Abrantès, se permirent ce même jour une
facétie d'écoliers assez peu spirituelle, et je m'étonne
qu'elle ait pu être commise par les deux fils du roi.
Un pauvre Anglais, bien embarrassé, avait été engagé
à dîner par l'impératrice. Absorbé dans la contem-
plation d'un tableau de Raphaël, il oubliait devant
lui le dîner et les heures. Lorsqu'on annonça qu'on
avait servi, l'Anglais n'entendit pas. Les jeunes
princes l'enfermèrent dans la galerie dont les issues
ne lui étaient pas connues. Le pauvre homme attendit d'abord, mais la faim le pressant et n'entendant
aucun bruit, il frappa d'abord doucement, ensuite
plus fort, enfin il fit du bruit et l'on s'aperçut alors
qu'au lieu de s'être perdu dans le parc, ce qu'on
croyait, l'Anglais avait été mis en prison par Leurs
Altesses Royales[1]. »

Le lendemain, 24 mai, quoique fatiguée de la veille
et toujours souffrante, l'impératrice reçut les grands-
ducs de Russie Nicolas et Michel. Alexandre lui avait
aussi présenté son frère Constantin en lui disant :
« Ne trouvez-vous pas que toute la personne de Sa
Majesté et jusqu'au son de sa voix rappelle l'impératrice Catherine[2]. » Joséphine n'eut garde de dire le
contraire, bien qu'elle n'eût sur ce point aucune es-
pèce d'idée. Mais le soir, comme elle se trouvait toujours mal à son aise, elle dut laisser Hortense faire,
presque seule, les honneurs de la Malmaison.

La veille, elle avait lu dans le *Journal des Débats* un
article qui l'avait vivement contrariée, blessée même

1. Duchesse D'ABRANTÈS, *Histoire des salons de Paris*, t. IV,
p. 80.

2. LAVALETTE, *Mémoires*, t. II, p. 125.

dans son amour-propre. « L'empereur de Russie, disait cet article, s'est rendu il y a deux jours au château de Saint-Leu, près de Montmorency. Sa Majesté y a dîné avec le prince Eugène, sa mère et sa sœur. » — « Ne pouvait-on pas, disait Joséphine, parler de moi avec un peu plus de respect? Dois-je être ainsi à la suite de mon fils? Cela est de la dernière inconvenance. J'ai un nom, je suis montée sur le trône, j'ai été *couronnée* et *sacrée*, l'empereur Alexandre m'a protégée spécialement; aussitôt qu'il a été maître du pont de Neuilly, il a envoyé une sauvegarde à la Malmaison; pourquoi donc ne m'appeler que la mère du prince Eugène?... » Joséphine avait raison de trouver inconvenante la phrase du *Journal des Débats*, mais était-il convenable de sa part de se recommander de la bienveillance de l'empereur Alexandre? Est-ce que le fait d'avoir été la femme de Napoléon ne devait pas écraser toute autre considération? Joséphine ne se rendit jamais un compte exact de la supériorité géante de celui qui avait été son mari, ni pendant le mariage, ni après le divorce.

Un autre journal, qu'elle lut dans la journée, l'avait bouleversée. Cette feuille attaquait la reine Hortense avec la dernière âpreté, et cela à propos de la translation du pauvre petit corps du prince Napoléon-Louis, son fils aîné mort en 1807, de l'église Notre-Dame, où il avait été inhumé, dans un cimetière de Paris. Joséphine pleurait et demandait qu'on cachât ce journal à sa fille; mais elle pleurait, cette fois, avec une véritable douleur. Cela aggrava son état. La nuit ne fut pas bonne et, au matin, Joséphine respirait avec quelque peine[1].

1. Mlle COCHELET, *Mémoires*, p. 365.

On crut à un de ces rhumes auxquels elle était assez sujette ; on lui donna les remèdes anodins que l'on prescrit en pareil cas et l'on ne s'inquiéta pas. Le 26, elle était plus mal, toussait davantage et avait de la fièvre ; on lui fit garder le lit. Un médecin russe, envoyé par l'empereur Alexandre pour savoir de ses nouvelles, la trouva plus sérieusement atteinte qu'on ne le pensait et engagea Hortense à lui appliquer des vésicatoires. Alarmée, la reine fit venir alors les docteurs les plus en renom de Paris. Une consultation eut lieu et, dès ce moment, les médecins eurent les craintes les plus sérieuses pour leur malade.

L'empereur Alexandre, qui avait su par son propre médecin, qu'il avait eu la délicate attention d'envoyer à la Malmaison, le grave état de l'impératrice, vint avant l'heure du dîner, chercher lui-même des nouvelles. Il resta dîner : la reine Hortense lui tint compagnie à table, tandis que Joséphine avait ses dames autour d'elle. Alexandre ne se retira que très tard, fort ému, et seulement quand on lui eut donné l'assurance que la malade éprouvait un peu de mieux.

Hortense, très fatiguée des soins qu'elle donnait à sa mère, se laissa remplacer auprès d'elle, pour la nuit, par Mme d'Arberg ; mais elle se réveillait souvent et demandait de ses nouvelles. Enfin, au matin, c'était le dimanche 29 mai, jour de la Pentecôte, elle entra avec son frère, qui avait été fort souffrant depuis quelques jours, dans la chambre de l'impératrice. La pauvre femme était bien mal. On jugea son état désespéré. Un prêtre fut appelé et lui donna les secours de la religion. Quelques instants après, Joséphine n'était plus.

Ce fut une prodigieuse destinée que la sienne. Après avoir eu le rang le plus élevé qu'une femme ait pu avoir en Europe, simplement parce que l'homme qu'elle avait épousé était, sans qu'elle s'en doutât le moins du monde, l'homme le plus extraordinaire qui ait paru sur terre et sans lequel elle ne serait vraisemblablement jamais sortie de sa honteuse existence de femme entretenue, elle semblait, à la chute de Napoléon, vouée à une existence obscure que ses dépenses, auxquelles elle ne sut jamais mettre des bornes, eussent bientôt changée en une misère véritable. Il est en effet douteux que le gouvernement de Louis XVIII, qui ne tint pas ses engagements envers Napoléon à l'île d'Elbe, les eût tenus davantage envers l'impératrice Joséphine. Elle eut le bonheur de ne pas voir de nouveau les tristesses d'une situation gênée (elle avait à sa mort, deux millions de dettes), tristesses qu'elle avait connues avant d'épouser le général Bonaparte; elle eût été infailliblement accablée par toutes les conséquences, tant morales que matérielles, de son désordre et n'aurait pas eu l'énergie de s'élever au-dessus de ces misères; elle n'eut point à lutter contre l'adversité et ne vit même pas arriver la morose vieillesse, qui lui eût peut-être été plus pénible encore. Elle mourut à cinquante-deux ans, dans une sorte de grandeur, veillée par le plus puissant souverain de l'Europe, qui était devenu son ami. Elle mourut à temps [1]; l'empereur, lui, n'eut pas le même bonheur. Elle eut même cette singulière fortune d'être, après sa mort, prônée et vénérée plus que toute autre femme : l'histoire impartiale ne pouvait cependant admettre un tel jugement.

On a dit et répété qu'elle fut empoisonnée par ordre

---

1. « La mort de l'impératrice Joséphine fut le dernier bienfait de son étonnante destinée. » (LAVALETTE, *Mémoires*, t. II, p. 128).

secret du roi Louis XVIII, sur le conseil de M. de Talleyrand. Pourquoi? Parce qu'elle aurait demandé à l'empereur Alexandre et au roi de Prusse de laisser tout en l'état en France tant qu'on n'aurait pas retrouvé le fils de Louis XVI qui, affirmait-elle, n'était pas mort.

Cette allégation est de pure fantaisie.

La pauvre impératrice fut enterrée dans l'église de Rueil. Les honneurs militaires lui furent rendus : les troupes formaient la haie depuis la Malmaison jusqu'à l'humble église du village. Mais ce n'étaient pas des troupes françaises : c'était la garde impériale russe, commandée par le feld-maréchal Saken : elles rendaient les derniers devoirs à la femme de celui dont Alexandre avait été l'ami à Tilsitt et à Erfürt, et pour laquelle il s'était pris d'une grande et véritable amitié.

On a remarqué que, pour que rien ne manquât au caractère de prédestination observé dans la vie de Joséphine, le jour de sa mort fut le jour de la conclusion définitive du traité qui détruisait l'œuvre de son mari et une partie de l'œuvre de la Révolution au bénéfice de la maison de Bourbon.

FIN

BIBLIOGRAPHIE

— — —

Ouvrages cités dans « La générale Bonaparte » et « L'impératrice Joséphine ».

ABRANTÈS (Duchesse D'). — *Mémoires*, 10 volumes (édition Garnier 1893) ; *Les Salons de Paris*, 4 volumes (édition Garnier 1893).

ARNAULT. — *Souvenirs d'un sexagénaire*, 4 volumes.

AVRILLON (Mlle). — *Mémoires*, 2 volumes.

BAILLEUL (J.-C.). — *Études sur les causes de l'élévation de Napoléon*. (Nancy, 1819), 1 volume.

BARANTE (baron DE). — *Souvenirs*, 2 volumes.

BARRAS. — *Mémoires*, 2 volumes.

BAUSSET (DE). — *Mémoires anecdotiques*, 2 volumes.

BEUGNOT (comte). — *Mémoires*, 2 volumes.

BOURRIENNE (DE). — *Mémoires*, 10 volumes.

Bourrienne et ses erreurs, 4 volumes.

BROGLIE (feu duc DE). — *Souvenirs*, 1 volume.

Cahiers du capitaine Coignet, 1 volume.

CARNOT. — *Réponse à J.-C. Bailleul*, 1 volume.

CHAPTAL (comte). — *Mes souvenirs sur Napoléon*, 1 volume.

CHEVERNY (comte Dufort DE). — *Mémoires*, 2e volume.

COCHELET (Mlle). — *Mémoires*, 1 volume.

COLBERT-CHABANAIS (Marquis DE). — *Traditions et souvenirs touchant le temps du général Auguste Colbert*, 3 volumes.

CONSTANT. — *Mémoires*, 4 volumes (édition Garnier 1894).

Correspondance de Napoléon Ier, 32 volumes.

COSTA DE BEAUREGARD. — *Un homme d'autrefois*, 1 volume.

Coston (de). — *Premières années de Napoléon*, 2 volumes.

Ducrest (Mlle Georgette). — *Mémoires sur l'impératrice Joséphine*, 3 volumes.

Durand (la générale). — *Mémoires*, 1 volume.

Eugène (le prince). — *Mémoires*, 7 volumes.

Favre (Louis). — *Les confidences d'un vieux palais : le Luxembourg*, 1 volume.

Fouché. — *Mémoires*, 2 volumes.

Girardin (Stanislas). — *Journal et Souvenirs*, 2 volumes.

Gohier. — *Mémoires*, 2 volumes.

Goncourt (de). — *La société française sous le Directoire*, 1 volume.

Imbert de Saint-Amand. — *La citoyenne Bonaparte*, 1 volume. *Mémoires d'une Inconnue*, 1 volume.

Iung (Th.). — *Bonaparte et son temps*, 3 volumes; *Mémoires de Lucien Bonaparte*, 3 volumes.

Joseph (le roi). — *Mémoires*, 18 volumes.

Lamarque (général). — *Mémoires*, 5 volumes.

La Revellière-Lépeaux. — *Mémoires*, 2 volumes.

Larrey (baron). — *Madame Mère*, 2 volumes.

Lavalette (Comte). — *Mémoires*, 2 volumes.

Lévy (Arthur). — *Napoléon intime*, 1 volume.

Lewis-Goldsmith. — *Histoire secrète de Napoléon Bonaparte*, 2 volumes.

Macdonald (maréchal). — *Souvenirs*, 1 volume.

Marbot (général). — *Mémoires*, 3 volumes.

Méneval (baron de). — *Souvenirs*, 3 volumes.

Metternich (prince de). — *Mémoires*, 6 volumes.

Miot de Melito. — *Mémoires*, 3 volumes.

Montgaillard (de). — *Mémoires*, 1 volume.

Napoléon Bonaparte. — *Mémoires*, 1834, 4 volumes.

Oudinot, duchesse de Reggio (la maréchale). — *Souvenirs de guerre et de foyer*, 1 volume.

Ouvrard (G.-J.). — *Mémoires*, 3 volumes.

Parquin (le commandant). — *Souvenirs et campagnes d'un vieux soldat de l'Empire*, 1 volume.

Pasquier (le chancelier). — *Mémoires*, 1er volume.

Pingaud (Léonce). — *Un agent secret sous la Révolution et l'Empire : Le comte d'Antraigues*, 1 volume.

Planat de la Faye. — *Le prince Eugène en 1814*, 1 volume.

Raguse (maréchal Marmont, duc de). — *Mémoires*, 9 volumes.

Rapp (général comte). — *Mémoires*, 1 volume.

Rémusat (Mme de). — *Mémoires*, 3 volumes; *Lettres*, 2 volumes.

Rœderer (comte). — *Œuvres*, 4 volumes.

Rovigo (général Savary, duc de). — *Mémoires*, 7 volumes.

Sainte-Beuve. — *Causeries du lundi*, tome VI.

Ségur (général comte Philippe de). — *Mémoires*, 1er volume.

BIBLIOGRAPHIE

SISMONDI. — *Revue historique*, tome IX. (Note).
STENDHAL. — *Vie de Napoléon*, 2 volumes.
TAINE. — *Le Régime moderne*, 1 volume.
TALLEYRAND (le prince DE), *Mémoires*, 4 volumes.
TERCIER (général). — *Mémoires politiques et militaires*, 1 vol.
THIBAUDEAU. — *Mémoires sur le Consulat*, 1 volume.
THIÉBAULT (général baron). — *Mémoires*, 2e, 3e et 4e volumes.
THOUMAS (général). — *Les Grands Cavaliers du 1er Empire*, 1er volume (Murat).
VANDAL (Albert). — *Napoléon et Alexandre Ier : de Tilsitt à Erfurt*, 1 volume.
VICENCE (duc DE). — *Souvenirs*, 2 volumes.
VIEL-CASTEL (comte DE). — *Mémoires*, 2 volumes.
VITROLLES (baron DE). — *Mémoires*, 1er volume.

TABLE DES MATIÈRES

LIVRE PREMIER

LA SOUVERAINE

PRÉFACE I

CHAPITRE PREMIER

Proclamation de l'Empire. — Joséphine et les princesses impériales. — Rivalités de préséance. — La grâce de M. de Polignac. — Charmante scène d'intérieur. — Distribution des croix de la Légion d'honneur. — Joséphine accompagne l'empereur en Belgique et sur les bords du Rhin. — Incidents du voyage. — Retour à Paris. — Le Pape consent à venir sacrer Napoléon empereur. — Tiraillements de famille à propos du couronnement. — Propos inconsidérés de Joséphine sur Napoléon et sa sœur Pauline. — Colère de Napoléon. — Réconciliation. — Préparatifs du couronnement. — Question du costume et du cérémonial. — La cour va au-devant du Pape à Fontainebleau. — Pie VII et Joséphine. — Le Pape à Paris. — Incidents. — Mariage religieux de Napoléon et de Joséphine. 1

CHAPITRE II

Jour du couronnement. — Cortège des souverains. — Cérémonie à Notre-Dame. — Incident : Joséphine égare son anneau. — Autre incident : Mauvais vouloir des princesses impériales. — Bonheur de Joséphine. — Retour aux Tuileries. — « A qui laisserai-je tout cela ? » — Distribution des aigles à l'armée. — Série de fêtes. — Singulière proposition de l'empereur à Joséphine. — Mme Duchâtel. — L'empereur amoureux. — Intrigues compliquées. — Perplexités de Joséphine. — Soirée chez le maréchal Berthier. — Indiscrète démarche de Joséphine et ce qui s'ensuivit. — Colère de Napoléon. — Mme de Rémusat. — Napoléon demande à Joséphine de prendre l'initiative du divorce. — Tout s'arrange. — Bavardages de Joséphine. — Audience donnée à Mme de Rémusat. — Cancans et intrigues de cour. — Jalousie de Joséphine. — Fin de la liaison de Napoléon avec Mme Duchâtel.   34

CHAPITRE III

Voyage en Italie. — Napoléon est couronné roi d'Italie à Milan. — Joséphine n'est pas couronnée reine. — Son chagrin. — Nouveau caprice de l'empereur et nouvelle jalousie de Joséphine. — Distractions enfantines de l'impératrice. — Voyage de Joséphine à Plombières. — Guerre contre l'Autriche : Joséphine à Strasbourg. — Elle se rend à Munich. — Mariage de son fils Eugène. — Joséphine calomniatrice de l'empereur. — Inconscience de Joséphine. — Mariage de la princesse Stéphanie de Beauharnais. — Guerre de Prusse : Joséphine à Mayence. — Son désœuvrement. — Lettres de l'empereur à l'impératrice. — Inquiétudes de Joséphine : elle veut rejoindre l'empereur en Pologne. — Le dessous des cartes. — Mort du petit-fils de Joséphine.   74

CHAPITRE IV

Retour de l'empereur à Paris. — Joséphine n'accueille pas ce retour avec plaisir. — Sourdes menées de Murat et de Caroline. — Hortense et Caroline. — Idées de divorce. — Joséphine refuse de se prêter aux projets de Napoléon. — Joséphine parle trop. — Départ de Leurs Majestés pour Fontainebleau. — La cour à Fontainebleau. — Distractions amoureuses de Napoléon. — Résignation de Joséphine. — Démarche de Fouché auprès de Joséphine pour la déterminer à demander le divorce. — Joséphine refuse et se plaint à l'empereur. — Feinte colère de Napoléon contre Fouché. — Mort de M** de la Pagerie, mère de l'impératrice. — Cette mort passe inaperçue. — L'empereur part pour l'Italie. — Légèretés de Joséphine à Paris et colère de l'empereur. — Scène de larmes. — Voyage à Bayonne. — Histoire d'une lectrice. — Retour d'Espagne. — Napoléon à Erfürt et intrigues de M. de Talleyrand.   103

CHAPITRE V

Revenu d'Erfürt, Napoléon part pour l'Espagne. — Il revient précipitamment à Paris. — Intrigues de Caroline pendant son absence. — Inquiétudes de Joséphine. — Guerre avec l'Autriche. — L'impératrice accompagne l'empereur et reste à Strasbourg pendant la campagne. — Manque de dignité et de sens moral de l'impératrice. — Son manque de sang-froid. — Retour de l'empereur en France et son arrivée à Fontainebleau. — Son mécontentement. — Incidents divers. — Séjour à Fontainebleau. — Encore la question du divorce. — Partie de chasse à Grosbois. — Joséphine reçoit aux Tuileries un espion de l'Angleterre. — Mensonge de Joséphine. — Tout s'éclaircit. — Tristesse de l'impératrice. — Napoléon lui signifie sa volonté de divorcer. — Scènes de larmes et évanouissement simulé. — Bonté de Napoléon. — Fête offerte par la ville de Paris. — Cérémonie du divorce. — Effet du divorce dans le peuple et dans l'armée.   140

LIVRE DEUXIÈME

APRÈS LE DIVORCE

CHAPITRE PREMIER

Ce que fut l'impératrice Joséphine : ce qu'elle aurait pu être. — Sa regrettable insignifiance comme femme et comme souveraine. — Son manque d'influence sur son mari. — Exagération théâtrale de la douleur de Joséphine après le divorce. — Cette exagération a été encore exagérée par les historiens. — Superbe position que fait Napoléon à l'impératrice répudiée. — A la Malmaison. — Visites de Napoléon. — Tout Paris va voir Joséphine. — Correspondance active entre Trianon et la Malmaison. — Joséphine vient s'installer à l'Élysée. — Elle s'entremet auprès de Mme de Metternich pour marier Napoléon avec l'archiduchesse Marie-Louise d'Autriche. — Le prince de Mecklembourg-Schwerin demande la main de Joséphine. — Joséphine va s'établir à Navarre. — Demandes d'argent. — Mécontentement de Napoléon. — Joséphine à Aix-les-Bains. — Lettre de Mme de Rémusat. — Calculs déloyaux de Joséphine. — Retour à la Malmaison. — Dettes. — Une fête à Navarre. 199

CHAPITRE II

Joséphine revient à la Malmaison. — Elle parle toujours de sa douleur, bien qu'elle soit très consolée. — Visites de l'empereur à Joséphine. — L'empereur lui amène le roi de Rome. — Sa dernière entrevue avec Napoléon. — Désastres de la guerre de Russie. — Joséphine va à Aix, puis à Milan, puis en Suisse. — Idées superstitieuses de Joséphine. — Malheurs de l'année 1813. — Tristesse de la Malmaison. — La France envahie. — Conduite du prince Eugène. — Caractère d'Eugène. — Joséphine part pour Navarre. — Incident sur la route. — Nouvelle de l'abdication de l'empereur. — Retour à la Malmaison. — Assiduités de l'empereur Alexandre à la Malmaison. — Les Beauharnais et Louis XVIII. — Intimité de Joséphine et d'Hortense avec l'empereur de Russie. — L'empereur Alexandre à Saint-Leu. — Indisposition de l'impératrice Joséphine. — Aggravation rapide de son état. — Sa mort. 256

BIBLIOGRAPHIE 305

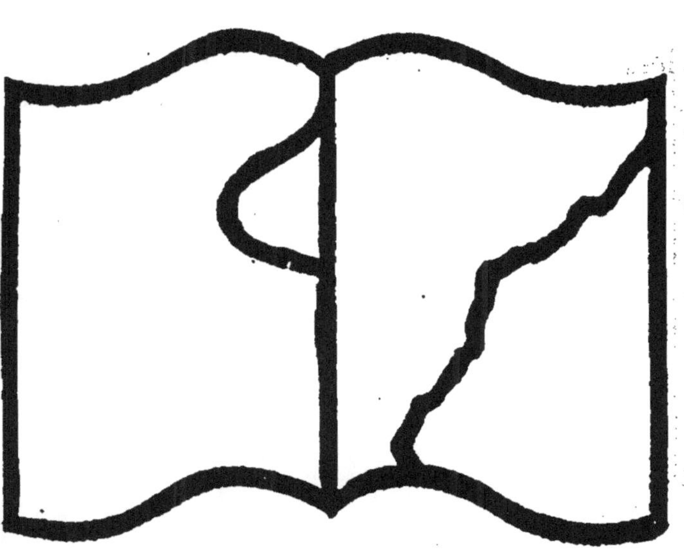

Texte détérioré — reliure défectueuse
NF Z 43-120-11

www.ingramcontent.com/pod-product-compliance
Lightning Source LLC
Chambersburg PA
CBHW051235050726

47594CB00001B/180